项目资助

西安交通大学马克思主义学院学术著作出版基金资助

理想社会的此岸确证

——科学共产主义的在场与出场

刘占虎　著

中国社会科学出版社

图书在版编目（CIP）数据

理想社会的此岸确证:科学共产主义的在场与出场/刘占虎著.
—北京：中国社会科学出版社，2019.8
ISBN 978 - 7 - 5203 - 4538 - 5

Ⅰ.①理…　Ⅱ.①刘…　Ⅲ.①科学社会主义理论—研究　Ⅳ.①D0 - 0

中国版本图书馆 CIP 数据核字(2019)第 110690 号

出 版 人	赵剑英
责任编辑	赵　丽
责任校对	王秀珍
责任印制	王　超

出　　版	中国社会科学出版社
社　　址	北京鼓楼西大街甲 158 号
邮　　编	100720
网　　址	http://www.csspw.cn
发 行 部	010 - 84083685
门 市 部	010 - 84029450
经　　销	新华书店及其他书店

印　　刷	北京明恒达印务有限公司
装　　订	廊坊市广阳区广增装订厂
版　　次	2019 年 8 月第 1 版
印　　次	2019 年 8 月第 1 次印刷

开　　本	710 × 1000　1/16
印　　张	17.5
插　　页	2
字　　数	274 千字
定　　价	85.00 元

前　言

"人，有了物质才能生存；人，有了理想才谈得上生活。"法国作家维克多·雨果（Victor Hugo，1802—1885）在《悲惨世界》中如是说。

理想是源自人的本质力量的"对象化"诉求，并贯穿于"自我确证"中的生命意志。它作为对"现实"之未来可能性的理性把握，既是对"现实"的反映，又是对"现实"的超越。它作为一种具有"乌托邦意向"的文化情怀，关涉着个人及其信念的完善和完满，也关涉着人类共同体秩序的改善和完满。① 理想之所以为理想，恰恰是因为它高于"现实"且蕴含着未来实现之可能，以"意义"的在场承载着更高级别的"现实"和"未来"。

理想是真理性与价值性的有机统一，要求人们在探索规律的实践中更加注重意义建构的有机性。依据事物发展规律和既有条件来实现对美好生活的此岸确证，是实现人的发展和社会进步的现实逻辑。离开真理性的理想，也就缺失了贯通"彼岸"与"此岸"的现实可能性，只能搁置于"彼此"。基于对美好生活的真实需要，进而对人类理想社会的不懈追求，是"人之所以为人"的必然逻辑。同样，离开价值性的理想，就会使主体迷失为之求索的意义，只能搁浅于"彼此"。建构人类美好生活的理想社会，需要坚持"实事求是"的态度和方法论，对于"任何超越现实、超越阶段而急于求成的倾向都要努力避免，任何落后于实际、无

---

① 阿尔贝特·施韦泽（Albert Schweitzer，1875—1965）在《文化哲学》中指出："文化的本质不是物质成就，而是个人思考人的完善的理想，个人思考民族和人类的社会和政治状况改善的理想，个人信念始终和有效地为这种理想所决定。"参见 ［法］阿尔贝特·施韦泽《文化哲学》，陈泽环译，上海人民出版社 2008 年版，第 114 页。

视深刻变化着的客观事实而因循守旧、固步自封的观念和做法都要坚决纠正"①。在通向理想社会的此岸实践中，我们固然要反对"画饼充饥"和"望梅止渴"的"空想主义"，同时也要反对不顾社会发展"规律约束"和"条件制约"的"冒进主义"，但应当且必须有一种"高位优势"的文化情怀和科学精神来指引人们对理想社会追求及其此岸确证。

理想是批判性与建构性的有机统一，要求人们"实事求是"地认知世界并进行辩证的整体实践。马克思在《法兰西内战》中指出，"工人阶级不是要实现什么理想，而只是要解放那些由旧的正在崩溃的资产阶级社会本身孕育着的新社会因素"②。"理想"作为建构美好生活的必要的"乌托邦意向"，是发展性思维与批判性思维的辩证统一。基于真理性的批判性认知，旨在真实地把握"现实"与"可能"的基本逻辑，而不是将所谓无可奈何的"现状"直接地等同于"现实"。基于价值性的批判性认知，意在区分"需求"与"欲望"的本质差别及其边界，而不是将未经反思的"欲望"简单地等同于真实"需求"。基于批判性的认知自觉，可以规避在"物化意识"和"虚假需求"的双重裹挟下，"在一个昏暗的时代走着昏暗的路"③。基于批判性和建构性的认知自觉，有益于使人们以更加饱满的姿态走向光明与澄明的现实路径。

认识真理和掌握真理，是坚定理想信念的思想前提。科学共产主义是对空想社会主义之"空想性"的批判和"理想性"的扬弃。它作为"关于自然界、人类社会和思维的运动和发展的普遍规律的科学"④，是人们"用最实际手段来追求实际目的的最实际的运动"⑤。它作为人类社会发展的科学（"人的解放学"），既是一种建构人类美好生活和社会制度的理想信念，也是一种旨在实现人的自由发展和社会全面进步的现实运动。科学共产主义是马克思恩格斯关于人类解放理论的核心内容，是经典马克思主义的重要组成部分。英国思想家特里·伊格尔顿（Terry Eagleton，

---

① 《习近平谈治国理政》，外文出版社 2014 年版，第 26 页。

② 《马克思恩格斯文集》第 3 卷，人民出版社 2009 年版，第 159 页。

③ ［法］阿尔贝特·施韦泽：《文化哲学》，陈泽环译，上海人民出版社 2008 年版，第 60 页。

④ 《马克思恩格斯文集》第 9 卷，人民出版社 2009 年版，第 149 页。

⑤ 《马克思恩格斯全集》第 3 卷，人民出版社 1960 年版，第 236 页。

1943—）在《马克思为什么是对的》一书中曾这样称赞马克思："他将注意力从未来的美好幻想转移到枯燥的现实工作中。但正是在这里，他找到了真正丰富多彩的未来。他对过去的看法比很多思想家都更为阴郁，但他对未来的憧憬与很多思想家相比都更具希望。"① 所以说，科学共产主义是"理想性"与"现实性"的实践统一，是"价值在场"与"时代出场"的时空统一。如果把人们对美好社会的"空想"作为虚幻幸福的"宗教"，那么，"真理的彼岸世界消逝以后，历史的任务就是确立此岸世界的真理"②。所以说，如何把二者统一起来，以马克思主义的真理之光来引领时代前行，是一个历久弥新的理论命题和实践课题。

科学共产主义是工人运动的理论表现。科学共产主义的在场和出场是"通过人并为了人而对人的本质的真正占有"的现实运动，是价值维度、过程维度、境界维度的辩证统一。从价值维度来看，它旨在实现人的自由发展和社会的全面进步，是为了让广大依靠勤劳和智慧的劳动者过上有尊严的幸福生活。从过程维度来看，它表现为在场的自由自觉的现实运动，是人们不断超越"物役性"的辩证实践过程。从境界维度来看，它体现为实现人的自由发展与社会全面进步的双重跃升，是动态实现"人的发展"与"社会进步"之一致性的整体提升过程。

交往作为人类第一个历史活动——物质生活资料生产和再生产的前提，既是"历史"走向"世界历史"的基础，也是人类社会历史"前后相继"不断发展的纽带。以交往为中介的整体实践——物质生产与社会交往，既是"破解"人类社会发展多样性的"秘密"所在，同时也是认知和实现人的自由发展与社会全面进步之一致性的重要"枢机"。早在19世纪40年代中期，马克思就提出了以"现实的个人"为主体，以对象化和自我确证为核心内容的交往实践思想，从历史唯物主义的"新世界观"上阐明了广义交往实践在人类社会发展中的地位及其重要意义。然而，近现代西方思想家们尚未从整体性上捕捉到马克思广义交往思想的革命性意涵和实践指向。马克思的交往思想不仅从社会实践和社会生活的现

---

① ［英］特里·伊格尔顿：《马克思为什么是对的》，李杨等译，新星出版社 2011 年版，第 81 页。

② 《马克思恩格斯文集》第 1 卷，人民出版社 2009 年版，第 4 页。

实根基上确证了"现实的个人"的多维辩证存在，而且为科学共产主义的时代出场提供了一种"此岸性"的过程视界和动态机制。这一思想遗产有助于克服人们长期以来对经典马克思主义，尤其是对科学共产主义的"教条式"理解。

本书基于马克思主义的整体性，从历史唯物主义基本原理（"大唯物史观"）来解读马克思广义交往思想的本真意蕴，通过比较作为马克思之后的"马克思主义者"——哈贝马斯的交往行动理论（"交往行为理论"）的意义和局限，从中梳理出当代视野中的交往实践观。广义交往实践，作为蕴含着"主体—客体—主体"辩证法精神的整体实践，有助于将科学共产主义在场性的"三个维度"，融通在"现实的个人"的多维度的对象性活动及其对象化关系中，以整体实践推动科学共产主义的时代出场。在此基础上，进一步阐明"中国特色社会主义"作为科学社会主义理论逻辑与中国社会发展历史逻辑辩证统一之内生逻辑及其"世界历史"意涵，着重阐释构建人类美好生活的"中国方案"何以可能。

本书逻辑展开的核心要点如下：

物质生产和社会交往共同构成经典马克思主义实践范畴的核心要素，是人类社会生活得以存在和展开的现实根基。物质生产活动（"劳动"）直接支撑着人们的物质生活，社会交往活动（"交往"）直接建构着人们的社会生活。"人直接地是自然存在物"，作为自然界"有机身体"的"现实的个人"，正是在充裕的物质生活和优良的社会生活的基础上，饱满地占有其相应的政治生活和精神生活，并以其"现实生活"的具体规定构成"人之所以成其为人"的"社会关系"之本质。

以"现实的个人"为中心的物质生产与社会交往，交互作用、相互促进，内在地统一于生产力与生产关系、经济基础与上层建筑之间的矛盾运动中，构成人类社会演进和发展的核心动力机制。从宏观叙事（物质生产活动）和微观分析（日常社会交往）两个维度解析人类社会发展的动力机制和实践逻辑，旨在使科学共产主义成为关切人们生产与生活之"价值在场"的现实运动。

人是主义之本。马克思的广义交往思想在逻辑上内在地统一于经典马克思主义的根本旨趣——实现人的自由和全面发展，因而具有浓重的人文关怀和高位势的价值指向。马克思交往思想视域中的人文关怀，既不是黑格尔对"自我精神"的抽象思辨，也不是费尔巴哈"人本主义"的道德高标，而是在辩证唯物主义和历史唯物主义的"世界观"（"大唯物史观"）的指引下，把"人只有作为自己本身的产物和结果才能成为前提"①的逻辑彻底性，融通到"通过人并且为了人而对人的本质的真正占有"②的现实活动当中，由此来不断逼近和实现人的解放。

马克思广义交往思想所蕴含和支撑的"整体实践"，为确证"现实的个人"的多维辩证存在夯实了现实基础，即由"两大实践"——物质生产和社会交往支撑的"四大生活"——物质生活、社会生活、政治生活、精神生活——是"现实的个人"多维辩证存在的现实载体。实现人的自由发展和社会的全面进步，旨在把"现实的个人"作为"完整的人"——饱满地占有"四大生活"，并以"全面的方式"——"两个实践"的交互发展来占有其本质力量和感性生活。由此"在现实性上"阐明作为人的本质之"一切社会关系总和"的有机内涵和判定维度。

科学共产主义出场的目标性、实践性、过程性，都是以"现实的个人"为逻辑基点。科学共产主义在场和出场的核心目标，就是对"现实的个人"的主体地位之"能动性"适度彰显和规律约束之"受动性"辩证自觉，通过"主体—客体—主体"之交往实践辩证法来实现优良社会制度和美好生活的此岸确立。它不是离开"人"而独立运作的自然历史过程，而是只能通过"现实的个人"的整体实践来通向彻底摆脱那种"似自然性"和"物役性"③的人类自主创造的自由全面发展的联合体。

人类社会形态的演进与人的自由和全面发展是辩证的历史的统一。科学共产主义的时代出场是基于"现实的个人"，通过"现实的个人"，为了"现实的个人"的在场的历史运动，并以整体实践辩证法来"弥合"二者之间的"空间错位"和"时间差序"。前者体现为"两大实践"的交互作用和动态展开，后者体现为"现实的个人"在"两大实践"的辩

---

① 《马克思恩格斯全集》第35卷，人民出版社2013年版，第350—351页。
② 《马克思恩格斯文集》第1卷，人民出版社2009年版，第185页。
③ 参见张一兵《马克思历史辩证法的主体向度》，武汉大学出版社2010年版，第190—201页。

证展开中饱满地占有其"四大生活"。

科学共产主义在当代中国的价值在场和实践出场，是科学社会主义理论逻辑与中国社会发展历史逻辑的辩证统一。在出场逻辑上表现为如下内容：一是作为整体实践的"主体向度"。发展道路的探索和选择关乎国家前途、民族命运、人民幸福。在社会主义建设初期，邓小平提出的"面对实际""面对人民""面对生产力"（"三个面对"）思想，作为其历史辩证法具体实现的重要原则，一以贯之地构成了探索和发展中国特色社会主义发展道路的主体向度。二是作为发展方法论的"辩证否定观"。马克思辩证法的批判本性是社会主义成为"科学"、科学社会主义成为"现实"的内在逻辑，作为马克思辩证否定观的核心内容，是认识和建设中国特色社会主义的重要方法论。三是作为建构社会模式的"社会工程论"。将科学社会主义基本原理与变化的具体实际相结合，需要明确理论逻辑（"理论思维"）与实践逻辑（"工程思维"）的不同功能及其作用边界，以防止"理论"与"实践"的互相戕害。社会工程思维将"理论思维"的内部非价值性和普遍性与"工程思维"的价值性和具体性有机结合起来，在"以科学理论指导实践"和"以实践检验科学理论"的具体实践模式中，更能彰显科学社会主义整体性的特点和制度优势。

总之，人类美好生活不仅是必要的，而且是可能的。正如"人应该在实践中证明自己思维的真理性，即自己思维的现实性和力量，自己思维的此岸性"① 一样，人类理想社会和美好生活的"此岸性"，也正是在"现实的个人"的整体实践中转化为"现实性"的力量。"历史是不断向前的，要达到理想的彼岸，就要沿着我们确定的道路不断前进。"② 这种良好的社会生活旨在实现"现实的个人"的自由和全面发展——让广大劳动者过上有尊严的幸福生活。这正是我们坚定共产主义理想信念和中国特色社会主义共同理想，发展新时代中国特色社会主义的理论逻辑和出发点，也是继承马克思"人的解放学"之"人类共同文化遗产"来建构理想社会的意义在场和思想引领。

---

① 《马克思恩格斯文集》第 1 卷，人民出版社 2009 年版，第 500 页。
② 《习近平谈治国理政》第 2 卷，外文出版社 2017 年版，第 48 页。

目　　录

导　论

在场与出场：理想社会何以确证

一　研究的缘起和意义

人类认识自己、确证自我，探索未来社会发展之谜是一个历久弥新的课题。马克思恩格斯科学共产主义学说（理论）的创立，开启了人们确证理想社会的此岸视界，明确了人们构建美好生活的现实路径。它作为"历史科学"和"人的解放学"的"新世界观"①，标志着人类为之进行现实探索和此岸确证的"新里程碑"。

公元 2016 年是社会主义发展史上的重要时间节点。作为一种批判和革新资本主义的社会思潮，即托马斯·莫尔（Thomas More，1478—1535）发表《乌托邦》（全名为《关于最完美的国家制度和乌托邦新岛的既有益又有趣的金书》）一书代表着"空想社会主义"的确立以来，社会主义已经走过了 500 年的历程。在新的历史基点上，人们会以"常规的方式"来重温经典和纪念过往，以此开启新的未来。一时间，理论界对共产主义的研究又成为一个学术热点。然而，对于这一厚重而常新的理论话题，我们不再适合采取诸如"对'热话题'的'冷思考'"的惯例，来进行一般"程式化"的处理，而是应当以更加审慎的姿态，历史地看待它的

---

① 这一提法源自恩格斯的论述，恩格斯在《路德维希·费尔巴哈和德国古典哲学的终结》中指出，《关于费尔巴哈的提纲》是"包含着新世界观的天才萌芽的第一个文献，是非常宝贵的"（参见《马克思恩格斯文集》第 4 卷，人民出版社 2009 年版，第 266 页）。恩格斯在为世界第一个无产阶级政党撰写的简史之《关于共产主义者同盟的历史》中指出："当我 1844 年夏天在巴黎拜访马克思时，我们在一切理论领域中都显出意见完全一致，从此就开始了我们共同的工作。1845 年春天当我们在布鲁塞尔再次会见时，马克思已经从上述基本原理出发大致完成了阐发他的唯物主义历史理论的工作，于是我们就着手在各个极为不同的方面详细制定这种新形成的世界观了"（参见《马克思恩格斯文集》第 4 卷，人民出版社 2009 年版，第 232 页）。

"来龙去脉",以新的"学术站位"来审视建构理想社会和美好生活进程中的"变"与"不变"。

从历史演进的区间来看,共产主义作为一种"新社会方案",处于"空想"探索的阶段就有300多年(从1516年《乌托邦》的发表到1848年《共产党宣言》的发表相隔332年)。自1848年《共产党宣言》发表以来,东西方对科学共产主义理论与实践的探索方兴未艾。然而,自共产主义"科学化"以来的多维辩证"实践"还不到200年。也就是说,它作为一种理论在场的"社会方案",远没有资本主义发展史那样厚实。正如实现人类解放("人的解放")是一个永无止境的历史过程一样,后人对马克思恩格斯创立的科学共产主义学说的多维探索和辩证实践,也是一个不断朝向未来的时代课题。

整体来看,关于马克思恩格斯共产主义学说的广泛传播和深化研究已有170年。人们出于各种原因,甚至认为,它仅仅是"马克思学"或经典马克思主义的组成部分之一,已没有值得深化研究的必要了。其中的原因,不仅有对20世纪末叶国际共产主义运动处于"低谷"的现实考量,还有传统教科书体系中对共产主义学说的教条化解说和简单化处理。这在一定程度上加重了人们对这一学说(科学)的误解或曲解。

在两次世纪之交,国际共产主义运动所经历的挑战和挫折并没有"颠扑"马克思主义的真理性和科学性。在20世纪初,社会主义在俄国形成"列宁主义"的同时,西方早期"马克思主义者"也对经典马克思主义进行了卓有见地的理论阐释。20世纪末,"东欧剧变"以来一时间让世界为之哗然,"历史终结论"① 等消极话语甚嚣尘上。在"庸俗的实践检验论"的遮蔽下,科学共产主义远大理想从昔日"时尚般"的追捧中趋于冷淡,人们不再愿意谈论它,理论界也不再将其作为一个有持久生命力的学说或思想置于新的"学术高地",展开一如既往的学理研究。当然,在中国理论界,"走近马克思""走进马克思""回到马克思""探求

---

① 日裔美籍学者弗兰西斯·福山(Francis Fukuyama,1952—)的"历史终结论",以西方霸权主义的立场宣称"西方文明"是世界上唯一理想的文明形式。他认为,西方的自由民主制度也许是"人类意识形态进步的终点"和"人类统治的最后形态"。随着这种文明形式变为全人类的制度,人类历史走向"终结"。参见 [美]弗兰西斯·福山《历史的终结》,远方出版社1998年版,第1页。

马克思""追寻马克思""读懂马克思""神会马克思"等学术话语抑或研究范式的频繁回潮和出场,正在以新的理论自信和学术自觉开启着"中国马克思学"以及文本学的研究进路。与此同时,科学共产主义在当代中国的辩证实践中实现了新的时代出场,尤其是经过中国改革开放的持续探索和内涵式发展,形成了当代中国的马克思主义——"中国特色社会主义",其中包括中国特色社会主义道路、理论、制度、文化,被世界理论界誉为开启人类社会发展新方案的"中国模式"。可以说,"中国特色社会主义"在价值自觉中实现了科学共产主义"在中国"的价值在场和时代出场,是一种具有内在规定性的新事物。

诚如马克思在《关于费尔巴哈的提纲》中明确指出:"环境的改变和人的活动或自我改变的一致,只能被看做是并合理地理解为革命的实践。"① 其中意在阐明:实现人的解放的可能向度,归根结底,取决于"现实的个人"在既定历史条件下展开的革命性实践,而不能仅仅停留在哲学思辨,抑或是"解释世界"的层面上。科学共产主义作为无产阶级运动的思想武器和行动指南,是关于人类解放事业的科学理论,既是"解释世界"的科学理论,也是"改变世界"的行动指南。在当代中国,马克思主义作为立党立国的根本指导思想,是建设和发展"中国特色社会主义",实现中华民族伟大复兴事业的理论旗帜。发展中的"中国特色社会主义",旨在把马克思主义(科学共产主义)基本原理与当代中国的具体实际相结合,在不断推进马克思主义中国化、时代化进程中,切实解决当代中国的发展问题。要实现这一目标,首先要搞清楚"什么是共产主义、怎样实现共产主义""什么是社会主义、怎样建设社会主义""什么是中国特色社会主义、怎样发展中国特色社会主义"这几个根本性的问题。时代越是发展,人们越是呼唤远大理想的精神支撑和实践引导意义。共产主义远大理想和中国特色社会主义共同理想,共同构成中国共产党人的精神支柱和政治灵魂,是坚定"中国特色社会主义"的道路自信、理论自信、制度自信、文化自信的思想力量。

科学共产主义,即科学社会主义,它的"科学性"是建基在历史唯物主义和剩余价值理论之上的。长期以来,理论界通常是以"共产主义"

---

① 《马克思恩格斯文集》第1卷,人民出版社2009年版,第500页。

言说"共产主义",很少从历史唯物主义基本原理,尤其是在"现实性"上来阐发科学共产主义"为何"和"何为"的内在逻辑。本书立足历史唯物主义基本原理,以广义交往实践的"整体实践"为分析视角,集中对科学共产主义的"在场性"进行多维辩证的动态考察,旨在探索人类理想社会此岸确证的"可能性"和"现实性"。

"认识世界"和"解释世界"是一种思维认知活动,而"改造世界"则是一种不折不扣的变革实践,抑或说是一种内蕴着唯物辩证法和历史辩证法之"批判本性"的整体实践。这也就意味着:如何理解"实践",如何辩证地展开"实践",则是探析科学共产主义"在场"与"出场"的基本理论前提。求解这一问题,不仅需要从历史唯物主义基本原理来理解"实践"作为"对象性与自我确证活动"的整体性意涵,也需要以整体性的实践辩证法来看待"现实的个人"进行多维度的"对象性活动"及其"对象化关系"的内在规定。不管是人们所熟悉的"劳动"范畴,还是"物质生产"和"社会交往"范畴,这种对象性活动及其对象化关系都集中体现在"现实的个人"的广义交往实践当中。探析科学共产主义的价值在场和时代出场,也就有必要把这些作为"实践"相关"次生形态"的范畴整合起来,作为马克思"新世界观"的"整体实践"予以全面考察和动态把握。

马克思的交往实践思想是历史唯物主义的重要内容,也是马克思主义的有机构成部分。长期以来,理论界对马克思"交往"范畴的忽视,在一定程度上也影响了经典马克思主义作为科学理论在变革时代中的阐释力和影响力。事实上,在历史唯物主义的整体视界中,交往作为人类社会特有的现象,是"现实的个人"确证其本质力量的社会存在方式。从历史唯物主义基本原理("大唯物史观")解读和梳理马克思交往实践思想的本真意涵,尤其是探析广义交往实践之于"现实的个人"的自由和全面发展的逻辑要义,之于"现实的个人"多维辩证存在的实践基础(物质生产和社会交往)以及生活载体("四大生活")。借此,通过"现实的个人"的自由自觉活动,以"主体—客体—主体"的交往实践辩证法展开人与自然、人与人、人与社会之间的对象性活动,为实现科学共产主义提供一种"在场的"认知维度和"感性的"实践路向。

深刻把握科学共产主义的本真意蕴,首先要立足历史唯物主义的

"逻辑框架"和"理论视界",从中探索科学共产主义"在场"和"出场"的内在机理,以实现"解释世界"和"改变世界"的双重旨意。

本书通过对经典文献的整体解读,立足马克思主义人学理论,借鉴理论界关于马克思交往实践观及其辩证法的既有研究成果,基于"现实的个人"的对象性活动的整体性,把"生产"和"交往"纳入历史唯物主义的"整体实践"范畴中,以"交往实践辩证法"历史地看待人类对象性活动中的"交往异化"现象,尤其是"现代人"在"资本逻辑"主导下的生存困境和意义迷失问题,进而以整体性的辩证否定思维和社会工程思维来研究"现实的个人"对象性活动的合理展开与科学共产主义的时代出场。这一基础理论研究对于丰富和发展历史唯物主义基本原理具有重要意义。

本书以"过程哲学"的研究范式动态考察交往实践及其辩证法对于化解人类社会"三大矛盾"以及提升人类社会发展境界的哲学蕴意,使作为指导思想的"马克思主义"切实转化为引领当代中国发展的"世界观"和"方法论"。这对于规避理论界关于经济文化相对不发达的国家如何跨越"卡夫丁峡谷"的诸多争议,为坚定共产主义理想信念和理解科学共产主义的"在场性"具有重要的理论价值。与此同时,也为全面深入理解"经典马克思主义",整体推进马克思主义中国化、时代化,发展"21世纪马克思主义"提供必要的学理支撑。

本书集中探析马克思广义交往实践思想的方法论意义,一是为当代中国在全球化背景下超越"现代性危机",深入发展"中国特色社会主义"提供必要的实践方案和学理支撑。二是为更好地理解"以人为本"的科学发展观和以人民为中心的发展思想的基础要义,为促进人的自由发展和社会全面进步提供必要的实践智慧。三是为当代中国全面深化改革和实现科学发展的具体机制建构,诸如协同推进经济发展、政治发展、社会建设、文化建设、生态建设提供学理支撑。四是为在"历史"走向"世界历史"的进程中,如何构建"人类命运共同体"提供科学共产主义的未来学图景和实践智慧。

二 相关研究成果概述

对一个如此"资深"的老话题进行研究综述是困难的,但我们可以把既有实践中的"理论问题"和"实践问题"作为基本致思进路。为此，主要从"共产主义理论与实践"和"马克思交往思想"这两个维度展开。

（一）共产主义理论与实践

自1848年《共产党宣言》的发表标志着科学共产主义（科学社会主义）诞生以来，国内外理论界对这一问题的研究角度甚广，研究成果颇多。在此仅以中国学者在改革开放以来对这一问题的研究为基准，着重从共产主义学说本身、人类社会发展理论、人的发展理论三方面来概述。

1. 关于共产主义学说

理论界对共产主义学说（理论）研究是与作为同义的"科学社会主义"密切相关，主要集中在相关"教科书"或专著当中。"科学社会主义"在当代中国一直是大学（本科生和研究生）的通识课程（有全国通用教材或各省独立编制的教材）。据不完全统计，国内公开出版的"科学社会主义"教科书已有60多种。鉴于其在基本内容和阐释体例上的大同小异，且不赘述。21世纪以来，在版本及版次的更新中逐步摆脱苏联教科书体系的教条化倾向或影响，相关学者结合《马克思恩格斯全集》历史考证版（MEGA2）及其最新研究成果，在内容和逻辑上进行了创造性的时代化阐释。

目前，代表性的教科书有高放等编著的《科学社会主义的理论与实践》（中国人民大学出版社2014年版）、秦宣主编的《科学社会主义概论》（中国人民大学出版社2010年版）、伍德昌等主编的《科学社会主义的理论与实践概论》（华东理工大学出版社2008年版），以及中央马克思主义理论研究和建设工程组织编写的《科学社会主义概论》（人民出版社2017年版）。"马工程版"的《科学社会主义概论》集合了众多学者对科学社会主义原理研究的拓展性成果，代表着通识类教材的最高水准。

在代表性专著方面，有李延明的《马克思恩格斯的共产主义学说》（2010），从马克思恩格斯的经典著作入手集中论述了共产主义学说的形成、基本内容、哲学基础等。复旦大学社会科学基础部主编的《社会主义：理论与实践》（2010）集中论述了如下六个核心问题：社会主义产生的思想背景，马克思主义创始人对科学社会主义的理论构建，列宁主义和斯大林模式的社会主义国际实践，从新民主主义到中国特色社会主义的中国实践，世界社会主义运动中应该汲取的经验教训，当今世界全球化条件下社会主义的多样表现。该著作从"社会主义发展史"的维度阐释了科学社会主义的实践镜像。徐觉哉的《社会主义流派史》(2007) 集中考察了几百年来世界社会主义思潮的历史,从中梳理出 25 个流派,系统地展现了社会主义理论多元演进中的历史图景和思想轨迹。整体而言,这一"论题"统一于马克思主义的逻辑体系,因而在有关马克思主义及其时代化研究的相关著述中也有不同程度的阐发。

2. 关于人类社会发展理论

在人类未来社会发展方面,主要聚焦于马克思恩格斯对资本主义社会危机以及共产主义"如何实现"的逻辑分析等,多数论著聚焦于经典文献之"自由与必然""全面与自由"等价值维度的学理阐释。

近年来,有的学者把"和谐"或"和谐境界"作为评估社会发展进度的价值指标。其中对和谐价值的研究主要集中于对中国传统文化之"天人合一"与"和合"思想的时代化解读,并以此反观构建社会主义和谐社会、和谐世界的理论意义和现实价值。如潘尔春和苏承英的《和谐社会的马克思主义哲学基础》(2009),从哲学本体论、系统观、矛盾观、历史观四个方面阐释了"和谐社会"的马克思主义哲学基础。丁长青和袁杰在《社会和谐的三重境界——虚伪之境、真实之境、自然之境》(2010) 一文中,从"和谐"维度解读社会发展形态的层次和境界,为我们理解科学共产主义的实践逻辑,尤其是人类社会"演进"中的"进步"意涵提供了重要参考。刘建军在《论社会形态的两个层级——"五大社会形态"理论的新阐释》(2018) 一文中将人类社会演进中的"五大形态"分为"两个层级":原始社会和共产主义社会属于"第一层级"的社会形态,是大尺度社会形态,而奴隶社会、封建社会、资本主义社会属于"第二层级"的社会形态,是小尺度社会形态。作为人类历史"新纪元"的共产主义社会不是单一的,而是复合的高级形态。这一分析为我们理解人类社会发展的"纵向"境界跃升提供了学理参照。相对而言,从过程哲学视野和社会生活层面研究人类未来社会发展的成果较少,并且在研究方法上,也缺乏一种动态视角——境界提升的过程哲学视域。

3. 关于人的发展理论

人的问题(人性、人的本质、人的发展)是古今思想家普遍关注的"元理论"命题。马克思创立的历史唯物主义,以其"新世界观"革新了以往思想家对"人"的诸多判定,为我们从社会实践层面理解"现实的个人"的多维辩证存在及其自由和全面发展提供了坚实的哲学平台。

在国外,马克思之后的诸多"马克思主义者"对此进行了多视角的研究。卢卡奇在《历史与阶级意识》(1923)中以"物化"对现代社会和现代性的批判来探析人的发展问题。霍克海默和阿多诺在《启蒙辩证法》(1947)中以艺术这一文化现象为典型,批判了"工具理性"膨胀导致科学技术对人的统治。马尔库塞在《单向度的人——发达工业社会意识形态研究》(1964)中认为,科学技术的进步和消费社会的富足压制了人们内心中的否定性、批判性、超越性向度,只有通过"新质的历史主体"来建立合理和自由的社会,进而克服社会和人发展中的"单面性"。法兰克福学派第二代领军人物哈贝马斯,则一反以往思想家把"人"工具理性化的缘由归咎为理性主义和人道主义联盟的判定,并之于"工具理性"提出"交往理性",之于抽象或大写的"主体性"提出以"主体间性"来扬弃和克服人类现实生活的"异化"状态。他在《现代性的哲学话语》(1985)中以"交往行动理论"对马克思的劳动概念作了批判性分析,并主张从文化和价值层面来探析人类的生活方式和发展问题。

总体而言,中国学者对这一问题的研究大致经历了两个阶段:

一是20世纪80年代初期关于"人道主义"和"异化问题"的讨论,主要聚焦于人的本质、人的异化以及人道主义精神。总的来看,这一时期的研究带有西方经典译著本土化的倾向,对马克思主义人学、人的发展理论的研究尚不够深入,尤其是缺乏对马克思主义的整体性研究。

二是20世纪90年代以来对马克思主义人学和政治哲学的研究。在人学理论层面,理论界集中于对人的本质与异化、人的个性与主体性、现代化与发展方面,旨在把认识人、发展人、扬弃异化,注重人的"主体性"作为实现人的发展的基本内容。代表性论著有杨适的《人的解放——重读马克思》(1996)、袁贵仁的《马克思的人学思想》(1996)、夏甄陶的《人是什么》(2000)、孙正聿的《人的解放的旨趣、历程和尺度》(2002)、郁建兴的《从政治解放到人类解放》(2002)、杨楹的《论马克思解放理论的内在逻辑》(2006)等。在政治哲学层面,理论界对市民社会、自由、民主、平等、正义等价值导向的研究不同程度地关涉到人的发展问题，如袁贵仁的《对人的哲学理解》（1992，2008）、王锐生的《读懂马克思》（2001）、陈学明的《走近马克思》（2002）、魏小萍的《追寻马克思——时代语境下马克思人类解放理论逻辑的分析和探讨》（2005）、贺来的《边界意识与人的解放》（2007）、徐春的《人的发展论》（2007）、刘建新的《马克思现代性批判视域中的人的全面发展》（2009）、刘同舫的《马克思人类解放理论的演进逻辑》（2011）、王新生的《马克思政治哲学研究》（2017）等。

以上著述从文献（文本）学、政治哲学层面对人类解放和社会发展的理论逻辑、实践机制等作了深入研究。相对而言，在实现人的全面发展的具体维度和实践机制方面，依然需要结合时代特征进一步深化基础理论研究。

（二）马克思的交往思想

"交往"范畴是马克思思想体系中的重要范畴，在马克思早期的哲学、经济学、政治学研究以及晚年的历史学、人类学研究论著中都有相关阐释。国内理论界对马克思交往思想的研究始于20世纪90年代，但由于受到苏联教科书体系的影响，"交往"范畴一直没有得到应有的重视，抑或仅仅是把它等同于"生产关系"的过渡性范畴来对待。

在20世纪90年代以前，相关哲学原理教材中很少涉及"交往"范畴，直到肖前主编的《马克思主义哲学原理》（中国人民大学出版社1994年版）才开始予以重点论述。多数"马克思主义哲学史"著作对交往、交往关系、生产关系等概念间的关系大都是简略带过，尽管在由黄楠森、庄福龄、林利主编的8卷本《马克思主义哲学史》（北京出版社2005年版）中作了较为具体的介绍，但依然没有把"交往"概念纳入历史唯物主义的基本范畴之中。另外，权威性工具书《辞海》（1983），直到后来的"修订版"（1999）中才收入"交往""社会交往"等条目，而在《中国大百科全书·哲学卷》（1985）中仅有与"生产关系"等同的"交往形式"，在释义上也没有对"交往"范畴给予应有的学理阐释。21世纪以来，韩树英主编的《马克思主义哲学纲要》（人民出版社2006年版）、倪志安等著的《马克思主义哲学原理新探》（人民出版社2010年版）在章节安排和内容阐释中也未提到"交往"范畴。

直到国内学者受到哈贝马斯交往行动理论的"启发"，进而开始"走进马克思"以探析历史唯物主义范畴中的交往思想。代表性论著有陈晏清、王南湜、李淑梅的《马克思主义哲学高级教程》（南开大学出版社2012年版），在阐释"社会生活的实践本质"章节中明确提出了"交往实践论的社会观念"，并重点阐释了"社会交往与社会结构"的逻辑关系。安启念的《通往自由之路——马克思哲学思想研究》（中国人民大学出版社2016年版），则在"大唯物史观"的内容逻辑上整体阐释了"交往"范畴之于马克思哲学变革的意义。可以说，在20多年来的系统研究中推出一批探索性的著述，在一定程度上推动了对马克思交往思想的纵深研究。

1. 国外研究现状

国外理论界对交往思想的系统研究，主要是法兰克福后期代表人物哈贝马斯，立足交往范畴阐释"交往行动理论"，并以此"重建"历史唯物主义。

哈贝马斯基于后工业时期资本主义社会危机的考察和反思，旨在"还原"苏联等"后马克思主义者"对"经典马克思主义"的部分遮蔽和僵化发展，通过以"生活世界"和"语言"为媒介的人际活动的语用学分析，提出"交往行为"的有效性要求（真实性、正确性、真诚性），进而克服自启蒙运动以来"理性的狂妄"和"主体性"（主体—客体）危机，以获得"交往范畴"在多元主体（主体—主体）间的实践合理化。交往实践范畴的确立，为哈贝马斯"重建"历史唯物主义提供了逻辑支撑。他在《交往行为理论：行为合理性与社会合理性》（1981）、《交往行动理论：论功能主义理性批判》（1981）、《交往与社会进化》（1976）、《重建历史唯物主义》（1976）等著作中作了集中论述。此外，在《作为"意识形态"的科学和技术》（1968）、《合法化危机》（1973）等著作中也有不同程度的阐释。

国外其他学者对哈贝马斯交往思想的研究，主要集中在比较哈贝马斯交往行动理论与马克思交往思想的差异、交往行动理论与历史唯物主义的逻辑向度等方面，如法国学者汤姆·洛克莫尔的《历史唯物主义：哈贝马斯的重建》（1989）、日本学者中冈成文的《哈贝马斯——交往行为》（1996）等，比较分析哈贝马斯交往行动理论与马克思交往思想的差别，尤其是交往行动理论与历史唯物主义的逻辑关系。中国学者对哈贝马斯相关理论的研究，经历了从"西学东渐"到"比较研究"，再到"本土创新"的演进路径。同样，中国学者也正是借助哈贝马斯"交往行动理论"这一理论平台，开始对马克思的交往思想进行文本解读和理论阐释，推动着马克思交往实践思想、交往实践的唯物主义范式的出场。

2. 国内研究现状

国内学者对交往思想的研究主要有两个阶段：一是20世纪80年代初以来的"理论解析"，主要是对哈贝马斯的交往行动理论相关著述的引进和评价，并反思其与马克思交往实践思想的关联性等。二是20世纪90年代以来基于"问题意识"的应用研究。随着中国改革开放的纵深拓展，理论界开始从马克思主义经典文献中解读交往实践思想的渊源和价值，以此来分析全球化背景下的国家间交往和社会交往等现实问题。

整体来看，国内学者主要就马克思与哈贝马斯交往思想的理论渊源、价值蕴涵、逻辑体系、现代价值等作了多视角研究。

首先，在交往思想的基础理论方面，如范进的《现代西方交往概念研究》（1992）、丁立群的《交往、实践与人的全面发展》（1992）、钱伟量的《交往、实践、交往实践》（1993）、刘刚的《论交往在社会系统中的地位和作用》（1996）、刘奔的《交往与文化》（1996）、张亮的《交往范畴的科学定位》（1997）、荆忠的《试论交往的历史形式、特性和社会功能》（1997）、陈章雄的《交往与世界历史变迁》（1999）、郑召利的《90年代以来我国交往理论研究概述》（1999）和《哈贝马斯的交往行为理论》（2002）、衣俊卿的《现代化与日常生活批判》（1994）等，着重从比较视野探析了交往范畴的哲学蕴涵及其现代意义。张雯雯的《哈贝马斯的交往行为理论与历史唯物主义》（2016）以哈贝马斯交往行为理论的主线——交往行为、社会合理性、社会整合、生活世界的双重架构，试图揭示交往行为理论与历史唯物主义的内在关联，尤其是对历史唯物主义"改造"中的意义与不足。在交往实践和主体性哲学方面，如张锦智和秦永雄的《主体间性问题与马克思的社会交往理论》（2005）、日本学者尾关周二的《重建当代历史唯物主义的新尝试——交往理论和环境思想的视角》（2005）。其中任平的论著《交往实践与主体际》（1999）、《走向交往实践的唯物主义》（2003）、《交往实践的哲学》（2003），在唯物史观视野下考察了交往实践范畴，提出并论证了"交往实践观"的解读范式。与此同时，对哈贝马斯等关于"主体际"哲学范式进行了批判扬弃，从中提出"主体—客体—主体"范式的"交往实践辩证法"，进而把"交往实践"范畴纳入"唯物史观"的逻辑体系当中。这些探索性成果拓展了马克思主义交往范畴的哲学基础，在一定程度上形成了当代视野中的交往实践观，代表着中国学者对马克思交往实践观研究的最新进展。整体来看，从历史唯物主义框架中围绕"现实的个人"来探析广义交往实践作为"整体实践"与科学共产主义时代出场的研究成果较少。

其次，在交往思想的当代价值方面，如姚继刚的《交往的世界——当代交往理论探索》（2002）、范宝舟的《论马克思交往理论及其当代意义》（2005）、刘明合的《交往与人的发展》（2008）和姜爱华的《马克思交往理论研究》（2009）在解读相关文本、梳理传统交往思想的基础上阐释了"交往"与"生产"的关系、交往与个人发展及社会进步的意义。韩红的《交往的合理化与现代性的重建》（2005）从现代性以及"现代性危机"的视角阐释了交往思想的现代意义，龚群的《道德乌托邦的重构》（2003）从伦理学视角阐释了交往合理性对"话语伦理学"的革命性建构意义，龙柏林的《个人交往主体性研究》（2005）从个体交往中"主体性危机"的视角探析并构建个人交往主体性的当代路径。相对而言，以上研究侧重于应用价值探析，由于对马克思交往思想本身解读不够，尤其是对其逻辑图式把握不够，因而在当代价值的实践导引上依然存在着"哈贝马斯化"和"宏大叙事"两种倾向。从实践发展来看，新时期"以人为本"的科学发展观和"以人民为中心"的发展思想在中国场域的全面展开和践行，迫切需要进一步研究交往实践思想在历史唯物主义范畴中的逻辑地位及其时代价值。

总体来看，从过程哲学视野动态考察科学共产主义实践性的学理研究需要深化拓展，尤其是从马克思广义交往实践思想探析"现实的个人"多维辩证存在的现实基础，进而把实现人的自由发展与社会全面进步结合起来，来考察科学共产主义的价值在场和时代出场。

通过如上概述，可以得出如下基本结论或有待深化研究的视角：

一是从多维度解读科学共产主义学说的本真意蕴和实践维度。结合国内外学者对"马克思学"的最新研究成果（从文本学视角对《马克思恩格斯全集》历史考证版〈MEGA2〉的研究）来整体把握科学共产主义学说的本真意蕴和时代精神。诸如，从价值维度来看，它是旨在实现人的自由发展和社会全面进步的科学理论；从过程维度来看，它是一种在场的扬弃和超越异化的自由自觉的现实运动；从境界维度来看，它是从整体性上实现人的自由发展与社会全面进步的双重跃升。

二是深化研究交往实践范畴在历史唯物主义中的基础性意义。深化研究交往实践范畴，有必要从"大唯物史观"层面来理顺"交往"与"生产""实践""生产关系"等范畴之间的逻辑关系。以人类对象性活动的整体视界将"交往"与"生产"作为"实践"子范畴，探索将广义交往实践作为人类对象性活动的基本方式的逻辑理路，在"现实性"上确证"现实的个人"多维度辩证存在的现实基础。在此基础上，通过分析交往实践辩证法在马克思主义实践辩证法中的逻辑维度，为"现实的个人"的对象化和自我确证活动的辩证展开提供必要的实践理性。

三是从整体实践视野探析科学共产主义时代出场的实践路向。科学共产主义的出场是"通过人并为了人而对人的本质和生活的真正占有"的现实运动，在"实践"这一环节上与马克思交往思想有着内在的逻辑关联。因而有待于深化拓展马克思交往思想的实践意涵，通过合理借鉴哈贝马斯交往行动理论的积极要素，在历史唯物主义（"大唯物史观"）框架内形成当代视野中的交往实践观，即作为表征对象性活动的"整体实践观"，使科学共产主义作为人类社会发展的"理想社会方案"，在"现实的个人"的整体实践中从"科学"走向"现实"，在多维辩证实践中提升人的自由发展与社会全面进步的整体境界。

三　研究框架、方法及探索重点

本书基于马克思交往实践思想的"整体实践"视界，从"大唯物史观"来解读经典作家关于科学共产主义学说的本真意蕴和出场逻辑。通过比较分析马克思交往实践思想与哈贝马斯交往行动理论，借助主体间性哲学的辩证视野，聚焦于"生产"和"交往"两大范畴以及由此支撑的"四大生活"范畴，在"主体—客体—主体"交往实践辩证法的动态实践中探索人类社会发展的内在尺度——和谐境界，以及人的自由和全面发展的外在尺度——和谐社会。在这二者的辩证统一中，来确证"通过人并且为了人而对人的本质的真正占有"的理想社会和美好生活。

（一）研究框架

本书的研究框架和研究重点如下：

第一，回归经典文本，在历史唯物主义框架内解读科学共产主义学说的本真意蕴，使科学共产主义的价值在场和时代出场成为"现实的个人"创造美好生活的现实运动。

科学共产主义作为"价值维度"，旨在实现人的自由和全面发展。科学共产主义是以探求"现实的个人"的自由和全面发展为终极价值。"现实的个人"作为历史唯物主义的逻辑基点，也是科学共产主义学说的逻辑基点，并构成科学共产主义价值在场和时代出场的逻辑主体。科学共产主义作为"过程维度"，是指"现实的个人"自由自觉的对象化和自我确证的现实运动。一方面，"现实的个人"的主体性生成是经由以"神"为本，以"物"为本，再到以"人"为本的过程中逐步确证的。另一方面，"现实的个人"的自由和全面发展是秉持整体实践辩证法在不断扬弃"异化劳动"和"异化交往"的过程中，通过超越"为物所役"来实现"自由自觉"的对象化和自我确证。科学共产主义作为"境界维度"，是实现人的自由发展与社会全面进步的双重跃升过程。科学共产主义的时代出场，不仅表征为人类社会形态的演进和发展，也集中体现为"现实的个人"在既定历史条件下以最合乎自然和人性的方式展开人与自然、人与认知、人与社会的多维度对象性活动中，逐步实现从"必然"走向"自由"的历史跨越和质性提升。

第二，通过文献梳理，比较马克思交往实践思想与哈贝马斯交往行动理论，从中理清人类社会发展的精神脉络与科学共产主义的实践逻辑。

通过解读《共产党宣言》《路易·波拿巴的雾月十八日》《关于费尔巴哈的提纲》《1844年经济学哲学手稿》《德意志意识形态》《哲学的贫困》《哥达纲领批判》《〈1857—1858年经济学手稿〉导言》《劳动在从猿到人的转变中的作用》《社会主义从空想到科学的发展》《马克思致帕维尔·瓦西里耶维奇·安年科夫》等经典文献，以"大唯物史观"视角探析马克思交往实践思想的理论渊源、内容体系、基本特征及其在"历史唯物主义"中的逻辑地位。通过解读哈贝马斯的《交往行为理论》（《交往行动理论》）《交往与社会进化》《作为"意识形态"的科学和技术》《合法化危机》《重建历史唯物主义》等文本，着重梳理并阐释哈贝马斯交往行动理论的缘起、内容、特征以及与马克思交往实践思想的意义关联和逻辑差异。具体而言，一是以"人的解放学"的视界分析哈贝马斯以"此"重建"历史唯物主义"的逻辑进路和实践旨趣，突破理论界对马克思交往实践思想由"忽视"到"独尊"的偏执。二是以"整体实践"的视界合理汲取哈贝马斯交往行动理论中的积极要素，"补充"到马克思交往实践观的当代视野中来。三是从整体实践观和社会发展视野比较马克思交往实践思想与哈贝马斯交往行动理论各自侧重点及其互补性，从中理清关乎"人的解放"和"社会进步"的实践逻辑及其精神脉搏。

第三，立足时代实践，辩证看待生产与交往在历史唯物主义中的逻辑要义，基于"现实的个人"的整体性和实践辩证法的整体思维，形成当代视野的整体实践观。

辩证看待中国理论界20多年来（尤其是21世纪以来）对交往实践思想的研究态势，通过比较分析相关代表性文献，理清其中的长处和不足。如有的学者把交往实践纳入"唯物史观"的框架和逻辑体系，提出"走向交往实践的历史唯物主义"的理论范式，并对"主体际"哲学范式进行了批判和扬弃，提出"主体—客体—主体"三极关系结构的"交往实践辩证法"和"交往实践观"，由此作为马克思新历史观的地平线和超越后现代哲学的理论方案。由于受"实践唯物主义"或"实践本体论"解读范式的影响，如果径直把"交往"置于与"实践"范畴的同一逻辑层面上，那么不可避免地使"交往"范畴走向了"形而上"的偏狭。

本书则重在指出，"生产"和"交往"作为关于象性活动之"整体实践"的"子范畴"，物质生产和社会交往共同构成马克思主义实践范畴的两个方面。二者交互作用并统一于"现实的个人"的对象性活动，贯通于人类社会基本矛盾的运动当中，是实现个体全面发展和社会整体进步的核心动力机制。作为实践主体的"现实的个人"在物质生产活动之"主体—客体"的对象化关系中，也内含着人们之间的社会交往之"主体—主体"的对象化关系。这两重"对象化关系"统一于作为"现实的个人"的对象性活动的"整体实践"。人直接地是自然存在物，作为自然界的"有机身体"，与"人化自然"之间存在着相对框架的"主体—客体"关系，以及绝对框架意义上的"主体—主体"关系。基于"现实的个人"的整体性和实践辩证法的整体思维,如上"两个环节"和"对象化关系"有机地统一于科学共产主义的"在场性"之中,借此形成当代视野的"整体实践观"。

第四,聚焦中国场域,树立确证理想社会的此岸思维,以整体实践观照科学共产主义的在场和出场,探析中国特色社会主义的实践逻辑。

科学共产主义的时代出场是一个动态的历史过程,归根结底,在于"现实的个人"之于"两大实践"(物质生产和社会交往)辩证展开的过程性和动态性,以及对"四大生活"(物质生活、社会生活、政治生活、精神生活)享有的过程性和动态性。基于"两大实践"的"四大生活"是"现实的个人"多维辩证存在的现实基础,也是彰显其自由和全面发展之内在规定的现实载体。

科学共产主义的时代出场是秉持整体实践辩证法来展开多维度的对象性活动。对"现实的个人"之主体性的合理彰显和辩证否定,旨在通过"现实的个人"对象化和自我确证来实现人与自然、人与社会、人与人之间的动态和谐,从中生成自由人的"联合体"。物质生产与社会交往的交互作用,共同构成推动人类社会发展的核心动力机制,促进社会分工的合理化,生产力的保存和发展,生产关系、经济基础与上层建筑之间的良性互动,进而推动民族国家的跨越发展和"世界历史"的形成。"现实的个人"在整体实践中逐步占有其多维度的感性生活,促进其主体性的自觉和历史生成,实现其社会关系发展的"全面性"和个性解放的"全面性",从而使"现实的个人"作为"一个完整的人",并以"全面的方式"来占有其本质和生活。

科学共产主义在当代中国的价值在场和时代出场,即中国特色社会主义,是科学社会主义理论逻辑与中国社会发展历史逻辑的辩证统一。一是作为整体实践的"主体向度",以阐明"从现实性上"构建理想社会的物质前提和价值指向。二是作为发展方法论的"辩证否定观",以阐明通过遵循"规律约束"和"历史条件"来实现人的发展与社会发展之一致性的未来视界。三是作为建构社会模式的"社会工程论",以阐明通过"科学思维"与"工程思维"的有机贯通,借以整体性的具体实践模式使"理想社会方案"精准落地,实现对美好生活的此岸确证。

（二）研究方法

1. 文献（文本）研究法

本书基于马克思主义经典文献和哈贝马斯关于交往行动理论的主要论著,结合理论界相关研究成果进一步研读经典文本,从中探析科学共产主义价值在场的"理论逻辑"和时代出场的"实践逻辑"。通过整体把握马克思恩格斯关于科学共产主义的经典论述和旨意,从中"抽绎"出马克思主义的真精神。结合新的时代实践,以学理自觉回应科学共产主义在变革时代实践之理论阐释上的"不彻底性"和认知思维上的"教条主义"之困局。

2. 历史与逻辑相统一的方法

本书坚持历史唯物主义和辩证唯物主义的立场、观点、方法,在解读马克思主义经典文献和相关成果的基础上,整体梳理马克思交往实践思想的渊源、内容、特征。本书通过聚焦"现实的个人"的整体实践及其多维生活样态,以动态视界考察建构人类理想社会的可能性和现实性。在综合人性论、认识论、矛盾论、实践论的基础上,把主客体辩证法、辩证否定思维、社会工程思维等动态地融入实现"人的发展"与"社会进步"的整体实践中,旨在以发展着的"历史科学"探析科学共产主义在中国的价值在场和时代出场。

3. 比较研究和综合分析的方法

本书在建构理论分析工具（基于交往实践的整体实践）时,既比较分析马克思交往实践思想与哈贝马斯交往行动理论的理论逻辑差异,又从历史唯物主义基本原理（"大唯物史观"）上贯通二者的思想资源,旨在形成当代视野中的"整体实践"范式。本书重在运用马克思主义立场、观点、方法来分析解读科学共产主义的既有认知范式,整体观照科学共产主义时代出场中的"问题导向"之分殊差异和"地方性知识"的普遍性意涵,着重在"中西古今"高度聚合的时代场域中探析"中国特色社会主义"时代出场的内生逻辑及其"世界历史"意涵。

（三）探索重点

本书以"整体实践"为逻辑主线,着重从历史唯物主义基本原理的视界来管窥和阐明科学共产主义的本真意涵、理论逻辑、实践逻辑。

1. 在体系和方法方面

本书作为对科学共产主义基础理论的"再研究"，是运用马克思主义立场、观点、方法来探析科学共产主义的理论逻辑和实践逻辑。一方面试图"革新"以往受传统教科书体系影响的"教条式"阐释范式，基于经典作家的"本义"来理解科学共产主义的"本来"。一方面试图以新的理论视界"匡正"人们对基础理论的曲解或误解，基于人类命运共同体的未来学视野真实把握马克思主义的真精神。

本书通过融会贯通马克思的交往实践思想与哈贝马斯的交往行动理论，借助主体间性哲学的辩证视野，从"现实的个人"对象性活动之物质生产和社会交往的合理化诉求中探索人类社会辩证发展的内在尺度——"和谐境界"，以及"现实的个人"自由和全面发展的外在尺度——"和谐社会"。在"现实的个人"的对象性活动及其对象性关系的整体视界中探析实现"人的发展"与"社会进步"的一致性逻辑，进而在"两大尺度"的辩证统一中推动科学共产主义的时代出场。

2. 在内容和主旨方面

本书通过对科学共产主义原理的"再研究"，旨在阐明"理想社会"的确证逻辑和"美好生活"的实践逻辑。一是从历史唯物主义（"大唯物史观"）的视野对科学共产主义的"在场性"和"实践性"进行"三个维度"（价值、过程、境界）的整体阐发。二是试图突破理论界对马克思交往实践思想由"忽视"到"独尊"的局限，立足历史唯物主义（"大唯物史观"）的整体视角，解读马克思交往实践思想与哈贝马斯交往行动理论的侧重点及其互补性，形成当代意义上的"整体实践观"。三是以作为发展辩证法的"和谐境界"来评估人与社会的协调发展，从"过程哲学"的视域阐释"人的发展"与"社会发展"的过程提升维度。其中对"交往实践"所支撑的"社会生活"的现实解读，弥补了以往人们对"生活"范畴的人为肢解——把"社会生活"和"政治生活"纳入"物质生活"与"精神生活"之间的过程环节当中，实现了人类社会生活有机体的动态统一。四是从"整体实践"的视界探析"中国特色社会主义"的出场逻辑，在"主体向度"上阐明确证"理想社会"的物质前提和价值指向，在"发展方法论"上阐明实现人的发展与社会进步协同提升的未来视界，在"社会实践模式"上阐明科学共产主义"理想方案"在中国场域如何"精准落地"和实践出场。

总之,本书以"整体实践"的视界探析"理想社会"何以"此岸确证"的实践逻辑,阐明人类社会发展境界的提升向度。这种过程研究视野本身就是对科学共产主义"空想论""过时论""渺茫论""速成论""终结论"的辩证"祛魅",通过阐明科学共产主义价值在场的"意义性"和时代出场的"现实性",为人类追求美好生活和建构理想社会提供一种此岸视界,让作为"历史科学"的马克思主义在科学地"解释世界"的同时,更好地"改变世界"。

四 相关概念的界定和说明

本书作为对马克思主义基础理论的再解读和再阐释,在逻辑展开中涉及马克思主义(尤其是历史唯物主义)的诸多概念,正如"一门科学提出的每一种新见解都包含这门科学的术语的革命"①,因而有必要就一些核心概念及"概念群"进行比较说明,以作为理论建构的思想前提和理论创新的逻辑起点。

(一)共产主义·社会主义·科学共产主义·科学社会主义

"共产主义"或"社会主义"并不是马克思恩格斯的首创。它作为一种社会批判思潮,最早出现于16世纪空想社会主义者的相关著述中,如托马斯·莫尔的《乌托邦》、托马斯·康帕内拉的《太阳城》等。经过18世纪的摩莱西、马布利、梅叶等思想家的进一步发展,以及19世纪的圣西门、傅立叶和罗伯特·欧文的系统阐述,空想社会主义理论逐步被付诸于各种历史的实验之中。需要说明的是,这些思想家在阐释其理论主张时,并没有直接使用"社会主义"一词,如圣西门的"实业制度",傅立叶的"和谐制度",罗伯特·欧文的"理性社会制度"② 等。据相关考证,英国牧师巴姆比(Goodwyn Barmby)最先使用了"共产主义"一

---

① 《马克思恩格斯文集》第5卷,人民出版社2009年版,第32页。

② 罗伯特·欧文最初把自己追求的理想社会称为"理性社会制度",后来在出版演说集时,采用了"社会主义"一词,其书名为《社会主义或理性社会制度》。参见高放《马克思主义与社会主义》,黑龙江教育出版社1994年版,第129页。

词①。随着这一社会思潮在广泛传播中价值旨趣的同质化，共产主义或社会主义的内在规定性才逐步被"抽绎"出来。

"共产主义"一词源自拉丁文"communis"，意指"公共"或"共同体"。19世纪30年代中期的巴黎秘密革命团体，开始把"共产主义"一词作为他们要努力争取在废除资本主义之后实现"理想社会"的目标。当时人们使用这一概念，一是希望建立和实现财产公有制，二是建立以"公社"为单位的基层自治组织。② 到了19世纪40年代，随着法国卡贝和德国魏特林共产主义思想的传播，"共产主义"一词在欧洲进一步流行开来。正是基于这一"本义"，有的学者认为把"共产主义"译为"公共主义"更为准确。③ "社会主义"一词源自拉丁文"socialis"，意指"社会的、共同的、集体的"，最初是与"个人主义"相对应的。④ 1827年，英国欧文社会主义刊物《合作杂志》以"社会主义者"来称呼"合作学说"的信徒。1832年，法国圣西门主义者勒鲁主编的法文杂志《环球》（也译为《地球报》）初次出现"社会主义"一词。1833年，英国欧文派的英文刊物《贫民卫报》也开始使用"社会主义"一词。这样，"社会主义者"与"社会主义"在英法两国流行，并很快流传到德国以及其他国家。

"共产主义"和"社会主义"作为关于人类美好社会的制度方案，往往是先有"思潮"，后有"概念"，再有"实践"。就其出现的"时间序列"而言，尤其是从社会思潮的渊源来看，"共产主义"要早于"社会主义"。从社会主义理论谱系的内涵式表述来看，"共产主义"则比"社会主义"一词出现得略晚一些。随着"社会思潮"的同质化到"基本概念"的形成，它作为批判和改造资本主义的各种思想主张，也就有了明确的理论属性和特质。社会意识反映着社会存在，"社会主义"逐步在资产阶级知识分子当中流传，更多地强调对资本主义的"和平改造"，而"共产主义"则盛行于广大工人阶级当中，更多地强调对资本主义进行彻底变革。二者基于不同的立场和利益考量而形成在理论彻底性上的差异性。

---

① ［英］雷蒙·威廉斯：《关键词：文化与社会的词汇》，刘建基译，生活·读书·新知三联书店2005年版，第75页。

② ［英］G. D. H. 科尔：《社会主义思想史》第1卷，商务印书馆1977年版，第13页。

③ 参见高放等《科学社会主义的理论与实践》，中国人民大学出版社2008年版，第7页。

④ 参见黄达强等《简明科学社会主义词典》，北京出版社1988年版，第354页。

这一逻辑一直贯穿到此后社会主义思潮或理论派别的多元化发展当中。

19 世纪中叶,在欧洲所谓的"社会主义者",主要是指各种空想主义体系的信徒和形形色色的社会庸医。他们往往是站在工人运动以外,或是"想用各种万应灵丹和各种补缀办法来消除社会弊病而毫不伤及资本和利润"①,也就是毫不伤及资本主义制度本身。"只有工人阶级中确信单纯政治变革还不够而公开表明必须根本改造全部社会的那一部分人,只有他们当时把自己叫做共产主义者"②。恩格斯在《共产党宣言》之"1888 年英文版序言"中指出:

> 在 1847 年,社会主义是资产阶级的运动,而共产主义则是工人阶级的运动。当时,社会主义,至少在大陆上,是"上流社会的",而共产主义却恰恰相反。既然我们自始就认定"工人阶级的解放应当是工人阶级自己的事情",那么,在这两个名称中间我们应当选择哪一个,就是毫无疑义的了。而且后来我们也从没有想到要把这个名称抛弃。③

就经典文献的相关表述来看,马克思恩格斯在阐述其学说时最初使用的是"共产主义",而不是"社会主义"。

关于"社会主义"与"共产主义"的差别,就内涵本身而言,一般认为"社会主义"是从"人类个体与整体相互关系"的角度来表达对"理想社会"的主张,而"共产主义"则是从"财产关系"的角度对"应然社会"的追求。前者在概念上较为模糊且"包容性"要大,理论指向的"不确定性"也大,易于被人们在不同的角度来理解和接受,而后者则较为单一和确定。就其所代表的社会阶级成分而言,"社会主义是资产阶级的运动,而共产主义则是工人阶级的运动"④。马克思恩格斯为第一国际工人组织——"共产主义者同盟"起草纲领《共产党宣言》(作

---

① 《马克思恩格斯文集》第 2 卷,人民出版社 2009 年版,第 21 页。
② 同上书,第 13 页。
③ 同上书,第 14 页。
④ 同上书,第 14 页。

为马克思主义的纲领性文献）以及恩格斯于 1847 年撰写的《共产主义原理》（作为《共产党宣言》的重要准备著作）都侧重于后者。此后，他们较少使用"共产主义"一词，而是更多地以"社会主义"代之。关于这一点，恩格斯在 1894 年曾明确予以补充说明："'共产主义'一词我认为当前不宜普遍使用，最好留到必须更确切的表达时才用它。即使到那时也需要加以注释，因为实际上它已三十年不曾使用了。"① 正是恩格斯的这一"说明"，有学者就此认为马克思恩格斯有厚"社会主义"薄"共产主义"之意，也有学者甚至极端地主张取消关于"共产主义"的提法等。客观而论，这些偏见都是对马克思主义整体性的人为肢解，也是对"共产党人"之"初心"的人为遮蔽。我们可以历史地考察"二者"在使用语境上的差异，着重从中体味社会主义从"空想"到"科学"跃升中的心路历程，但没有必要因为概念上的"差异"而进行简单化的处理。

比较而言，早期的"社会主义"或"共产主义"之所以还不是"科学"，是因为"空想社会主义者"对社会制度之不合理性的批判，尤其是对资本主义的批判主要还是停留在"道德谴责"层面，对未来理想社会的确证依旧是"价值预设"的进路。其共同特质，就是把注意力都集中在追求完美社会制度的"设计"上，并企图通过思想宣传、典型示范，依靠"他者力量"以实现来自彼岸的救赎。究其根源，就是因为当时社会发展还没有产生能够推进这种社会变革的物质力量。可以说，这种"不成熟的理论，是同不成熟的资本主义生产状况、不成熟的阶级状况相适应的"②。19 世纪 60 年代以后，随着马克思主义的广泛传播，共产主义思潮的影响日益甚广，马克思恩格斯的著述中开始通用"社会主义"的"概念化"的术语，主要意指批判资本主义的社会思潮和理论派别，旨在改变资本主义私有制来建立更高形态的社会主义制度。总的来看，马克思恩格斯是把"科学社会主义"与"科学共产主义"作为"同义语"来使用的。

国内代表性论著《马克思恩格斯的共产主义学说》的基本观点是："一方面当时还不具备实行共产主义的条件，共产主义还不能立即提上日

---

① 《马克思恩格斯全集》第 39 卷，人民出版社 1974 年版，第 203 页。

② 《马克思恩格斯选集》第 3 卷，人民出版社 2012 年版，第 780—781 页。

程,'共产主义'的旗帜不像'社会主义'的旗帜那样易于被更为广泛的群众所接受。另一方面,恩格斯又不愿意为迁就当时群众的思想水平、适应其接受程度而降低共产主义的标准,使之变成含义模糊的东西。马克思恩格斯认为,一旦使用'共产主义'这个提法,就要准确地表达它的内容,说得清清楚楚,不使人们对它有任何误解。实际上,这段时期,马克思、恩格斯在说'社会主义'时想着的是'共产主义',他们在'社会主义'的概念中揭示的实际上是'共产主义'的内容,因而他们是把'社会主义'作为'共产主义'的同义语,互为通用的。"① 从这两个"术语"使用的现实考量来看,"共产主义"一词在理论旨趣上更能准确表达马克思恩格斯确立"新世界观"和"人的解放学"的本意。

为了与其他的社会主义思潮或派别相区别,他们习惯上以"革命的社会主义"或"批判的社会主义"或"科学社会主义"代之。马克思为此曾指出:"'科学社会主义',也只是为了与空想社会主义相对立才使用,因为空想主义力图用新的幻想欺蒙人民,而不是仅仅运用自己的知识去探讨人民自己进行的社会运动。"② 1872 年,恩格斯在《论住宅问题》一文中首先使用了"科学社会主义"概念——"德国科学社会主义的观点,即无产阶级必须采取政治行动,必须把实行无产阶级专政作为达到废除阶级并和阶级一起废除国家的过渡",③ 因为"在资本主义社会和共产主义社会之间,有一个从前者变为后者的革命转变时期"④。"这种观点在《共产主义宣言》(即《共产党宣言》)中已经申述过并且以后又重述过无数次。"⑤ 人通过"自我解放"成为"自由的人",意味着要成为自己的社会结合的主人,从而也就成为自然界的主人,成为自身的主人。恩格斯在《社会主义从空想到科学的发展》中指出:

完成这一解放世界的事业,是现代无产阶级的历史使命。

————————

① 李延明:《马克思恩格斯的共产主义学说》,中国社会科学出版社 2010 年版,第 2—3 页。

② 《马克思恩格斯文集》第 3 卷,人民出版社 2009 年版,第 407 页。

③ 同上书,第 310 页。

④ 同上书,第 445 页。

⑤ 同上书,第 310 页。

深入考察这一事业的历史条件以及这一事业的性质本身，从而
使负有使命完成这一事业的今天受压迫的阶级认识到自己的行
动的条件和性质，这就是无产阶级运动的理论表现即科学社会
主义的任务。①

恩格斯曾在评论他们的"新世界观"时指出，现代的唯物主义是
"以科学社会主义为其理论成果的"②。马克思之后的诸多"马克思主义
者"习惯于将"社会主义"与马克思曾在《哥达纲领批判》中提到的共
产主义社会的"第一阶段"来理解，相应地，也就把"共产主义"作为
共产主义社会"高级阶段"的代名词。

人们在列宁"经典论述"的影响下逐渐习惯了这一用法。列宁认为，
社会主义是共产主义"第一阶段"或"初级阶段"，共产主义是在社会主
义基础上发展起来的。列宁在《无产阶级在我国革命中的任务》一文中
指出："人类从资本主义只能直接过渡到社会主义，即过渡到生产资料公
有和按每个人的劳动量分配产品。我们党看得更远些：社会主义必然会
逐渐成长为共产主义。"③ 在《国家与革命》中明确指出："社会主义同
共产主义在科学上的差别是很明显的。通常所说的社会主义，马克思把
它称做共产主义社会的'第一'阶段或低级阶段。既然生产资料已成为
公有财产，那么'共产主义'这个名词在这里也是可以用的，只要不忘
记这还不是完全的共产主义。"④ 他后来又进一步强调："共产主义是社会
主义发展的高级阶段，那时人们从事劳动都是由于觉悟到必须为共同利
益而工作。"⑤ 列宁的这些论述，形成了"阶段论"的主要依据。

与此同时，关于"科学共产主义"与"马克思主义"的关系同样需
要简要说明。在列宁看来，"马克思主义是马克思的观点和学说的体
系"⑥。整体而言，"马克思主义"可从如下方面来理解：首先，从研究

---

① 《马克思恩格斯文集》第 3 卷，人民出版社 2009 年版，第 566—567 页。
② 《马克思恩格斯文集》第 9 卷，人民出版社 2009 年版，第 357 页。
③ 《列宁选集》第 3 卷，人民出版社 2012 年版，第 64 页。
④ 同上书，第 199—200 页。
⑤ 《列宁选集》第 4 卷，人民出版社 2012 年版，第 87 页。
⑥ 《列宁专题文集·论马克思主义》，人民出版社 2009 年版，第 7 页。

对象来看，马克思主义是关于自然界、思维和人类社会发展的普遍规律的学说，尤其是资本主义社会何以"必然"转向共产主义社会之规律的学说。狭义的马克思主义主要是指马克思恩格斯的观点、学说体系，即作为"原生态"的马克思主义。广义的马克思主义还包括遵循马克思主义立场、观点、方法的一系列"后马克思主义者"的观点和理论体系，即所谓"次生形态"的马克思主义。其次，从体系结构来看，马克思主义学说是这三层次辩证的有机统一整体，如高层次的哲学观点之历史唯物主义，包括唯物辩证法、自然观、历史观、思维观等。其中关于历史唯物主义或马克思哲学的理论形态一直存在争议①。传统教科书习惯上称之为"辩证唯物主义和历史唯物主义"，简称"历史唯物主义"或"唯物史观"。在后来的深化研究中，也有学者以"实践本体论"为解读范式来阐释历史唯物主义，提出"实践唯物主义"的解读范式。事实上，辩证的观点，也应当是历史的观点、实践的观点，因为只有在"实践的辩证法"和"历史的辩证法"的基础上，历史唯物主义才能成为可能。经过学术争鸣和整体观照，可具体表述为"历史唯物主义和辩证唯物主义"②，一般简称"历史唯物主义"③。恩格斯在 1890 年 8 月 5 日致康拉德·施米特的信中首次使用"历史唯物主义"④ 术语，并在《社会主义从空想到科学的发展》"1892 年英文版导言"中用"历史唯物主义"来表达一种关于历史过程的观点："一切重要历史事件的终极原因和伟大动力是社会的经济发展，是生产方式和交换方式的改变，是由此产生的社

---

① 参见张三元《马克思哲学的理论形体究竟是什么》，《学术界》2011 年第 6 期。

② 经过学术争鸣与反思，基本上还是遵循此前的表述惯例。关于治国理政指导思想发展形态的表述，也采取这一提法："我们党坚持以马克思列宁主义、毛泽东思想、邓小平理论、'三个代表'重要思想、科学发展观为指导，坚持解放思想、实事求是、与时俱进、求真务实，坚持辩证唯物主义和历史唯物主义，紧密结合新的时代条件和实践要求，以全新的视野深化对共产党执政规律、社会主义建设规律、人类社会发展规律的认识，进行艰辛理论探索，取得重大理论创新成果，形成了新时代中国特色社会主义思想。"参见习近平《决胜全面建成小康社会 夺取新时代中国特色社会主义伟大胜利》，人民出版社 2017 年版，第 18—19 页。

③ 恩格斯将马克思一生的成就概括为"两大发现"：历史唯物主义和剩余价值学说。历史唯物主义是人类历史发展的一般规律，剩余价值学说是资本主义社会的特殊规律，后者从属于前者，后者是前者最核心的理论内容。因而可以概称为"历史唯物主义"。

④ 《马克思恩格斯文集》第 10 卷，人民出版社 2009 年版，第 587 页。

会之划分为不同的阶级，是这些阶级彼此之间的斗争。"①

　　本书认为，"历史唯物主义"是马克思的"新世界观"，作为这一理论特质的"实践性""历史性""辩证性"都是体现其内在规定性的重要标识。我们在强调其中某一特征或特质时，没有必要把体现其属性或特点的"修饰语"来"独立门户"，因而不妨以"大唯物史观"② 来表述。正如孙伯鍨和张一兵在《走进马克思》一书中指出："实践特征并不是马克思主义哲学的全部特征，而只是其显著特征之一，仅仅从这个特征出发，是不能完整地概括马克思主义哲学变革的实质的。"③

　　整体来看，马克思恩格斯是把"社会主义"和"共产主义"作为同义语来把握的，并根据形势发展的需要而选择性地加以使用的。"科学社会主义"这一概念的提出，一方面是为了与以往的"空想社会主义"相区别，另一方面意在表达马克思的"两大发现"（"剩余价值学说"和"历史唯物主义"）使社会主义从"空想"走向了"科学"。前者是在形式上（语词）与"空想社会主义"相区别，后者则表达二者在内容（内涵）上的根本区别。也就是说，"科学社会主义"这一概念是"形式"与"内容"的统一。本书认为，"科学共产主义"是马克思恩格斯在整体研究人类社会发展规律（尤其是大工业背景下资本主义社会发展规律）的基础上对人类社会发展趋势的一种未来学指向——实现人的自由发展和社会全面进步的科学理论——"人的解放学"。也就是说，这两个"术语"和"范畴"在价值旨趣及其实践逻辑上是一致的。

　　本书立足马克思主义哲学观之"历史唯物主义"的基本框架，来探析"科学共产主义"如何使"科学"进一步转为"现实"的实践课题，因而把"共产主义"作为涵盖性更大的"主题词"，并以"科学共产主义"或"科学社会主义"作为马克思"人的解放学"的理论标识。另外，就当代中国治国理政的基本理念而言，中国共产党的思想理论来源于马克思列宁主义，党的性质和宗旨决定了"共产主义"是中国共产党的最终奋斗目标。习近平指出："中国共产党之所以叫共产党，就是因为

---

① 《马克思恩格斯文集》第 3 卷，人民出版社 2009 年版，第 509 页。

② 参见安启念《通往自由之路》，中国人民大学出版社 2016 年版，第 187 页。

③ 参见孙伯鍨、张一兵《走进马克思》，江苏人民出版社 2001 年版，第 24 页。

从成立之日起我们党就把共产主义确立为远大理想"①，如《中国共产党章程》在"总纲"中就明确规定："党的最高理想和最终目标是实现共产主义。"其中明确使用"实现"两字，毫不含糊地表达了中国共产党人的"初心"和"使命"。

综上分析，本书是在"马克思主义"的整体性上来使用"科学共产主义"和"科学社会主义"这两个基本概念的，并将这一科学理论的"初心"——"科学共产主义"——作为书名的"主题词"。如此考量，既是对标志着马克思主义诞生的《共产党宣言》之先声的《共产主义原理》理论旨趣的基本遵循，也是坚定共产主义远大理想，以此岸视界的整体实践来确证"理想社会"的学理笃定和实践自觉。

（二）共产主义学说·共产主义运动·科学共产主义出场

一般而言，马克思恩格斯的科学共产主义有理论、制度、实践三种基本形态。我们习惯上把马克思恩格斯关于社会主义的理论主张称为"共产主义学说"，如恩格斯在《共产主义原理》的"第一个问题"就集中阐明共产主义理论的本质："共产主义是关于无产阶级解放的条件的学说。"② 这种作为"理论形态"的科学社会主义学说，属于"原生形态"。这一理论形态随着时代实践主题的变化和无产阶级革命运动而不断发展和完善。国内一般教科书中所表述的作为体系化的"科学社会主义原理"，即是对这一原生理论形态的诠释和概括。我们把无产阶级政党称为"共产主义政党"，把无产阶级革命称为"共产主义革命"，作为"实践形态"的世界社会主义运动亦称国际共产主义运动。譬如 19 世纪中叶以来的欧洲工人阶级的革命运动，为社会主义革命扫清了道路，是国际共产主义运动的表现形式。科学共产主义从作为一个"幽灵"在欧洲徘徊，发展到声势浩大的工人阶级运动，席卷整个欧洲以及东方世界，则是共产主义运动的生动实践。其中包括 20 世纪初第一个社会主义国家的建立，以及一系列"第三世界"国家走上社会主义道路，甚至包括 20 世纪末叶国际共产主义运动处于低谷（东欧剧变、苏联解体）等。中国共产党领导的社会主义革命、建设、改革，最终目标指向是实现共产主义。

---

① 《习近平谈治国理政》第 2 卷，外文出版社 2017 年版，第 34 页。
② 《马克思恩格斯文集》第 1 卷，人民出版社 2009 年版，第 676 页。

这样的实践活动也被称为共产主义运动。我们把代替资本主义的未来社会称为"共产主义社会",即作为"制度形态"的社会主义和共产主义。二者作为人类社会发展之更高级别的新型社会制度,包括"共产主义社会第一阶段"的"社会主义社会"和作为高级阶段的"共产主义社会"。

科学共产主义是理论、制度、实践的辩证统一。有的论者也从学说、运动、制度三个维度作了相应的分析,如"科学社会主义学说是世界社会主义运动的灵魂;世界社会主义运动是科学社会主义学说的实践舞台;社会主义和共产主义制度是世界社会主义运动的方向和目标;世界社会主义运动是社会主义和共产主义制度实现的方法和途径"①。进而言之,科学共产主义是马克思恩格斯关于人类未来社会发展的科学指南,是对人类理想社会和美好生活的科学追求。它作为改变现存状况的"现实运动",是一个无止境的实践探索历程,因而具有批判"现实"又不断引领新的"现实"的"乌托邦意向",故称为"共产主义远大理想"。科学共产主义作为人类社会发展的理想状态,并不是不可说之"神秘"或"虚无",而是作为人类对美好社会制度的价值追求,是可以不断逼近和实现的社会制度。

概言之,科学共产主义作为"历史科学"具有双重意蕴,既具有"形而上"的哲学意蕴,也具有"形而下"的科学意蕴。它不仅意指契合人类社会发展趋势的自由自觉的理想形态,也是指作为"在现实性上"在场的社会制度形态。在此,将这一理想形态进行多维度展开的价值自觉和实践探索,称为"科学共产主义的在场"。相应地,把科学共产主义在"价值维度""过程维度""境界维度"的意义敞显和实践生成,称为"科学共产主义的出场"。这正是将"科学共产主义的在场与出场"设定为本书"副标题"的基本考量。

（三）对象性活动·劳动·实践·交往实践·实践辩证法

在马克思恩格斯的相关文本阐释中,很少直接用"实践"这一概念,而是更多地在不同语境中用"现实的、感性的活动""对象性的活动""感性的人的活动""外化""行动""历史过程""劳动""现实地改变"

---

① 赵智奎:《马克思恩格斯的科学社会主义学说及其当代启示》,《马克思主义研究》2011年第1期。

等来表述。在马克思看来,过去一切哲学家所说的"实践"不过是"理论"的异在形式,它和理论的差别仅仅在于,后者是以理论面貌出现的理论,前者是以实践面貌出现的理论。也就是说,实践就是理论、理论就是实践,两者都是理论。"存在和思维的思辨的神秘的同一,在批判那里作为实践和理论的同样神秘的同一重复着。因此,批判怒气冲冲地反对那种还想同理论有所区别的实践,同时也反对那种还想同把某一特定范畴变成'自我意识的无限普遍性'的做法有所区别的理论。"①

马克思的实践概念是在批判吸收黑格尔的"劳动"概念和费尔巴哈的"感性对象存在"的思想之上,并在《关于费尔巴哈的提纲》和《德意志意识形态》中予以集中阐释。马克思批判费尔巴哈没有看到:"他周围的感性世界决不是某种开天辟地以来就直接存在的、始终如一的东西,而是工业和社会状况的产物,是历史的产物,是世世代代活动的结果,其中每一代都立足前一代所奠定的基础上,继续发展前一代的工业和交往,并随着需要的改变而改变他们的社会制度。"② 基于这一视界的唯物史观与唯心史观的根本区别就在于:"它不是在每个时代中寻找某种范畴,而是始终站在现实历史的基础上,不是从观念出来解释实践,而是从物质实践出发来解释各种观念形态。"③ 从人类对象性活动的整体性来看,实践是"现实的个人"自觉地创造价值和自我实现的目的性活动。

一般而言,实践是人类特有的对象性的感性活动,具有如下基本特征:实践是人的生存和发展的基本方式,是"现实的个人"的客观现实性的感性活动;实践是对象性的感性的客观的活动,是主体与客体互为对象化的现实活动;实践是人的有意识有目的的创造性活动,是社会性的历史活动。④ 由此可见,实践作为"现实的个人"自由自觉的对象性的感性活动,是直接融通并体现自然历史必然性与人的自觉能动性,并在人与自然、主体与客体之间双向作用的对象化过程。关于实践的概念,人们通常理解为主体改造客体的对象性活动。马克思恩格斯在创立"新

---

① 《马克思恩格斯文集》第 1 卷,人民出版社 2009 年版,第 358 页。

② 同上书,第 528 页。

③ 同上书,第 544 页。

④ 李德顺、孙伟平、赵剑英:《马克思主义哲学范畴研究》,中国社会科学出版社 2010 年版,第 43—45 页。

世界观"的过程中赋予"实践"以新的内在规定性，并作为历史唯物主义的逻辑根基和理论特质。当然，人类实践活动在时代境遇的不断变化和发展中也呈现出多样化形态，如"物质生产""精神生产""知识生产""人的生产""交往活动""管理活动""虚拟实践"等。

"实践"的延展性样态或"次生范畴"固然众多，但根据"实践"的内在规定性，我们可以将"现实的个人"与自然界以及社会之间的对象性活动具体分为"生产实践"与"交往实践"。前者意指人类主体与自然界客体之间的对象性活动，即"物质生产"，它侧重于表征人与自然的关系维度。后者意指人类主体之间的对象性活动，即"社会交往"，它侧重于表征人与人的关系维度。马克思恩格斯在《德意志意识形态》中所提到的"生活的生产"，就包括物质生活资料的生产和人的生产，前者表征"对象性活动"的自然关系，后者表征"对象性活动"的社会关系。当然，也在不同的语境中把这"两种生产"具体阐释为"物质资料的生产"和"精神生产"。有的论者把"全面生产"的内容进一步概括为"四个方面"：一是物质生活资料的生产，即"物质生产"；二是人的生产，即人的生育（所谓种的繁衍）；三是精神生产；四是社会关系的生产。[①] 在诸种"生产"活动中，物质生产和人的生产是奠基性的生产形式，社会关系的生产是作为"中介层面"的生产方式，精神生产则是居于最高层面的生产方式。

本书是在二者辩证统一的基础上来探析其之于科学共产主义的在场和出场，即认为"广义的生产实践"中内蕴着"狭义的交往实践"（即生产过程的人与人之间的对象性活动），广义的交往实践包括物质生产实践（在人与物之间的以"物"为中心的对象性活动）和社会交往实践（在人与人之间的以"物"为中介的对象性活动）。相应地，"交往实践观"是关于人与自然、人与人之间的对象性活动的认知逻辑和理论范式。

"交往"范畴在马克思的思想体系中占有重要地位，但由于人们长期以来更多地关注于"劳动""生产""自由自觉的活动"等概念而对其有所忽视。马克思在一系列标志着其"新世界观"形成的著述中对"Verkehr"（交往）作了深刻的阐释。譬如《马克思恩格斯文集》第一卷

---

① 参见俞吾金《重新理解马克思》，北京师范大学出版社 2005 年版，第 382—387 页。

关于"交往"的"注释"——"'交往'（Verkehr）这个术语在《德意志意识形态》中含义很广。它包括单个人、社会团体以及国家之间的物质交往和精神交往。马克思和恩格斯在这部著作中指出：物质交往，首先是人们在生产过程中的交往，这是任何其他交往的基础。"① 近年来，随着理论界对马克思交往思想的深化研究，逐步改变了以往将"交往"与"生产"（以及"交往形式"与"生产关系"）混为一谈的局面，从而逐步确立了交往范畴在"大唯物史观"中应有的地位。由于此前受苏联教科书体系的影响，"交往"范畴曾一度被视为对"生产关系"概念之"不成熟的表达"，甚至作为有待于被"生产关系"所取代的过渡性概念。

与此同时，在关于"交往"与"实践"的逻辑关系上也存在着较大分歧：一是把"交往"仅仅当作"实践"的基本环节之一，是由实践所形成的主客体关系所决定的主体间关系；二是认为"交往"范畴是实践范畴在社会历史领域的拓展和延伸；三是认为马克思的"实践"之实质就是"交往实践"，进而提出"交往实践观"② 的中国哲学话语。有的学者就此指出："交往是一个普遍的总体性范畴，它指认一个系统，包括物质交往、精神交往和语言交往三个层次，而'物质交往'即交往实践（Communicative Practice），是多极主体间物质交换过程。它构成了精神与语言交往的基础。交往是使世界普遍联系、科技及生产力在世界范围内得以传播、保存和发展的基本条件，也是历史向'世界历史'转变、实现历史形态更迭的动力机制。"③ 综上可见，"生产方式""社会存在""生活世界"等本身就是作为"交往实践"的内容和结果，基于此的交往形式及其交往关系共同构成全部人类历史形态演进的具体内容。

交往实践辩证法是"唯物辩证法"在交往实践范式中的具体体现，也是马克思主义实践辩证法的重要维度。马克思在《资本论》第二版的"跋"中明确指出："辩证法在对现存事物的肯定的理解中同时包含对现存事物的否定的理解，即对现存事物的必然灭亡的理解；辩证法对每一

① 《马克思恩格斯文集》第 1 卷，人民出版社 2009 年版，第 808 页。
② 参见任平《走向交往实践的唯物主义》，人民出版社 2003 年版，第 43—55 页。
③ 任平：《走向交往实践的唯物主义》，人民出版社 2003 年版，第 2 页。

种既成的形式都是从不断的运动中，因而也是从它的暂时性方面去理解；辩证法不崇拜任何东西，按其本质来说，它是批判的和革命的。"① 马克思的辩证法是对以往辩证法形态，诸如古代自发的辩证法、近代形而上学辩证法和德国古典辩证法的辩证扬弃。同样，"交往实践辩证法"内蕴着以往所有辩证法形态，如主体辩证法、客体辩证法、"主体—客体"辩证法、"主体—主体"辩证法的积极成果，特别是通过对后两者之"片面性"的克服，进而基于对象性活动及其对象化关系的整体性而形成"主体—客体—主体"的整体实践辩证法。

（四）交往形式·交往关系·交往方式·生产关系·市民社会

经典作家关于交往范畴的论述，主要集中于马克思恩格斯合著的《德意志意识形态》当中。交往形式、交往关系、交往方式、生产关系、市民社会等在其中交叉使用，在具体的概念上也没有予以明确界定。此外，由于在不同版本中的"翻译"和"注释"也存在着一定的差异，在客观上给人们准确理解这些术语增加了难度。国内有的学者意识到了这些问题并作了学理考证②，为我们理解这些概念群提供了学理参考。

需要指出的是，由冯契主编的《哲学大辞典》对"交往形式"条目的"解释"较好地体现了马克思恩格斯的这一思想："'交往形式'的含义较'生产关系'为宽，有时可用于生产之外的领域中人们的交往关系，有时又指交往活动采取的具体样式。如马克思和恩格斯把战争、交易、保险公司等看作交往活动在其历史发展中形成起来的不同形式，含有交往、媒介之义"。③ 这一界定标志着"交往范畴"在权威性工具书中有了整体性的阐释，有助于人们从学术史的视界来全面理解其本真内涵。

结合理论界的相关研究，本书认为：

交往形式包括物质交往和精神交往，生产关系属于物质交往形式，精神交往不在生产关系范畴之内。马克思恩格斯在《德意志意识形态》

---

① 《马克思恩格斯文集》第5卷，人民出版社2009年版，第22页。

② 参见赵家祥《解析〈德意志意识形态〉中的一个难解之谜》，《哲学动态》2011年第4期。

③ 冯契主编：《哲学大辞典》，上海辞书出版社2007年版，第213页。

中阐述"社会生产"时曾指出："生命的生产，无论是通过劳动而生产自己的生命，还是通过生育而生产他人的生命，就立即表现为双重关系：一方面是自然关系，另一方面是社会关系；社会关系的含义在这里是指许多个人的共同活动，不管这种共同活动是在什么条件下、用什么方式和为了什么目的而进行的。"① 从中可见，物质生产活动包括两个核心方面：一是人与自然之间的关系，主要体现为生产力；二是人与人之间的社会关系，主要体现为生产关系。在广义交往实践的视野中，前者属于生产实践范畴，后者属于交往实践范畴。

物质交往形式既包括物质生产过程中的交往形式，也包括其他物质活动领域中的交往形式。只有物质生产过程中居于支配地位的交往形式才属于生产关系，而其他物质活动领域中的交往形式则不属于生产关系。作为一般性的交往形式所包括的内容要比"生产关系"更为宽泛，物质交往形式所包括的内容也比"生产关系"所包括的内容更为宽泛。

当马克思恩格斯把交往形式与生产力联结在一起使用时，交往形式一般特指"生产关系"，在其他情况下所使用的"交往形式"，则不一定是指"生产关系"。这一点作为马克思主义政治经济学的核心"研究对象"，就是通过联系"生产力"与"上层建筑"来研究既定历史条件下的生产关系形成、变化、发展的一般规律。马克思恩格斯在《德意志意识形态》等著作中也把"交往形式"称为与一定生产力相联系的"市民社会"。市民社会有广义和狭义之分。其中，广义的"市民社会"是指与"生产、交换和消费发展的一定阶段"相应的社会制度、相应的家庭、等级或阶级组织，意指与一定生产力发展阶段相适应的社会组织和社会资本的"总和"。

（五）人性·人的属性·人的本质·现实的个人

关于人的问题，尤其是人的本质问题，是古今中外思想家绕不开的核心命题之一。一般而言，人的问题包括人是什么，人性（属性）、人的本质等，它们属于不同层次但又密切相关的组合问题。要对"人是什么"进行概念界定，在很大程度上离不开对人的属性（外延）和本质（内涵）的厘定。人性，即人的属性，就是"人之所以为人"的属性和特征，它

---

① 《马克思恩格斯文集》第 1 卷，人民出版社 2009 年版，第 532 页。

从"外延"上如何彰显出人的特质。人的本质，即人的根本属性或特质规定，是"人之所以为人"的内在规定性。

人的属性固然是多元而复杂的，人的本质是对众多属性的内在规定，又是动态的、具体的。在马克思看来，人的本质是在具体的社会历史进程中生成的，是人的需要、劳动、能力、个性等的全面综合，并且在"其现实性上"体现为"一切社会关系的总和"。"现实的个人"是马克思主义人学理论的核心范畴，马克思在《1844 年经济学哲学手稿》等著作中多处使用，是马克思界定"人性"和"人的本质"的实体范畴。在一般性论述中，为了简略，通常也用"现实人"来代之，以此来与其他思想家诸多样态的"人学"理论范畴相区别。

（六）发展·社会发展·个人全面发展·和谐境界

发展作为一个历史性的范畴，是新事物代替旧事物的过程，在本书中意指事物在既有历史条件下超越和克服其内在矛盾的行为过程及状态。所谓社会发展，主要是指社会形态在社会基本矛盾运动中的动态演进，以及在一定的社会历史条件下构成社会的诸要素在符合未来社会指向上的积累。个人发展（Individuum），理论界长期以来把它演化为"人的全面发展"（Mensch），这两个词在德文翻译中也存在着明显差别，即"前者的着重点是具体的个人，后者的着重点是一般意义上的人或人类整体"①。根据马克思恩格斯在《共产党宣言》中所论及"每个人的自由发展是一切人的自由发展的条件"②的自由人的"联合体"以及关于"现实中的个人"③的使用语境和意义，我们可以看出：马克思恩格斯并不是空泛地谈论人的自由和全面发展，而是更加注重"个人的全面发展"和"自由个性"的确立。"个人全面发展"在此主要指马克思关于人的解放理论的内在核心指标。实现"个人全面发展"，重在强调"现实的个人"在多维度的对象性活动中确证其作为"一个完整的人"，并以"全面的方式"占有自己的本质和生活。所谓人的自由和全面发展，重在彰显"现实的个人"作为自由自觉的多维辩证存在，并把这种源自

---

① 俞吾金：《重新理解马克思》，北京师范大学出版社 2005 年版，第 254—255 页。
② 《马克思恩格斯文集》第 2 卷，人民出版社 2009 年版，第 53 页。
③ 《马克思恩格斯文集》第 1 卷，人民出版社 2009 年版，第 524 页。

本体的主体能动性融入全面占有其本质和生活的多维度对象性活动及对象化关系当中。

"和谐"是表达事物发展之质性提升的哲学范畴，"和谐境界"则是评估人的发展和社会进步程度的重要范畴。首先，"和谐"是指一种协调、和睦的状态，如《晋书·挚虞传》之"施之金石，则音韵和谐"，意指各种事物配合得匀称、适当。如"和而不同"之"和"中包含着事物的多样性和差异性，而"和实生物"与"同则不继"则蕴含着事物间的统一性与创生性。其次，"和谐"还可以用作"动词"，意指对"和谐状态"的追求，即"使……趋于和谐"。一般而言，"和谐"主要意指矛盾运动中的辩证法以及遵循于此的存在状态，体现为三层境界——虚伪之境、真实之境、自然之境。"和谐"也因此作为具有否定辩证法的实践范式，即在提升人的发展和社会发展的整体跃升境界中的意义建构与价值确证的统一。

本书所谓"和谐"的指称对象，主要有二：一是指人类社会发展和全面进步的程度，二是指"现实的个人"实现自由和全面发展的进度。对于前者，有的学者把人类社会的发展境界概括为虚伪之境、真实之境、自然之境。在人类社会形态的演进中，资本主义及以前的社会属于阶级社会，所谓社会发展的"虚伪之境"。在扬弃资本主义之上建立的共产主义社会之初级阶段的"社会主义社会"，所谓社会发展的"真实之境"。在社会主义社会形态之上开启的"人类历史"是实现自由自觉的联合体，即所谓社会发展的"自然之境"。如果说"和谐境界"在社会发展层面表征为"纵向发展"之维，那么处于社会发展过程中的社会个体——"现实的个人"，除了与社会发展趋势相统一的维度以外，还有一个相对的"横向发展"之维度。在此，我们把后者称为"人生境界"的提升维度。

关于人生的境界维度，冯友兰曾提出著名的"人生四境界说"，即自然境界、功利境界、道德境界、天地境界。具体来看，"自然境界"是人们仅仅顺应人的自然本性、生活习惯、社会风俗而去行为。"功利境界"意指人们以追求其个人利益为目的的行为所向。"道德境界"意指居于社会中的个体皆能为社会谋利益，是"利"与"义"（求个人之利者为利，求社会之利者为义）融通之境。"天地境界"意指社会之人不仅服务于社会，更能贡献于宇宙（与天地比寿，与日月同光）。[①] 比较而言，前两者属于普通大众的生活境界，第三者为志士贤人所能达到的生活境地，而第四者则是唯有大圣大贤方能触及的人生境地。方东美把人所追求的世界分为"自然世界"与"超自然世界"。人们对"自然世界"的追求所获得的是形而下境界，它分为物质境界、生命境界、心灵境界。人们对"超自然世界"的追求所获得的是形而上境界，包括艺术境界、道德境界、宗教境界。形而下境界作为低级境界，它是人生境界的基础。形而上境界作为高级境界，它是人生境界的归宿。唐君毅根据"心"与"境"的感通关系，将人生境界划分为三类，即客观境、主观境、通主客境。[②]这些代表着东方智慧的论见，为我们理解个人的存在场域及其多维生活样态提供了重要的认知视角。

需要说明的是，在本书中所指的"人生和谐境界"与冯友兰的界定并不相同，如"自然境界"之"自然"意指人之生物本性及相应的习性作为。"行'道'之自然之境"的"自然"意指人与社会、主体与客体之间的辩证统一，是对"自由"和"必然"的内在性把握和历史性占有。也就是说，"现实的个人"在多维度多场域的对象化和自我确证中，也有一个属于其个体性人生发展的提升进度，如有的论者所阐释的——知"道"之虚伪之境，得"道"之真实之境，行"道"之自然之境[③]。这里的"道"，在一定意义上可以理解为"自然社会之历史规律"的规律之"道"，"人之为人的本质或本真存在"的本体之"道"，人的生命之所以如此而敞开的意义之"道"。本书尝试着以此来表征社会个体的自我确证程度和发展境界。

---

① 参见冯友兰《哲学人生》，江苏文艺出版社 2010 年版，第 142—147 页。
② 参见程潮《人生境界说新构想》，《现代哲学》1997 年第 3 期。
③ 参见孙熙国、肖雁《知"道"，得"道"与行"道"》，《哲学研究》2007 年第 12 期。

第 一 章

科学共产主义在场的三维视界

本章导读

　　科学共产主义是关于人的解放和社会发展的科学。它既是关于未来社会发展的理想信念，也是旨在实现人的自由和全面发展的现实运动。二者是"理想性"与"现实性"的逻辑统一，是价值在场与时代出场的时空统一。科学共产主义的出场是"通过人并且为了人而对人的本质的真正占有"的现实运动，是价值维度、过程维度、境界维度的辩证统一。科学共产主义的在场，可以如此观照：一是作为价值维度，旨在实现人的自由发展和社会的全面进步；二是作为过程维度，表征为"现实的个人"自由自觉的对象性活动；三是作为境界维度，体现为人的自由发展与社会全面进步的双重跃升。

　　科学共产主义是马克思恩格斯人类解放理论的核心内容，是经典马克思主义的重要组成部分和灵魂所在。"共产主义对我们来说不是应当确立的状况，不是现实应当与之相适应的理想。我们所称为共产主义的是那种消灭现存状况的现实的运动。"① 也就是说，科学共产主义并不是一

---

① 《马克思恩格斯文集》第 1 卷，人民出版社 2009 年版，第 539 页。

种在未来"某一时刻"既定的应然状态，而是致力于"现实的个人"的自由发展和社会全面进步的现实运动。从多维视角整体把握科学共产主义的本真意涵，对于我们在"理想性"与"现实性"相统一的发展维度上坚定共产主义理想信念，坚持和发展中国特色社会主义具有重要的现实意义。

第一节　价值维度：实现人的自由和全面发展

在人类历史上阐述"人的全面发展"的思想家众多，但能把这一"价值指向"置于历史唯物主义"新世界观"的地平线之上，使"现实的个人"的自由和全面发展内在地构成科学共产主义价值在场的"逻辑中枢"，则是马克思恩格斯的历史性贡献。马克思主义在某种意义上作为"新世界观"之"人学"，原因在于其是以探求"现实的个人"的自由和全面发展为终极价值指向，阐明了人民群众在历史发展中的作用——"历史活动是群众的活动"①。这一"逻辑中枢"的意义集中体现在："现实的个人"是马克思恩格斯"新世界观"——创立历史唯物主义的逻辑基点，"现实的个人"的自由和全面发展是以其动态的多维辩证存在为前提的，"现实的个人"是科学共产主义价值在场和时代出场的逻辑主体。简言之，"人是人的最高本质"②，进而使人作为"主义"之本，即通过"人"并为了"人"进而对"人"的本质和生活的真正占有。

一　"现实的个人"是历史唯物主义的逻辑基点

关于对人性（人的属性）、人的本质等问题的存在论追问，困扰着古往今来多少思想家，并始终难以得到一个尚且满意的答案。尽管人们一直都在探讨这一问题，尤其是近代以来，相对于其他科学的蓬勃发展而言，关于"人的科学"甚为薄弱。卢梭曾为此感叹道："我觉得人类的各

① 《马克思恩格斯文集》第 1 卷，人民出版社 2009 年版，第 287 页。
② 同上书，第 11 页。

种知识中最有用而又最不完备的，就是关于'人'的知识。"① 马克思之前的诸多思想家尽管也对这一命题作出过卓有见地的阐释，但囿于这样或那样的历史局限以及其阶级偏见，也往往难以形成对"人"的全面而客观的认知。

马克思恩格斯的"新世界观"正是建基在"现实的个人"的生产实践（劳动）之上，形成以"现实的个人"的本质力量的"社会性"为核心的马克思主义人学。"全部人类历史的第一个前提无疑是有生命的个人的存在"②，"现实的个人"作为马克思主义人学的核心范畴，也构成了历史唯物主义的重要基石。"人的存在是有机生命所经历的前一个过程的结果。只是在这个过程的一定阶段上，人才成为人。但是一旦人已经存在，人，作为人类历史的经常前提，也是人类历史的经常的产物和结果，而人只有作为自己本身的产物和结果才成为前提。"③ 马克思在此将"人"置于创生历史和历史生成的视野中予以动态考察，将以"人本身"的历史尺度来肯定"人"应有的地位和尊严。"现实的个人"因此作为科学共产主义的逻辑基点，构成实现无产阶级自我解放的物质承担者和逻辑中枢。

马克思恩格斯关注和阐释的"人"，"不是抽象的蛰居于世界之外的存在物"④，既不是黑格尔式的"抽象的精神的人"，也不是费尔巴哈式的"直观的自然的人"，而是生活在多维度社会关系中的，并且可以通过经验观察到的活生生的"现实的个人"。人直接地是自然存在物，作为一种现实的存在物，因而具有作为自然界"有机身体"的现实性。马克思恩格斯在《德意志意识形态》中明确指出："我们的出发点是从事实际活动的人"，并主张从现实的、有生命的个人本身出发，来研究"处在现实的、可以通过经验观察到的、在一定条件下进行的发展过程中的人"⑤。马克思恩格斯所说的"人"，即"现实中的个人，也就是说，这些个人是

---

① ［法］卢梭：《论人类不平等的起源和基础》，李常山译，商务印书馆1962年版，第62页。

② 《马克思恩格斯文集》第1卷，人民出版社2009年版，第519页。

③ 《马克思恩格斯全集》第35卷，人民出版社2013年版，第350—351页。

④ 《马克思恩格斯文集》第1卷，人民出版社2009年版，第3页。

⑤ 同上书，第525页。

从事活动的，进行物质生产的，因而是在一定的物质的、不受他们任意支配的界限、前提和条件下活动着的"①。

根据这些直接论述，我们认为："现实的个人"首先是指"从事活动的、进行物质生产"的人，也就是进行生产活动和交往活动的"实践的人"，即作为改造世界的具有自我意识的能动性的主体。因为"现实的个人"究竟是怎么样的，"这同他们的生产是一致的——既和他们生产什么一致，又和他们怎样生产一致"②。其次，"现实的个人"是处在各种各样对象化"关系"中的社会性的个人。与此相对的是"自我意识"的"原子"式的个人，即自我封闭、自我满足的，摒弃"关系"的存在者。"现实的个人"作为进行物质生产的"实践的人"，展开认识和改造客观世界的自由自觉的活动，是以一定的物质生活条件或一定的社会形态（社会结构）为前提的。费尔巴哈正是由于"没有从人们现有的社会联系，从那些使人们成为现在这种样子的周围生活条件来观察人们——这一点且不说，他还从来没有看到现实存在着的、活动的人，而是停留于抽象的'人'"③。最后，"现实的个人"作为"从事实际活动的人"是与世界共在的"存在"。这一点可以在海德格尔的"此在"④ 意义上加以理解。"此在"表明了"人"与"世界"的统一和共在。马克思关注的世界是"属人的世界"：一是作为人与自然之间对象性活动（生产力）意义上的世界，二是作为人与人之间对象化关系（生产关系和交往关系）意义上的世界。所以说，"人不是抽象的蛰居于世界之外的存在物。人就是人的世界，就是国家，社会"⑤。马克思主义创始人正是通过研究不同历史时期人的劳动及其社会关系来探索"人性之谜"，从而使不断被"形而上学化"的"现实的个人"置于"形上"之基的现实的物质活动及其社会关系当中，由此成为历史唯物主义的逻辑基点。

正是于此，"历史唯物主义"被恩格斯誉为："正像达尔文发现有机

---

① 《马克思恩格斯文集》第 1 卷，人民出版社 2009 年版，第 524 页。

② 同上书，第 520 页。

③ 同上书，第 530 页。

④ 海德格尔指出，"我们用'此在'这个术语既指世界的存在也指人生的存在"。参见海德格尔《存在论：实际性的解释学》，何卫平译，人民出版社 2009 年版，第 87 页。

⑤ 《马克思恩格斯文集》第 1 卷，人民出版社 2009 年版，第 3 页。

界的发展规律一样，马克思发现了人类历史的发展规律"①，并认为它是与"能量守恒定律"和"社会进化论"具有同等意义的科学发现。"现实的个人"在科学共产主义语境中的逻辑要义，在一定程度上体现为马克思恩格斯所创立的"新世界观"在未来社会发展中的展开和运用。也就是说，要深刻领悟科学共产主义之所以成为"科学"的切入点，就在于其深厚的哲学根基——"历史唯物主义"。

青年马克思进行理论探索之初，就牢牢抓住"人"以及"人的现实性"这一根本，并通过考察人所处的社会基础及其社会关系来把握人本身。人是社会的人，都是在具体的社会联系中从事着各种各样的对象性活动，而不是孤立的"离群索居"的原子式的个体。马克思以此把"现实的个人"所处的资本主义时代背景作为分析基点，通过研究并"发现了现代资本主义生产方式和它所产生的资产阶级社会的特殊的运动规律"②，深入批判了"资本逻辑"对人的自我实现的历史性贡献及其潜在的"物役性"结果，进而探讨实现人的解放和未来社会发展的现实道路。正是以"现实的个人"为逻辑支点，马克思的"新世界观"根植于物质实践和现实生活，使其获得了彻底性的"唯物论"根基和总体性的"辩证法"精神，并与以往的"唯心史观"相区别。

二　"现实的个人"的多维存在与自由全面发展

"现实的个人"是马克思探索"人性之谜"的现实基点，同时也是历史唯物主义的逻辑基点。若换个角度进一步观之，仅仅把"现实的个人"作为哲学思考的出发点，也并不意味着就能将对人的认知提升到新的"地平线"之上。从哲学史上看，把"人"作为其理论思考的出发点是多数哲学家的普遍做法。我们说，把"人"作为前提固然没错，但更为重要的是，明确将"人"作为结果方能成为前提的内在批判，这才是求解"人性之谜"的始基点。那么"现实的个人"究竟如何现实地存在，以及在既有的历史条件下如何展开自由自觉的活动呢？

其一，作为自由自觉的活动之物质生产和社会交往。"现实的个人"

---

① 《马克思恩格斯文集》第 3 卷，人民出版社 2009 年版，第 601 页。
② 同上书，第 601 页。

是以多维对象性活动中的社会关系存在为前提的，它本身就是现实性、具体性、历史性的统一体。马克思恩格斯对人的探讨并不止于一个"理论问题"，而是以作为革命地"改造世界"，实现科学共产主义和"人的解放"这一"实践问题"为要旨的。也就是说，"现实的个人"以何种方式存在以及如何展开其自由自觉的活动，直接关系着科学共产主义的终极价值——人的自由发展和社会全面进步的实现程度。整体来看，"现实的个人"是在多向度对象性活动之"整体实践"的基础上，来确证其多维辩证存在的，并在此之上的现实生活中实现和占有其本质力量的。"现实的个人"存在的首要前提，是自由自觉的对象性活动——实践。在此，将马克思恩格斯关于实践的阐释，根据对象所指差异，分解为"物质生产"和"社会交往"两个方面（关于概念差别在"导论部分"有详细说明）。"生产"和"交往"本身就是实践的子范畴，在这里只不过予以细化分解。我们把"现实的个人"与自然物（自然界）之间的自由自觉的对象性活动理解为"劳动"或"物质生产"，而把贯穿于物质生产活动之中以及之外的人与人之间的自由自觉的对象性活动理解为"社会交往"。二者都是以"现实的个人"为逻辑中枢的交互性的对象性活动。

其二，基于整体实践的"现实的个人"是多维立体存在。"人"作为能动的有机的"存在者"，人的特性就是"现实的个人"在自由自觉的对象性活动中所表现出来的异于一般动物的特质（属性）。一般认为，"这种性质主要有人在与自然、社会和自己本身的三种关系中表现出来的自然属性、社会属性和精神属性"[①]。本书在这里所指的"现实的个人"的多维存在，是指作为"自然的存在""自由的存在""实践的存在""历史的存在""社会的存在"，并把以不同方式存在的"现实的个人"分别称为"自然的人""自由的人""实践的人""历史的人""社会的人"。需要说明的是，"现实的个人"的不同的存在方式表达着其存在的不同维度或侧面，并不是指"多个人"的存在。同样，不同的"人称"并不是指"多个人"，而是指"现实的个人"在不同视野下的多元场域性"身份"。人，首先作为直接的自然存在物，即所谓"自然的人"，具有与生俱来的自然属性。他不同于动物那样只是顺应自然界而被动地存在，而

----

① 袁贵仁：《对人的哲学理解》，东方出版中心 2008 年版，第 381 页。

是以人独有的"思想意识"进行自由自觉的活动。于此而言，人又是自由的存在者，即所谓"自由的人"。人的"自由"体现在自由自觉的对象性活动当中，之所以说"劳动"使人成其为人，也由此借助对自由之"需要"所展开的对象化和自我确证而构成人的最大特质。人进行的包括"劳动"在内的对象性活动，即整体实践，由此构成所谓"实践的人"。人以自由自觉的活动确证其作为一种"自视配得上高贵东西"的"自由的存在者"，必然是在一定的社会基础或社会关系中展开的，故而也是社会性的存在者，即所谓"社会的人"。正是因为有"现实的个人"的"参与"和"作用"，社会才形成"属人"的时间与空间的存在形式。从历史生成与发展的纵向维度来看，人是处于不间断的时空"点阵"上的历史存在者，故而也是历史性的存在者，即所谓"历史的人"。如上诸存在方式，集中显现了"现实的个人"的整体性和本质特性。这些"身份角色"在时空聚合的"社会"平台上相互作用，构成一个有机的"属性集"，进而构成"现实的个人"立体存在的多维呈现。一般而言，每种具体存在样态都可以视为"现实的个人"的特性（属性）之一。人的本质属性就集中地体现为"一切社会性关系"的"总和"。需要强调的是，这里的"本质属性"与"其他属性"是辩证的统一，不能因为肯定"根本"而过分强调之。反之，我们也不能忽略某一"非本质属性"之于"现实的个人"存在维度的现实意义。因此，要坚持"两点论"与"重点论"的辩证统一。

其三，"现实的个人"立体存在的多维生活载体。"现实的个人"的"两大实践"方式是其多维存在生成和展开的现实根基。他（她）在进行自由自觉对象性活动的同时，其本身就是置身于一定的社会关系和生活空间之中。如此，基于不同维度的对象性活动也就形成不同维度的生活形式和生活样态，而不同维度的生活形式和生活样态本身就是"现实的个人"多维辩证存在的物质载体。在这里，我们把"现实的个人"在物质生产活动中所形成的生活范畴理解为"物质生活"，大致涵盖马克思在政治经济学之"经济范畴"中的四个环节——生产、交换、分配、消费。相应地，把"现实的个人"在物质生产活动中的社会交往活动及其对象化的社会关系范畴界定为"社会生活"。把"现实的个人"在参与公共秩序建构和社会资源的权威性价值分配的公共活动范畴界定为"政治生

活"。把"现实的个人"在私人领域中确证自身精神性需要的对象性活动
理解为"精神生活"。这"四大生活"是"现实的个人"在"两大实践"
（整体实践）中展开的具体生活领域，也是聚焦于同一时空中的差异性的
生活指向和意义场域。其中处于基础范畴的"物质生产"和"社会交往"
所支撑的是"物质生活"和"社会生活"，同样在"现实的个人"生活
体系中也居于基础地位。因为前两者展开方式及实现程度直接关涉着
"现实的个人"的"政治生活"和"精神生活"的敞显程度。如果脱离
或忽视了这一现实根基，那么"现实的个人"就难以从"单向度"发展
的"平面人"跃升为多维度存在的"立体人"，从中敞显作为一个"整
体的人"在对象性活动中的"自由性"和"全面性"。

综上分析，实现人的自由和全面发展是科学共产主义的根本原则。
这里的"人"即"现实的个人"，这里的"全面"即"现实的个人"的
多种存在方式的辩证统一，这里的"发展"是指"现实的个人"能够有
机会有条件作为"一个完整的人"，并"以全面的方式"在自由自觉的活
动中享有其"生活"，占有其"本质"。

三 "现实的个人"是科学共产主义在场的主体

科学共产主义旨在实现对人的"自我异化"的积极扬弃，是通过
"人"并为了"人"进而对"人"的本质的真正占有，是向"社会人"
即合乎本性的人的自然复归，是人与自然、人与社会之间矛盾的化解。
所以说，科学共产主义不是与"现实"相对应的"理想"，而是不断超越
其现存状况，尤其是批判现实性之不合理要素的辩证运动。科学共产主
义之所以作为"人的解放学"，就在于它以"现实的个人"为立足点和终
极归宿。科学共产主义之所以能成为实现人的自由和全面发展的"现
实"，就在于它以自由自觉的"现实的个人"为逻辑主体和实践主体。

正如"思想本身根本不能实现什么东西。思想要得到实现，就要有
使用实践力量的人"①，"现实的个人"是实现人类解放事业的核心依靠
力量，因而作为科学共产主义价值在场和时代出场的主体性物质力量。
马克思在批判黑格尔"颠倒"的"国家与社会"关系之后指出，实现人

---

① 《马克思恩格斯文集》第 1 卷，人民出版社 2009 年版，第 320 页。

类解放的依靠力量只能是市民社会中"现实的个人"，尤其是在市民社会中从事实践活动的个人所组成的"联合体"的无产阶级。无产阶级因为其特有的革命性和彻底性而成为科学共产主义辩证实践的现实力量和物质承担者。也就是说，马克思是基于"现实性"和"此岸性"，而不是在虚幻的观念形态中，来探索实现无产阶级自身解放以及"人类解放"的真正依靠力量。

任何一种主义或思潮，作为特定社会存在的社会意识，都是以"人"为中心的观念形态。质言之，人是主义之本。人类探索理想社会和美好生活，是因为人本能地对有尊严的美好生活的向往和期待。我们坚持共产主义远大理想，建设和发展社会主义，就是为了建构实现人的自由和全面发展的理想社会，归根结底，就是为让广大劳动者过上有尊严的幸福生活。这是我们理解"发展意涵"与"发展目标"之整体性的基本前提。人们尽管在不同的时代语境下对"现实的个人"的理解存在着一定的差异，但就内在逻辑而言，那些靠自己辛勤和智慧的劳动者始终是支撑人类社会进步和可持续发展的核心主体，是科学社会主义价值在场和时代出场的实践主体。一言以蔽之，科学共产主义是为了人的，只有"现实的个人"才是科学共产主义价值在场的逻辑主体。这也正是马克思主义人学理论的独特贡献。

综上所述，科学共产主义在场的过程性、实践性、目标性，是以"现实的个人"为逻辑中枢。科学共产主义的核心特征，就是对"人"的主体地位的辩证确证和真正实现。它的时代出场，不是离开"人"而独立运作的自然历史过程，而是彻底摆脱那种"似自然性"和"物役性"，不断朝向实现人自由和全面发展的现实运动。科学共产主义的出场是以历史唯物主义为内在支撑，在未来社会发展的主体向度上厘清"人只有作为自己本身的产物和结果才能成为前提"① 的实践逻辑。

第二节　过程维度：在场的自由自觉的现实运动

马克思主义从来就不是僵化的教条，其创始人也不是为了建立某一

---

① 《马克思恩格斯全集》第 35 卷，人民出版社 2013 年版，第 350—351 页。

理论体系而去研究理论，而是始终致力于无产阶级和全人类的解放事业。在列宁看来，"马克思没有丝毫的空想主义，就是说，他没有虚构和幻想'新'社会。相反，他把从旧社会诞生新社会的过程、从前者进到后者的过渡形式，作为一个自然历史过程来研究。他以无产阶级群众运动的实际经验为依据，竭力从这个经验中取得实际教训"①。科学共产主义的时代出场是一个由人"在场的"自由自觉的现实运动。由"人"参与的社会基本矛盾运动是一个客观的历史过程，实现人的自由和全面发展，既是建立在其之上的自然历史过程，也是不断超越多维"异化"来逐步占有人的本质的自由自觉的社会历史过程。

一　主体性的生成：从"以神为本"到"以人为本"

"现实的个人"作为科学共产主义价值在场和时代出场的逻辑中枢，即作为历史前提、实践主体、终极指向的有机统一体。诚如"对于社会主义的人来说，整个所谓世界历史不外是人通过人的劳动而诞生的过程，是自然界对人来说的生成过程"②。人的主体性的生成，本身就是一个自然历史过程。如果说"无产阶级只有在世界历史意义上才能存在，就像共产主义——它的事业——只有作为'世界历史性的'存在才有可能实现一样"③，那么，科学共产主义的出场也是一个永无止境的现实运动。

恩格斯在《路德维希·费尔巴哈和德国古典哲学的终结》中指出，"对抽象的人的崇拜，即费尔巴哈的新宗教的核心，必定会由关于现实的人及其历史发展的科学来代替"④。整体来看，"现实的个人"的主体性的生成，是逐步经历了一个从"以神为本"到"以物为本"，进而到"以人为本"的质性演进过程。这类似于马克思恩格斯在《德意志意识形态》中阐释的"三形态"理论。青年马克思在《1844年经济学哲学手稿》中用"异化劳动"来表达主体与客体的"颠倒"或"错位"，而在此后的理论阐释中，"开始提出整个人类社会'史前'历史过程中的物役

---

① 《列宁专题文集·论马克思主义》，人民出版社2009年版，第220页。
② 《马克思恩格斯文集》第1卷，人民出版社2009年版，第196页。
③ 同上书，第539页。
④ 《马克思恩格斯文集》第4卷，人民出版社2009年版，第295页。

现象和似自然性问题了"①。在《德意志意识形态》中，马克思和恩格斯从"生产工具的性质"入手探析三种社会形态，即"自然发生的工具"的前资本主义社会②，由"文明创造工具"的现代资本主义社会和未来共产主义社会。在前两种社会形态中，社会的发展主体行为并不是自由自觉的，而主要是基于对"物"的依赖性。马克思在《资本论》及相关手稿中，从多重视角厘定了人类社会发展中的主导因素在"三大社会形态"中的不同质点。

> 人的依赖关系（起初完全是自然发生的），是最初的社会形式，在这种形式下，人的生产能力只是在狭小的范围内和孤立的地点上发展着。以物的依赖性为基础的人的独立性，是第二大形式，在这种形式下，才形成普遍的社会物质变换、全面的关系、多方面的需要以及全面的能力的体系。建立在个人全面发展和他们共同的、社会的生产能力成为从属于他们的社会财富这一基础上的自由个性，是第三个阶段。第二个阶段为第三个阶段创造条件。因此，家长制的，古代的（以及封建的）状态随着商业、奢侈、货币、交换价值的发展而没落下去，现代社会则随着这些东西同步发展起来。③

在第一种形态中，人的对象性活动以"人的依赖关系"为基础，人的自然生产（包括向自然索取和人自身的再生产）占主导地位，无论是农业采集，还是渔猎，人的"劳动"只对自然起协助的作用。人类主体在自己的生活过程中只是"直接地从自然界再生产自己"④，其"目的不是发财致富，而是自给自足"⑤。也就是说，这一状态下的人类更像动物一样在自然生产中维系其生命——"人们同自然界的关系完全像动物同

---

① 张一兵：《马克思历史辩证法的主体向度》，武汉大学出版社 2010 年版，第 236 页。
② 此时的马克思尚未看到摩尔根的《古代社会》一书，故未关涉"原始社会"。
③ 《马克思恩格斯文集》第 8 卷，人民出版社 2009 年版，第 52 页。
④ 同上书，第 51 页。
⑤ 同上书，第 128 页。

自然界的关系一样"① ——尚没有足够的能力去改造自然或创造剩余财富。在小农自然经济状态下，"每一个农户差不多都是自给自足的，都是直接生产自己的大部分消费品，因而他们取得生活资料多半是靠与自然交换，而不是靠与社会交往"②。正是在这种"靠天为生"和"靠与自然交换"的历史境况下，人类出于对未知世界的"无知"而倍加敬畏，甚至崇拜，一系列"图腾"拜物教便应运而生。人们通过对自然或"神"——对自然力量的"人化"③ ——的膜拜和祈求来"护驾"其对象性活动和自我确证。在此，我们把这种以"人的依赖关系"为基础的主导性活动范畴称为"以神为本"。

在第二种形态中，则出现了"以物的依赖性为基础的人的独立性"，人的物质生产活动具有了客观主导性，并逐步构成社会发展的主导性力量。资产阶级由于利用大工业文明成果开拓了世界市场，使一切国家的生产和消费都成为世界性的，"首次开创了世界历史，因为它使每个文明国家以及这些国家中的每一个人的需要的满足都依赖于整个世界，因为它消灭了各国以往自然形成的闭关自守的状态"④。物质生产活动如此，精神生产活动也是如此。同时，人类主体也由此创造出以自己的生产物为直接基础的新的社会生存条件，"人"在这一物质生产过程中真实地实现和确证了其主体性。正当人类以自己的创造物的形象与自然世界得以相区别的时候，人的物质生产活动却在这个不断膨胀的物质世界中表现为之于人而言的"是异己的东西"——"工人在精神上和肉体上被贬低为机器"⑤。人类自己创造的物质力量"颠倒"为奴役和统治"人"的主导性的非主体的客观外部力量——"人的社会关系转化为物的社会关系；

---

① 《马克思恩格斯文集》第 1 卷，人民出版社 2009 年版，第 534 页。

② 《马克思恩格斯文集》第 2 卷，人民出版社 2009 年版，第 566 页。

③ 宗教作为对自然力量的"神秘化"，始终是以人为中心的。一方面，人创造了宗教，而非相反。"宗教是人的本质在幻想中的实现"，"宗教是还没有获得自身或已经再度丧失自身的人的自我意识和自我感觉"（《马克思恩格斯文集》第 1 卷，人民出版社 2009 年版，第 3 页）。另一方面，人是证明神的存在的依据。"神学家经常从合乎人性的观点来解释宗教观念，而正因为如此，他们就不断地违背自己的基本前提——宗教的超人性"（《马克思恩格斯文集》第 1 卷，人民出版社 2009 年版，第 256 页）。

④ 《马克思恩格斯文集》第 1 卷，人民出版社 2009 年版，第 566 页。

⑤ 同上书，第 120 页。

人的能力转化为物的能力。"① 也就是说，人类刚刚尝试着从自然界的
"神秘性"中走出来，把主导自身命运的"枢机"从"自然"或"上帝"
那里复归于自身的同时，又在有意无意间"滑落"到了现实的强大物质
力量那里，"人"依然处于一种被动的、为外部因素所牵制的"必然性"
之中。在这种"物化"的生存境遇中，尽管资本家占据有利地位，但依
然有"被物化"的苦恼，"工人和资本家同样苦恼，工人是为他的生存而
苦恼，资本家则是为他的死钱财的赢利而苦恼"②。这些思想集中体现在
青年马克思的《1844 年经济学哲学手稿》关于"异化劳动"的阐述当
中。这种社会形态中的人类主体依然为社会的历史的"物役性"所累，
一是自然的"物役性"，二是经济的"物役性"。

第三种形态，即在超越资本主义"物化"危机的基础上，"人"逐步
作为"完整的人"，以全面的方式来占有自己的本质，实现"建立在个人
全面发展和他们共同的、社会的生产能力成为从属于他们的社会财富这
一基础上的自由个性"③。马克思在批判资本主义及前资本主义社会时指
出，由于人类自由自觉的活动受规律约束和条件制约，其对象性活动中
的"物役性"是以不同的形式发生和存在的。正是于此，马克思把共产
主义之前的社会形态称为"人类史前时期"，并深刻地指出，在这一时期
中出现的非主体因素（自然、神或物质）"颠倒地"居于主导地位的现象
是历史的，在根本上源自一切史前社会，尤其是资本主义社会制度的狭
隘性和历史性。只有当人类在现实的历史进程中，从受"神和物"所累
的"必然王国"逐步跨入人自身全面发展的"自由王国"，"现实的个
人"方能作为"一个完整的人"，并以"全面的方式"——最合乎自然
和人性的方式在自由自觉的"物质变换"的对象性活动及其对象化关系
中占有自己的本质和生活。

综上分析，作为科学共产主义价值在场和时代出场的现实载体——
"现实的个人"的主体性的生成本身就是一个自由自觉的自然历史过程。
对理想社会的此岸确证，在根本上取决于"现实的个人"的主体性的全

---

① 《马克思恩格斯文集》第 8 卷，人民出版社 2009 年版，第 51 页。
② 《马克思恩格斯文集》第 1 卷，人民出版社 2009 年版，第 119 页。
③ 《马克思恩格斯文集》第 8 卷，人民出版社 2009 年版，第 52 页。

面成熟。因为只有作为成熟的"现实的个人",才能在自由自觉的对象性活动中以"必然"为梯,去摘取人的全面发展的"自由"之果。

二　超越异化运动:从"为物所役"到"自由自觉"

"现实的个人"作为科学共产主义价值在场和时代出场的逻辑中枢,其主体性的生成本身就是一个自由自觉的自然历史过程。从实践维度来看,科学共产主义的出场就是一个超越自然和经济的必然性,以辩证的方式"推翻使人成为被侮辱、被奴役、被遗弃和被蔑视的东西的一切关系"①,进而实现"人是人的最高本质"的自然历史过程。

必然和自由,是马克思通过研究"现代资本主义生产方式和它所产生的资产阶级社会的特殊的运动规律"②,对未来人类社会未来历史发展状态的另一个总体性的"描绘":

> 自由王国只是在必要性和外在目的规定要做的劳动终止的地方才开始;因而按照事物的本性来说,它存在于真正物质生产领域的彼岸。……这个领域内的自由只能是:社会化的人,联合起来的生产者,将合理地调节他们和自然之间的物质变换,把它置于他们的共同控制之下,而不让它作为一种盲目的力量来统治自己;靠消耗最小的力量,在最无愧于和最适合于他们的人类本性的条件下来进行这种物质变换。但是,这个领域始终是一个必然王国。在这个必然王国的彼岸,作为目的本身的人类能力的发挥,真正的自由王国,就开始了。但是,这个自由王国只有建立在必然王国的基础上,才能繁荣起来。③

人类历史发展从"必然王国"到"自由王国"的跨越,与青年马克思在《1844年经济学哲学手稿》中的"异化扬弃论"是同一旨趣的逻辑延展。

---

① 《马克思恩格斯文集》第1卷,人民出版社2009年版,第11页。
② 《马克思恩格斯文集》第3卷,人民出版社2009年版,第601页。
③ 《马克思恩格斯文集》第7卷,人民出版社2009年版,第928—929页。

共产主义是对私有财产即人的自我异化的积极的扬弃，因而是通过人并且为了人而对人的本质的真正占有；因此，它是人向自身、也就是向社会的即合乎人性的人的复归，这种复归是完全的复归，是自觉实现并在以往发展的全部财富的范围内实现的复归。这种共产主义，作为完成了的自然主义，等于人道主义，而作为完成了的人道主义，等于自然主义，它是人和自然界之间、人和人之间的矛盾的真正解决，是存在和本质、对象化和自我确证、自由和必然、个体和类之间的斗争的真正解决。①

马克思在这里的论述，依然是在历史辩证法的"主体向度"中来关注人类主体自身的生存和解放状况。以人类主体自由自觉的对象性活动为尺度，可以将"社会生活"分为两个领域："一是作为人的谋生手段为主向的物质生产领域，另一个是人类主体的自我发展为主向的自由活动领域"②。前者属于人类生存和发展的"必然王国"，而后者则是人类实现了高级发展的"自由王国"。如前文所述，"现实的个人"这一人类历史主体的生成过程本身就是"自由自觉活动"与"自然历史过程"的统一。这种由"必然"不断走向"自由"的过程，也就是"用扬弃矛盾的方法消灭矛盾"③，不断超越和扬弃"异化"的过程，是通过"人与自然界之间、人与人之间"的对象化和自我确证，使得人的存在与本质、个体与类之间逐步趋于合理化的自然历史过程。也就是说，"自由王国"的实现，就是作为"完成了的自然主义 = 人道主义"，以及作为"完成了的人道主义 = 自然主义"的科学共产主义的历史生成，由此作为对"历史之谜的解答"。

不管是人类主体性的生成过程，还是人与自然、人与人之间对象化关系的合理化，归根结底，要通过"现实的个人"自由自觉的变革性活

① 《马克思恩格斯文集》第 1 卷，人民出版社 2009 年版，第 185 页。
② 张一兵：《马克思历史辩证法的主体向度》，武汉大学出版社 2010 年版，第 245 页。
③ 《马克思恩格斯文集》第 1 卷，人民出版社 2009 年版，第 81 页。

动来实现。青年马克思在"异化史观"中把"劳动异化"归结为阻滞人的自由和全面发展的根由，进而把扬弃"异化"的终极目标指向了未来共产主义。从马克思整个思想的演进逻辑来看，马克思对"异化"的评判也经历了一个由"道德评价"到"历史评价"的过程。究其理路，其实是马克思在逐步超越黑格尔"单向度的异化观"（马克思认为黑格尔是站在国民经济学的立场上为资本主义辩护，把"异化"和"对象化"混为一谈）和费尔巴哈人本主义（费尔巴哈只看到"异化劳动"的积极方面，即物质形态的变化与人的劳动目的实现，故而看不到人与人之间的社会关系以及生产方式中的阶级矛盾和对抗）的局囿，从而逐步对"异化"图景获得了全面认识。

青年马克思在批判资本主义"异化劳动"时，并没有简单地否定"劳动"本身，而是科学地区别了"对象化劳动"与"异化劳动"。在马克思看来，"劳动"是人的本质力量的敞显和确证，是人的本质力量对象化和自我确证的集中表现，并构成人以及人类社会存在和发展的根基。"对象化劳动"是指人类对自然界的改造和占有，它是任何时代人类生产和生活的自然必然，而"异化劳动把自主活动、自由活动贬低为手段，也就把人的类生活变成维持人的肉体生存的手段"①。"对象化劳动"和"异化劳动"作为人类现实劳动的正反方面。"对象化劳动"是劳动的"肯定性"方面，是人类劳动的一般形式，而"异化劳动"则是劳动的"否定性"方面，是与特定社会形式（尤其是以"资本逻辑"主导的生产方式和生产关系）相联系的历史现象——"在一定历史条件下实现的特殊的变种"②。也就是说，"对象化"是一个"中性"意义的范畴。劳动之对象化作为人类的物质生产活动，是人类为了生存和发展而必须进行的基本活动。作为"消极维度"的"异化劳动"，只是在受到社会生产力发展程度制约的非人性化制度下所发生的。马克思将"对象化劳动"与"异化劳动"相区别，进而把"异化劳动"中的"积极方面"与"消

---

① 《马克思恩格斯文集》第 1 卷，人民出版社 2009 年版，第 163 页。

② 卢卡奇在《历史与阶级意识》的"新版序言"（1967）中指出："对象化是一种人们借以征服世界的自然手段，因此既可以是一个肯定的、也可以是一个否定的事实。相反，异化则是一种在一定的社会条件下实现的特殊的变种。"参见［匈］卢卡奇《历史与阶级意识》，杜章智等译，商务印书馆 1999 年版，第 35 页。

极方面"相区别,有益于我们从中理清实现人的解放——由"必然"走向"自由"进程中的规律约束和实践逻辑。

科学共产主义是对私有财产和人的自我异化的积极扬弃,是通过人并且为了人而向"社会的人"的复归。我们说,人的本质尚不能为人所真正占有,即人的本质异化源于现实的物质生产中的"异化劳动"。现实的人类生产是不得已而建立在"异化劳动"的基础上,而现实的"异化劳动"为未来社会"人的解放"准备了必要的物质条件。扬弃"异化劳动",实现人类主体由"必然"走向"自由",也就必须从"异化劳动"中寻找"突破点"。因为在"资本逻辑"主导的生产方式和生产关系的境遇下面临着"劳动的自然制约性"——"一个除自己的劳动力以外没有任何其他财产的人,在任何社会的和文化的状态中,都不得不为另一些已经成了劳动的物质条件的所有者的人做奴隶。他只有得到他们的允许才能劳动,因而只有得到他们的允许才能生存"[1]。人类主体从其外在的必然性支配("物役性")消除后获得自由,并在人类历史发展的最高阶段上,不断超越自然必然性(物质生产基础)之后才能渐次步入"自由王国"。"人"走到了这一阶段就真正成为文化的核心,不再受"神"与"物"的压迫,而是成为"神"与"物"的主人——"人的文化一旦彻底取代神的文化与物的文化,就不是人围绕着神与物旋转,而是神与物围绕着人旋转。那时,人类自身的完善与发展,将成为一切文化形式的目的"[2]。质言之,科学共产主义的时代出场,正是以"科学理论"引导下的"现实运动",而不是仅仅停留在应然层面的"幻想"和理性层面的"虚构"。

列宁在《国家与革命》中指出:

　　马克思没有丝毫的空想主义,就是说,他没有虚构和幻想"新"社会。相反,他把从旧社会诞生新社会的过程、从前者进到后者的过渡形式,作为一个自然历史过程来研究。他以无产

---

① 《马克思恩格斯文集》第 3 卷,人民出版社 2009 年版,第 428 页。

② 高清海、胡海波、贺来:《人的"类生命"与"类哲学"》,吉林人民出版社 1998 年版,第 412 页。

阶级群众运动的实际经验为依据，竭力从这个经验中取得实际
教训。①

由此可见，在通往科学共产主义的"现实运动"中，作为其实践主
体的自我成长，以及作为人类主体本质的复归之"异化超越"，是一个无
止境的自然历史过程。正如"历史是认真的，经过许多阶段才把陈旧的
形态送进坟墓"② 一样，作为变革不合理的旧社会的运动，同样要求树立
"自然历史过程"的视野，来看待争取人的自由发展与社会进步进程中的
经验和教训，并以"历史辩证法"的批判本性来调适"人"作为历史主
体的行为向度和实践方式。正是这种致力于未来理想社会和美好生活的
"现实运动"，构成了科学共产主义价值在场和时代出场的过程维度。

第三节　境界维度：人的发展与社会进步的双重跃升

实现人的解放是以遵循规律约束和条件制约为基本前提的。人的自
由发展不是脱离"社会"本身的孤立行为，同样，社会的全面进步也不
是"人"缺场的自然运行过程。尽管马克思恩格斯强调"我们所称为共
产主义的是那种消灭现存状况的现实的运动"③，却也从未放弃过从理论
上对于这一人类理想社会的探求。科学共产主义既是指向未来的理想社
会，也是价值在场的现实运动。二者是理想性与实践性的历史统一，是
遵循客观规律性和彰显人的自觉能动性的辩证统一。在这一"现实运动"
中不断向上展开的境界维度，在历史演进的时空中表征为"人的自由发
展"与"社会全面进步"的一致性和双重跃升。

一　人类社会发展境界的一般界说

人类社会是否具有"发展性"和"进步性"呢？答案并非全是肯定
的。也就是说，并非所有的论者都是"发展主义者"抑或"进步主义

---

① 《列宁专题文集·论马克思主义》，人民出版社 2009 年版，第 220 页。

② 《马克思恩格斯文集》第 1 卷，人民出版社 2009 年版，第 7 页。

③ 同上书，第 539 页。

者"。马克思在《资本论》的第一版序言中指出："现在的社会不是坚实的结晶体，而是一个能够变化并且经常处于变化过程中的有机体。"① 马克思主义诞生（1848 年《共产党宣言》的发表）以来，人们习惯于教条化地去理解马克思的"社会形态理论"，甚至把马克思本人也简单而粗暴地归结为僵化的"发展主义者"。有的论者就此辩驳并指出，"马克思并不是线性发展论者，只是从未来学视角指出了历史发展的规律性和发展趋势"，"马克思并不是历史终结论者，只是揭示了人类解放的必然环节、坐标或参照系"②。正是由于人们对马克思社会发展理论的教条化理解，尤其是对世界社会主义运动在 20 世纪末叶处于低潮的"经验主义"观察，进而从不同的理论和立场得出：马克思所论述的"共产主义"只能是另一种美好的"乌托邦"，为甚嚣尘上的"历史终结论"所左右。

英国学者乔纳森·沃尔夫的观点即是一例。他对马克思关于共产主义的理论持谨慎态度，认为"人与生俱来的自私性"决定了"马克思所描绘的共产主义即使实现了也必要垮台，因为我们生来就是自私的"。

> 马克思关于共产主义将在资本主义之后出现的预言，即使根据他本人的理论，也没有被证实是正确的。然而，他所描绘的共产主义，却仍可以是一种具有无法抗拒的吸引力的关于社会可以如何组织的典范。③

科学共产主义为人类社会的发展前景指明了方向，为人类社会"可以如何组织"确立了典范。但不可否认，人类社会发展是一个自然的历史的过程，其中既有自然的社会的规律约束，也有社会发展在既定历史阶段中的条件约束，其进度并不以人们的主观愿望为"转移"。同时，几千年人类发展史表明：人类在某些方面的缺陷本身决定了"以人为中心"的完美社会制度是不存在的，人类的理性自觉和辩证实践，只能是不断

---

① 《马克思恩格斯文集》第 5 卷，人民出版社 2009 年版，第 10—13 页。

② 王维平：《对马克思唯物史观思想贡献的再认识》，《科学社会主义》2018 年第 2 期。

③ ［英］乔纳森·沃尔夫：《当今为什么还要研读马克思》，段忠桥译，高等教育出版社 2006 年版，第 86 页。

"逼近"和无限"趋近"这一理想目标。于此而言,与其说科学共产主义是对人类自身局限性进行"自我扬弃"的无奈选择,不如说科学共产主义是指向人类"美好生活"的未来方向和理想信念。

厘清这一点,首先要辩证解读马克思恩格斯关于人类社会发展的科学理论。前文在科学共产主义在场性之"过程维度"部分,对"现实的个人"的主体生成过程及其在辩证的"对象性活动"中扬弃"异化"的过程作了集中阐释。其中意在阐明:人类主体性的自觉与生成,是逐步经历了一个由"以神为本"到"以物为本",再到"以人为本"的演进和提升过程。人的解放就是在自由自觉的对象性活动中,不断超越为"人"所役("权力逻辑")和为"物"所役("资本逻辑")的非自由自觉状态,不断提升"个人发展"与"社会进步"的双重跃升程度。

近年来,有的论者从不同的视角来阐释科学共产主义的境界维度。如有的论者认为,"共产主义是实体境界、形上境界、实践境界的三维合一"①。有的论者基于马克思在《1844年经济学哲学手稿》中有关共产主义的论述,把共产主义阐发为三个维度,即自然维度、社会维度、精神维度。② 有的论者主张把"和谐"作为一种人类社会发展状态的价值确证,认为"社会和谐"的境界有三,即虚伪之境、真实之境、自然之境。③ 在社会个体的发展境界方面,冯友兰曾提出"人生四境界说"④,即自然境界、功利境界、道德境界、天地境界。方东美把人所追求的世界分为"自然世界"与"超自然世界"。其中,人们对"自然世界"的追求所获得的是形而下境界,它分为物质境界、生命境界、心灵境界(科学境界)。人们对"超自然世界"追求所获得的是形而上境界,它分为艺术境界、道德境界、宗教境界。形而下境界是低级境界,它是人生境界的基础,形而上境界是高级境界,它是人生境界的归宿。唐君毅则根据"心"与"境"的感通关系,将人生境界划分为三类,即客观境、

---

① 张奎良:《三维境界的合一:马克思言说的共产主义》,《社会科学战线》2004年第4期。

② 陈东英:《共产主义的三个维度:自然维度·社会维度·精神维度》,《求实》2007年第4期。

③ 丁长青、袁杰:《社会和谐的三重境界》,《云南社会科学》2009年第5期。

④ 冯友兰:《哲学人生》,江苏文艺出版社2010年版,第142—147页。

主观境、通主客境。①

　　结合马克思恩格斯关于人类社会发展的基本阐释以及理论界相关拓展性解读，本书尝试着用"虚伪之境、真实之境、自然之境"，来阐释科学共产主义作为在场的现实运动体现在人的发展与社会发展的双重跃升程度。在评估社会发展指标方面，通过把"和谐理念"在现代性场域中赋予新的价值和意义，作为评估未来社会发展进度（境界）的实践要素。一方面，在实现社会发展的境界提升中，和谐意蕴具体表现为三重境界，即虚伪之境、真实之境、自然之境。另一方面，在实现人的发展的境界提升中，和谐意蕴具体表现为三重境界，即知"道"之虚伪之境、得"道"之真实之境、行"道"之自然之境。整体而言，人的发展与社会发展的历史统一，内在地彰显着人类社会发展的双重境界维度。

二　人类社会形态演进的境界跃升

　　科学共产主义是一种学说、一种社会制度、一种现实运动。本书集中从"现实性"上对科学共产主义在场性作了"三个维度"的解读，并辩证地融入人类社会发展的具体实践中，体现为人类社会形态演进中的境界跃升。关于人类社会的未来发展态势，理论界有经典的"三形态说"和"五形态说"。当然，这其中也存在诸多争议②。之于诸种形态的历史演进，我们习惯于用"螺旋式"和"波浪式"这些抽象和直观的样态予以描述。近年来，有的论者将"和谐境界"作为考量和评估社会发展进度的"参照系"，根据"和谐"的不同境界把社会形态演进划分为不同的发展阶段。③在此，结合本书的立论逻辑进一步申而论之：

　　其一，前资本主义社会是"社会和谐"的"虚伪之境"。在奴隶社会、封建社会和资本主义社会中，即"前资本主义社会"，尽管说"阶级对立"是社会的主要矛盾，其中也存在着某些局部"和谐"现象。但是，由于阶级利益的根本对立、阶级之间的殊死斗争决定了这一社会形态中

---

① 参见程潮《人生境界说新构想》，《现代哲学》1997 年第 3 期。

② 参见段忠桥《重释历史唯物主义》，江苏人民出版社 2009 年版，第 72—82、155—173 页；张一兵《马克思历史辩证法的主体向度》，武汉大学出版社 2010 年版，第 235—243 页。

③ 参见丁长青、袁杰《社会和谐的三重境界》，《云南社会科学》2009 年第 5 期。

不可能具有和存在终极意义的和谐。也就是说，这种境遇中的"和谐"是虚伪的，仅仅是"社会和谐"的虚伪之境。具体而言，统治阶级主要采取以下三种方式和手段来营造阶级"社会和谐"的假象：一是满足大部分被统治阶级生存的最低限度的基本需要，二是通过暴力工具对被统治阶级实施外在的肉体强制，三是通过意识形态对被统治阶级实施内在的思想钳制。这三个方面的具体做法，生动地诠释了马克思对阶级社会本质的深刻揭示：

> 统治阶级的思想在每一时代都是占统治地位的思想。这就是说，一个阶级是社会上占统治地位的物质力量，同时也是社会上占统治地位的精神力量。支配着物质生产资料的阶级，同时也支配着精神生产资料，因此，那些没有精神生产资料的人的思想，一般地是隶属于这个阶级的。①

所以说，在以往的阶级社会中，"任何进步同时也是相对的退步，因为在这种进步中，一些人的幸福和发展是通过另一些人的痛苦和受压抑而实现的"②。这三种社会形态在人类社会发展进程中占据着相当长的历史时期。阶级矛盾的对立与不可调和，决定着在以往的阶级社会中不会有实质性的"真实和谐"。

其二，社会主义社会是"社会和谐"的"真实之境"。与以往存在阶级和阶级对立的旧社会相比，社会主义则是一种全新的社会制度——通向人类命运共同体的"自由人"的联合体。这种"社会和谐"的"真实性"体现在如下方面：一是在经济领域确立了生产资料公有制（共有制）的主体地位，革除了"少数人"借助"资本逻辑"来剥削"多数人"劳动成果的社会经济根源。二是在政治领域消灭了人压迫人的丑恶现象，建立了人民当家作主的基本政治制度，使人与人之间的平等关系有了正义的制度保障，实现广大"劳动者"有尊严的幸福生活成为可能。三是在精神文化领域实现了受教育机会的均等化，接受科学文化知识教育不

① 《马克思恩格斯文集》第1卷，人民出版社2009年版，第550页。
② 《马克思恩格斯文集》第4卷，人民出版社2009年版，第78页。

再是统治阶级或少数人的特权，意识形态原有的钳制和蒙蔽人们思想的"功能取向"，逐步转向了"使人成其为人"的教育、批判、导向功能。尽管说社会主义社会作为共产主义社会的过渡阶段或第一阶段，依然存在诸多矛盾和对立现象，但表现为"人民内部矛盾是社会主义社会的主要矛盾"。这种矛盾的"非对抗性"决定着社会主义国家的主要职能不再是政治统治，而是更加倚重于公共管理和社会服务，也就决定着这一社会形态的"基本面"是和谐的，"社会和谐"的性质也是真实的。社会主义制度的确立为实现这种真实的"社会和谐"提供了根本制度前提。社会主义社会的进步之处，不仅体现在已经呈现出"真实和谐"的良好态势，也体现在这种制度形态敢于正视其局部存在不和谐的事实和矛盾，并决心通过积极作为达到"局部"与"总体"相一致的"真实和谐"，实现"社会和谐"的真实之境。

其三，共产主义社会是"社会和谐"的"自然之境"。共产主义社会是人类最崇高的理想社会，建设和发展社会主义的最终目标，是为了实现共产主义。然而，共产主义社会并不是不存在矛盾和问题的"真空社会"，而是说共产主义社会是对人类社会的现有矛盾实现"真正和解"的历史新起点，被经典作家称为"人类真正历史的开端"。也就是说，科学共产主义语境中的"社会和谐"，与作为其第一阶段的"社会主义"的"社会和谐"相比，将迈向一个更为高级的自然境界——"共产主义才是人的本质的现实的生成，是人的本质对人来说的真正的实现，或者说，是人的本质作为某种现实的东西的实现"[1]。这种自然境界集中体现在如下方面：一是人类与自然界实现可持续的"物质变换"和有机的"能量互动"，达成真正意义上的"和解"。人道主义与自然主义趋于统一，实现人类与自然之间和谐共处。二是人类逐步驾驭"资本逻辑"，超越对物质生活资料的"物役性"束缚，"阶级对立社会"逐步走向"自由人的联合体"。国家的意识形态功能转向为提升人类素质和涵育人类美德，在"社会的人"与"人的社会"之间达成真实而自然的"和谐"。三是人与人平等相待，人与自身的真实需求和满足获得高度的一致，每个人的自由全面发展与其他一切人的自由全面发展获得和谐一致。也就是说，个

---

[1] 《马克思恩格斯文集》第 1 卷，人民出版社 2009 年版，第 217 页。

人的自由发展与社会的整体进步具有了"现实性"上的一致性。

综上所述，科学共产主义社会是"人类社会发展理想"与"社会历史发展过程"的高度统一，是人类社会发展实现"合目的性"与"合规律性"的高度一致。这种高级形态的"社会和谐"是实现了人类社会现有矛盾的"高度和解"的自然和谐。概言之，"社会和谐"在历经原始社会朴素的"自然和谐"之境、阶级社会的"虚伪和谐"之境、社会主义社会的"真实和谐"之境，最终必将达到科学共产主义社会和谐的"自然之境"。

三　人的自由全面发展的境界跃升

科学共产主义的价值在场和时代出场，是"现实的个人"在自由自觉的对象性活动中实现的。这种"发展"，既表现为客观维度的社会（制度）形态的演进，也表现为社会个体在既有的历史条件下实现自由发展和全面发展的境界跃升。在马克思看来，人的自由全面发展是"现实的个人"作为"一个完整的人"，以"全面的方式"来占有自己的本质和生活。实现这一目标，不仅依赖于人类社会制度安排的"合理化"，也取决于"现实的个人"在自我展开的过程中，占有其本质力量的"全面性"和享有其多维生活的"饱满度"。这其中的"合理化""全面性""饱满度"是辩证的历史的统一，即同心、同向、同行的现实统一。根据科学共产主义的理论旨趣，"现实的个人"全面占有自己的本质和生活，也就意味着要全面发展自身的需要、劳动实践、本质能力、社会关系、自由个性等诸方面。

其一，人的需要的丰富与发展的动态跃升。在马克思看来，人的需要是人的本质的重要维度，"人以其需要的无限性和广泛性区别于其他一切动物"[①]。需要是人的自然属性和社会属性的综合呈现，并通过从事劳动和其他社会活动进行对象化和自我确证。同时，作为"需要的满足"和"满足需要"的劳动，又产生出新的需要。因此，人的需要的丰富和发展是人的本质力量的自我展开和自我确证。这种需要以及需要满足的内容和尺度是历史的、具体的，并在人类社会演进的过程中获得不断丰

[①]　《马克思恩格斯全集》第49卷，人民出版社1982年版，第130页。

富和跃升。进入共产主义社会高级阶段，"在劳动已经不仅仅是谋生的手段，而且本身成了生活的第一需要之后；在随着个人的全面发展，他们的生产力也增长起来，而集体财富的一切源泉都充分涌流之后，——只有在那个时候，才能完全超出资产阶级权利的狭隘眼界，社会才能在自己的旗帜上写上：各尽所能，按需分配！"① 这种应然的理想状态的实现过程，也就是人的"需要的丰富性"和"需要满足的现实性"之间的历史的辩证运动。它不仅依赖于生产力发展基础上的物质财富的极大丰富，也依赖于"现实的个人"在"主体性"生成中理性自觉的历史一致性。正是在"需求"与"满足"之间的交互递进中，推动人的需要丰富和发展的动态跃升。

其二，对象性活动全面拓展的动态跃升。适如"一个种的整体特性、种的类特性就在于生命活动的性质，而自由的有意识的活动恰恰就是人的类特性"——"有意识的生命活动把人同动物的生命活动直接区别开来"②，"现实的个人"在既有历史条件下展开的自由自觉的对象性活动，从中确证并生成人的本质，创造着一切属人的事物。在生产实践中的"生产者也改变着，他炼出新的品质，通过生产而发展和改造着自身，造成新的力量和新的观念，造成新的交往方式，新的需要和新的语言"③。劳动是人类对象性活动的基本方式，贯穿于人类社会发展的整个历史进程。人的对象性活动的全面拓展是在对"异化劳动"的扬弃，从整体性上确证人的本质力量的过程中逐步实现的。从微观层面来看，对象性活动具体体现为物质生产和社会交往，这"两大实践"的全面展开，在根本上依赖于"现实的个人"的主体自觉能力——"能够全面发挥他们的得到全面发展的才能"④。人的全面发展，体现为人的现实能力的全面提高，尤其是将人的自身潜力"转化"为人的现实能力。也就是说，对象性活动的全面拓展的动态跃升，就集中地体现在人的综合性"现实能力"的历史生成。

---

① 《马克思恩格斯文集》第 3 卷，人民出版社 2009 年版，第 435—436 页。
② 《马克思恩格斯文集》第 1 卷，人民出版社 2009 年版，第 162 页。
③ 《马克思恩格斯文集》第 8 卷，人民出版社 2009 年版，第 145 页。
④ 《马克思恩格斯文集》第 1 卷，人民出版社 2009 年版，第 689 页。

其三，人的社会关系全面发展的动态跃升。马克思在《关于费尔巴哈的提纲》中指出："人的本质不是单个人所固有的抽象物，在其现实性上，它是一切社会关系的总和。"① 如果将这一"经典论述"置于人的发展维度上进一步展开，就是使"现实的个人"全面地占有自己的本质，并集中体现为其多维社会关系的全面发展。正如"个人的全面性不是想象的或设想的全面性，而是他的现实联系和观念联系的全面性"②，"现实的个人"全面发展进度往往依赖于人与自然、人与社会以及人与人对象性活动及其对象化关系的和谐程度。这些制约因素，就包括人的主体认识、实践能力以及人类社会关系等，其中起决定作用的是社会生产力的普遍发展，以及在此基础上形成的普遍交往。马克思为此指出："生产力——财富一般——从趋势和可能性来看的普遍发展成了基础，同样，交往的普遍性，从而世界市场成了基础。这种基础是个人全面发展的可能性。"③ 生产力的普遍发展和社会交往的纵深拓展，一方面促进物质生活资料的极大丰富，另一方面也确证了"现实的个人"的主体性及其社会关系的全面性。人的社会关系的全面发展，就是在这两个方面的交互递进中，从"片面性"走向"全面性"，从受地域局限的"人"走向世界历史性的"真正个人"。

其四，"现实的个人"个性全面发展的动态跃升。个性的全面发展是人的全面发展在最高层面的要求。马克思在研究资本主义社会时，不仅高度肯定了资产阶级在人类社会发展中所作出的历史性贡献，而且重在指出这种以"资本逻辑"为主导的生产关系对人的个性的"前所未有"的剥夺和钳制。在马克思看来，"资本不是一种物，而是一种以物为中介的人和人之间的社会关系"④，为了扬弃并超越这种狭隘的社会关系，无产阶级必须进行彻底的革命实践，无产阶级只有解放全人类才能最终解放自己。

---

① 《马克思恩格斯文集》第 1 卷，人民出版社 2009 年版，第 501 页。
② 《马克思恩格斯文集》第 8 卷，人民出版社 2009 年版，第 172 页。
③ 同上书，第 171 页。
④ 《马克思恩格斯文集》第 5 卷，人民出版社 2009 年版，第 877—878 页。

　　无产者，为了实现自己的个性，就应当消灭他们迄今面临的生存条件，消灭这个同时也是整个迄今为止的社会的生存条件，即消灭劳动。因此，他们也就同社会的各个人迄今借以表现为一个整体的那种形式即同国家处于直接的对立中，他们应当推翻国家，使自己的个性得以实现。①

　　也就是说，无产阶级作为"各个人"的自由联合，必须全面地占有高度发达的生产力和全面丰富的社会关系，才能最终确证和实现每个人自身的"自由个性"。无论是在人的依赖性为基础的社会关系中，还是在以物的依赖性为基础的人的关系中，都没有真实地实现自身全面发展的"自由个性"。只有在共产主义社会中，"人终于成为自己的社会结合的主人，从而也就成为自然界的主人，成为自身的主人——自由的人"②。人的自由全面发展的境界跃升，集中体现为"现实的个人"对自身需要的丰富与发展、对象性活动的全面拓展、社会关系的全面发展以及个性全面发展的进度。这些方面的具体展开，是以"现实的个人"赖以存在的物质生活、社会生活、政治生活、精神生活为基本载体的，其跃升程度集中体现在对这些感性生活的占有和享有程度。

　　总之，我们说科学共产主义的时代出场是一个动态的历史过程，并不能仅仅把人类社会发展的维度解读为一种不以人的意志为转移的自然历史过程。反之，我们要把它纳入"人的发展"与"社会进步"的实践维度，立足"现实的个人"，从历史辩证法的主体向度出发，在超越人与自然、人与社会及其自身之间的对象性矛盾的自我确证中，逐步实现从"必然"走向"自由"的质性跃升。换言之，理解"现实的个人"和社会历史的发展进度，只有从其所处的一定生产力发展的具体社会条件及其内含的物质生产关系矛盾出发，予以动态考察和综合分析。

---

　　① 《马克思恩格斯文集》第 1 卷，人民出版社 2009 年版，第 573 页。
　　② 《马克思恩格斯文集》第 3 卷，人民出版社 2009 年版，第 566 页。

第 二 章

科学共产主义出场的交往实践论

本章导读

马克思在创立和发展历史唯物主义的过程中，通过对此前交往思想或学说的批判性分析，形成了广义交往思想。近年来，理论界对马克思交往思想的拓展性研究，在一定程度上厘清了交往范畴与生产关系的"混沌性"，并开始从"生产"与"交往"范畴来考察其在历史唯物主义中的有机内涵和时代指向，以此开启了研究马克思交往实践思想的新视野。广义交往实践思想意在从整体性上把握"现实的个人"的多维对象性活动和"物质变换"，从现实性上把握"现实的个人"的多重对象化关系和"秩序意义"。这是认知和理解人与社会协同发展的重要"枢机"，也是科学共产主义时代出场的理论范式。

人的生存和发展离不开与他人或自然界的对象性活动。交往行为与人类社会"共时"而生，它之于劳动、生产等实践行为具有优先性。可以说，"交往"作为人类第一个历史活动——物质生产资料生产的前提，是人类社会历史"前后相继"的纽带，是"历史"走向"世界历史"的物质实践基础。它是人类历史发展呈现多样性的"秘密"所在，是认知和理解人的发展与社会发展之一致性的重要"枢机"。它作为历史唯物主义的基础性范畴，是在现实性上理解和运用历史唯物主义的逻辑枢纽。马克思交往实践思想是在批判前人交往思想的基础上，形成的内在于历史唯物主义基本原理的科学理论。

第一节　马克思交往实践思想的历史渊源

关于交往思想的渊源，中西方哲学家对此都有不同程度的阐释。在此，主要从宏观上概述马克思交往实践思想的历史渊源。交往思想并不是马克思的首创。古希腊哲学中所蕴涵的思想萌芽为西方交往观的发展奠定了思想基础。此后，近代启蒙思想家，如洛克、休谟、孟德斯鸠、爱尔维修、康德、黑格尔等把人类的交往行为上升到理论层面予以阐释。需要指出的是，从人格和人权之主体性视界来审视人们的交往关系，肇始于资产阶级思想家。就交往思想的哲学主题和演进序列而言，大致可以从"德性主义交往实践观""经验主义交往实践观""功利主义交往实践观""理性主义交往实践观"来管窥之。

一　德性主义交往实践观

古希腊哲学作为人类哲学精华的重要萌芽，奠定了西方哲学交往观的思想基础。古希腊哲学家苏格拉底、亚里士多德在构建道德哲学过程中，以"道德和伦理"为视角对人们交往行为的哲学阐释，形成以"德性主义"为特色的交往实践观。

在人类社会早期，人们生存（生活）的向度和广度在很大程度上取决于自然界的变化，因而也对自然界充满了好奇和恐惧，进而产生对自然界万象的哲学思考。由此而来的古希腊"神话"逐步衍生出早期的自然哲学。这一时期的思想家们主要探讨宇宙本原及其运行规律，尔后又拓展到探索人类社会、国家的本质及其运行规律，尤其是关于建构优良政治秩序的法理基础。自然哲学家在自然哲学的致思中也探讨了政治（"善"的治理）的内涵和逻辑。政治思想与哲学思想的交互共生演进，经历了思考自然、世界的本原，进而到思考社会、政治的逻辑。如泰勒斯等"七贤"的"中庸"主张和法治思想；毕达哥拉斯以"数作为万物

的本原"① 为基点，提出关于正义、和谐与秩序等思想；赫拉克利特的
"逻各斯"（自然法）②、贤人治国论和法治主张；德谟克里特以"原子
论"为基点，形成的国家起源论和民主政治观；普罗泰戈拉关于"人是
万物的尺度"的命题；高尔吉亚、安提丰等基于自然法对民主和法治的
探讨。整体来看，这些自然哲学家的政治观较为抽象，加上对政治思想
的"书写"记录是不系统的、零散的（且著作大多遗失），同时也是缺乏
理论性的。希腊哲学在苏格拉底之后才走向系统和成熟，相应的政治理
论逐步从哲学理论中分离出来，政治学也随着"城邦制"的建构而发展
起来，形成一门独立的科学。

　　苏格拉底以"德性即知识"的命题构成其道德哲学，同时也首次确
立"德性主义"的思维原则。他认为，人与动物的最大区别来自受"理
性"和"道德"约束的行为，而非源自"本能"或"欲望"支配的行
为。柏拉图继承并发展了苏格拉底关于"德性主义"的人性论，进一步
提出"情欲""意志""理性"的人性三分说。在构成人性的基本内容
中，"情欲"是最低等或最为盲目的，"意志"居于其中，"理性"则是
至高而清醒的。柏拉图进一步把这种人性假设拓展至国家或城邦领域，
认为用"金"所塑造的国家的立法者和统治者是"理性"原则的代表者；
用"银"所塑造的国家的保卫者和辅助者则以"意志"为本性，故而英
勇善战、不畏艰险；用"铜"和"铁"所塑造的手工业者、商人和农民，
则以"情欲"为其行为的支配逻辑，故而只能从事低劣的体力劳动和商
业劳动。

　　柏拉图关于人性"三要素"的假设，在阐释城邦国家内部的等级关
系和分工关系的同时，进一步揭示了契约、法律、正义的本质及其法理
依据。"理性"作为人至高的行为支撑，当人们的"理性"能够主宰
"情欲"和"意志"的时候，尤其是当"智慧""勇敢""节制"三者和
谐共在的时候，作为人的第四种品质之"正义"就自然敞显其中。柏拉
图认为，在"理想国"中的"哲学王"之所以作为最理想的国家统治者，
是因为他是"理性"的真正体现者。在"哲学王"的引领下，作为"意

---

① 参见汪子嵩等《希腊哲学史》第1卷，人民出版社2014年版，第225—245页。
② 同上书，第382—387页。

志"体现者的国家保卫者就会变得勇敢和真诚，作为"情欲"体现者的劳动阶层则更富有勤劳和节制的优良品质。如此，城邦国家之"正义"在各等级之间的和谐相处中得到合理的敞显。

亚里士多德则更为明确地阐释了人的本质，把人界定为一种居于"城邦生活"的政治动物，并以人的"合群性"来解释社会和国家的起源。他认为，人只有过共同的城邦生活，方能成为一个真正的人。人与生俱来的"合群性"在城邦生活的展开，就是人们借以"理性"或"道德"而确立彼此和谐交往的体现。城邦生活内部以"理性""道德""节欲"等法则规范着人们的交往行为，同时人也被定位于相应的等级秩序之中。也就是说，"德性"成为人们之间交往的行为准则，人与人之间的关系法则都是源自"至善"的上帝，即作为理念的"善"的安排。

古希腊以"德性"为核心的交往观在中世纪教会神权政治的支配下被置换为"天国"或"上帝"。在神权政治的语境下，"上帝"成为全知全能的终极存在，人的本质的存在和敞显，服从于"上帝"的意志，顺从"上帝"也就成为构建和谐国家秩序的最高"理性"。只有秉承"神性"的德行才能使人超越自然的羁绊，最终获得一种"至善"的幸福。总之，在神权政治主导下人们的交往行为，被简单地归顺于"上帝"的召唤和安排，人们之间的交往理性从"理性的德性"置换为"神性的德性"。在这两个历史时期，以"殊途同归"的"德性"构成人们交往行为的法理准则，在此概称为"德性主义交往实践观"。

二　经验主义交往实践观

自启蒙运动以来，近代认识论的变革开启了英国经验主义交往实践观。经过中世纪的洗礼，在自然科学进步的导引下，人的自我意识不断觉醒，人类由此步入了理性时代和启蒙时代。时代主题的变迁牵引着哲学思考主题的转化，由此前对自然界本体的"追问"，逐步转向了以彰显人的主体意识的"认识论"。

笛卡尔的"我思故我在"，从人的自我意识来确证人的存在，肯定了"人"这一主体在认识过程中的积极作用。从此，人们不再简单地追问"本体是什么"，而是更多地追问"认识本体何以可能"。人们不再一味地从外部世界来寻求"人何以为人"的本体依据，而是立足"人"的主体性的内在反思，力求在"主—客"二元的对立性中来考察"主体—客体"相统一的可能性。正是笛卡尔对"人"之主体性的"高扬"，以"激情胜于理性"的姿态冲破了经院哲学对人类理性的禁锢和自我意识觉醒的阻滞。黑格尔对此曾高度评价："从笛卡尔起，我们踏进了一种独立的哲学。这种哲学明白：它自己是独立地从理性而来的，自我意识是真理的主要环节。"① 在这种哲学语境中的"上帝"，不再是神学时代全知全能的"主宰者"，而是基于人类理性的设定或是理性证明自身存在及其意义的工具。

17—18世纪，英国思想家洛克和休谟在受笛卡尔认识论的影响下开启了经验主义认识论的致思进路。"交往问题"作为认识论的延展部分，逐步转向了对解答"交往何以可能"之认识论根据的探讨，"理解"也就成为这一时期交往思想的核心范畴。英国启蒙思想家霍布斯以现实主义的视界把人们之间的交往关系归结为"狼与狼"的关系。洛克以"白板说"一反笛卡尔提出的天赋观念论，通过考察人类观念的经验起源，来研究人类之于认识论的"理解"能力。在洛克看来，人作为"社会的动物"，"每个人"都必定要"在必然条件之下来同他的同胞为伍"②，但是由于人们思想各异，因而必须借助一定的"媒介"使得人们的思想得以相互沟通来达成"理解"。否则，"社会便不能给人以安慰和利益"③。洛克的"白板说"以及作为交往媒介的"语言"，为形成以"理解"为目的的交往思想提供了经验主义的前提。总的来看，洛克的交往思想依然未摆脱经验主义认识论的窠臼。

休谟针对人类趋利避害的"利己感情"之于人们在观念沟通以及情感交流的阻滞性，进而提出了"怀疑论"。休谟在承袭洛克"交往思想"的基础上，进一步认为，人们在社会生活中发生的"联系"可以用"共感"来解析和说明。"共感"作为"人类灵魂的交感"，借以人们在认识上的沟通和情感上的交流，使得人们在心灵上彼此生成"相互反映的镜

---

① ［德］黑格尔：《哲学史讲演录》第4卷，贺麟等译，商务印书馆1978年版，第65页。
② ［英］洛克：《人类理解论》下，关文运译，商务印书馆1959年版，第413页。
③ 同上书，第416页。

子"①。在休谟看来，"同情"和"共感"是人的"情绪和情感的传达"，是人性中第一个"很有力的原则"，可以提升我们之于"美"的鉴别力，进而"产生了我们对一切人为的德的道德感"②，同时也是一个民族在性情和思想倾向达到"齐一性"的心性根由。休谟正是借助以人们之间的感情交往为核心的"共感论"，导引出比对社会公益的关心更为重要的道德感情，形成了以这一人性论为基础的交往理论。

总的来看，二者都是从经验主义的立场来探寻"人类交往何以可能"的认识论前提，这就决定了他们所理解的"人性"始终是经验主义的——基于主观心理体验的、抽象的人性。相应地，人与人之间的交往也就不可避免地带有道德情感体验的色彩，也为交往理论进一步导向"相对主义"打开了缺口。休谟较之于洛克的贡献，在于他以社会心理学的情感内容为媒介突破了洛克"认识论"的窠臼。

三 功利主义交往实践观

试图剥离笼罩在人们交往行为之上过于浓重的情感色调，并立足人们普遍的社会关系来揭示交往关系的，则是 18 世纪法国思想家孟德斯鸠等。法国思想家在继承英国思想资源的同时，更为切实地目睹了荷兰和英国等资产阶级的发展状况。金钱和资本在人们普遍的交往中具有了无上的威力，人与人之间的利害关系则成为这一时期交往思想的主要特征。

孟德斯鸠继承了洛克的自然法思想，但同样认为人是"社会的动物"，并且把"自爱"和"自我保存"作为人的自然本性。诸如"和平""设法养活自己""快乐和依恋""过社会生活"，是人们进行交往和建立交往关系的自然法。一是人们把"和平"作为第一自然法，来克服在自然状态下人们交往关系的不平等性，以实现和平共处。二是人们的生存和生活要以物质生活资料为前提，故要"设法养活自己"。三是"快乐"和"依恋"，人们在交往共处中能给彼此带来"快乐"，尤其是两性的接近又会因为"依恋"而增加"快乐"，进而祈求相互接近的交往，同时也就有了第四条"过社会生活"的自然法。孟德斯鸠在此重在指出，人们

---

① ［英］休谟：《人性论》下，关文运译，商务印书馆 1980 年版，第 635 页。

② 同上书，第 620 页。

在自然法状态下通过共同生活与感情的交流来建立起"和平相处"的交往法则。

爱尔维修和霍尔巴赫则从物质需要及其满足方式来解释人们的交往诉求和交往关系。他们认为，人们之间的交往活动和交往关系具有功利性，以至于个人在相互交往的一切活动（如谈话、爱情等）都被描述成功利关系。就其实质而言，功利主义交往观是对当时社会现实和交往关系的反映，重在把交往实践中的利益关系抽绎出"利用"这一范畴，并试图将此提升为人们之间普遍或根本的关系逻辑。这种交往观的突出特点，就是把人们一切现存的社会关系都归结于"功利"关系。

四　理性主义交往实践观

比较而言，如上几种交往实践观一般都立足交往实践中的"个体"，而在康德和黑格尔那里，则是以"相互作用""相互承认""绝对命令"来解析人们之间的交往关系。

在康德看来，人们在交往实践中存在着两种行为法则：一种是"假定命令"，另一种是"绝对命令"——指导人们交往行为的道德律令。作为交往理性承担者的是道德法则立法者的"自律的主体"，或是先验的"以自身为依据"的自我（先验的理性意志），而不是交往中的经验的个体的自我。因为经验的自我是"不能以自身为依据、永远受条件限制的现象的存在"，只有理性的自我才是以自身为依据的。另一方面，康德试图借助辩证法来解决交往过程中的交往动力问题。在他看来，人由于天生的动物性而本恶，人们之间的交往尽管具有以"对抗性"为核心的"恶意的交往性"，但人正是在与同类的对抗性交往中发展了自然给予人类的一切禀赋。正是通过人与人之间从"恶的对抗"走向"和谐统一"的过程，进而走向社会历史的合目的性。康德对交往思想的贡献，就是把交往实践看作一个从"对立"走向"统一"的辩证运动过程。

此后，费希特继承了康德对交往实践过程的辩证解读，并依据"自我"与"非我"为理论前提，借助"相互承认"这一概念把交往关系作为"我—他"的"对立统一"关系。在费希特看来，人们之间的交往是以假定与承认他人的存在为前提的，于是用"相互承认"和"相互作用"来阐释人们的相互关系。处于"相互作用"的"个人"不再是单个生命体的概念，而是作为一种基于"相互承认"的相互性的概念。正是基于人们之间的"相互承认"，使得人们之间的相互作用——"交往"才得以实现，而社会也正是借助"相互作用"而结成有机的"社会共同体"。费希特以"相互承认"为基础的交往观是其"自我—非我"的哲学理论在社会领域的展开，而康德的由"恶的对抗"走向至善的交往观，在费希特这里体现为"自我"与"他我"的"对立统一"过程，人们之间的交往关系抽象为"我—他"关系。二者的微妙差别在于：康德把人的自我完善看作"彼岸性"的，而费希特把"相互承认"的"我—他"关系看作是借助于社会交往可以无限趋近"此岸性"的。

黑格尔在康德和费希特的基础上，同样以"相互承认"作为人们之间相互交往的前提，揭示了以"劳动"为基础的交往辩证法。他首次把人们的交往关系置于对象性活动的"劳动"之上，即从劳动的社会性视角来解析个人与社会整体的关系。黑格尔之后的费尔巴哈，主张以人们交往中"我—你"关系代替费希特的"我—他"关系。费尔巴哈认为，在现实世界中相互交往的主体是"有血有肉"的人，作为现实的对象来进行彼此交往。在此基础上，费尔巴哈把"你"与"我"之间的日常交往视为"实践"。这种"交往实践"的意义在于：一方面使处于交往中的"主体"获得自身的真正的满足，另一方面也获得"爱"和友谊等"心理满足"。从总体上来看，费尔巴哈的交往实践观是建立在其人本主义哲学之上的。其超越之处在于：一是赋予交往主体以"自然实在性"，以"有血有肉"的人取代德国唯心主义视野中"虚幻"的假定。二是扩大了交往主体的范畴，把处于"相互作用"中的"我"与"别人"都作为交往的"主体"。三是拓展了交往的内涵，把交往行为看作感性的、日常的交往，而不是单纯的精神交往。当然，也存在不足之处，诸如他把人们以"劳动"为基础展开的丰富多彩的交往关系抽象为"爱"和"友谊"为本质的"我—你"关系，从而抽离了"现实的个人"作为"一切社会关系总和"的客体"底板"和基础设施。

总体来看，以上几种交往实践观尽管存在着这样或那样的缺陷，但这些思想家立足其时代境遇和思想图景给予了不同视角的解读。毋庸置疑，这些思想要素为马克思研究"资本主义生产方式以及和它相适应的

生产关系和交换关系"① 的"秘密",尤其是为创立历史唯物主义提供了
必要的思想资源。当然,也为我们理解人的"社会性"以及人类社会发
展的"有机性",提供了既有的思想借镜。

第二节　马克思交往实践思想的形成与发展

马克思交往实践思想的形成和发展经历了一个不断扬弃的过程。整
体来看,从"博士论文"之《德谟克利特的自然哲学和伊壁鸠鲁的自然
哲学的差别》到《黑格尔法哲学批判》基本确立了交往实践思想的唯物
主义方向。从《1844 年经济学哲学手稿》到《关于费尔巴哈的提纲》确
立了交往思想的物质实践基础。在与恩格斯合著的《德意志意识形态》
中形成了交往实践思想的基本框架。此后,在《哲学的贫困》《资本论》
及相关手稿中使交往实践思想具体深化。

一　青年马克思的交往实践思想

马克思的"博士论文"是在其追随黑格尔派期间完成的,其中依然
有青年黑格尔派的崇尚自由意识的烙印。马克思在《资本论》的"第二
版跋"中写道:"我公开承认我是这位大思想家的学生,并且在关于价值
理论的一章中,有些地方我甚至卖弄起黑格尔特有的表达方式。"② 在
"博士论文"中,马克思通过与伊壁鸠鲁自由伦理的对比批判了德谟克利
特的"机械决定论",在把伊壁鸠鲁"原子偏斜理论"的自主性观念纳入
原子运动中的同时,也把由于人类意志作用而充满生机的自然界,"覆
盖"了德谟克利特因机械规律决定的单调自然界,使人从超验的"迷信"
中解脱出来。在马克思看来,人与人之间的交往关系类似于原子的"偏
斜运动",是人的"自主性"的重要显现。由于受黑格尔自由意识的"牵
引",马克思在这一时期所认知的"人"依然是自我意识中的人,相应
地,人们之间的交往更多的是精神交往和自我意识的体现。

在《莱茵报》时期,马克思将基于"自由意识"的精神交往观付诸

① 《马克思恩格斯文集》第 5 卷,人民出版社 2009 年版,第 8 页。

② 同上书,第 22 页。

于实践批判，集中表现为捍卫言论自由、出版自由等自由权利同当局展开的激烈的斗争。此时的马克思认为，人们之间的社会关系是基于"自由意识"的真正体现，而"在其现实性上"却被外在的力量所"驱使"，要实现人与人之间"自由意识"的交往，就必须揭示人们社会关系的现实根源。到了1842年，马克思在关于"林木盗窃法"辩论和摩泽尔河地区农民处境问题的思考中，逐步触及到具体的"物质利益"问题，使他对人们之间交往关系的认知从"自我意识"转向了"物质生活"领域，进一步来研究复杂性社会交往关系所依赖的经济基础。马克思为此曾指出："1842—1843年间，我作为《莱茵报》的编辑，第一次遇到要对所谓物质利益发表意见的难事。莱茵省议会关于林木盗窃和地产析分的讨论，……关于自由贸易和保护关税的辩论，是促使我去研究经济问题的最初动因。"① 1895年4月15日，恩格斯在《致理查·费舍》的信中指出："我曾不止一次地听马克思说过，正是他对林木盗窃法和摩泽尔河沿岸地区农民状况的研究，推动他由纯政治转向经济关系，并从而走向社会主义。"② 马克思后来在《〈政治经济学批判〉序言》中指出：

> 为了解决使我苦恼的疑问，我写的第一部著作是对黑格尔法哲学的批判性的分析，……我的研究得出这样一个结果：法的关系正像国家的形式一样，既不能从它们本身来理解，也不能从所谓人类精神的一般发展来理解，相反，它们根源于物质的生活关系，这种物质的生活关系的总和，黑格尔按照18世纪的英国人和法国人的先例，概括为"市民社会"，而对市民社会的解剖应该到政治经济学中去寻求。③

马克思在《论犹太人问题》一文中进一步强调了"市民社会"的基础作用，并阐明政治的解放和人类的解放并不一致。要获得人类的解放，不仅要把人从宗教观念中解放出来，还要消灭它们的"世俗"桎梏，因

---

① 《马克思恩格斯文集》第2卷，人民出版社2009年版，第588页。
② 《马克思恩格斯文集》第10卷，人民出版社2009年版，第701页。
③ 《马克思恩格斯文集》第2卷，人民出版社2009年版，第591页。

为"任何解放都是使人的世界即各种关系回归于人自身"①，只有消灭了世俗利益关系的桎梏，才能克服宗教的狭隘性。马克思在《〈黑格尔法哲学批判〉导言》中强调："哲学将无产阶级当做自己的物质武器，同样，无产阶级也把哲学当做自己的精神武器。"② 无产阶级作为未来社会解放的物质承担者，通过强调其主体性来凸显出无产阶级之间交往关系的重要性。马克思在对物质利益关系和无产阶级主体性的关注中，逐步超越了"自由意识的精神分析"范式，从而深入具体的物质生活领域予以整体考察。

二　实践范畴中的交往实践思想

如果说马克思在转向"历史唯物主义"中的交往思想，是从"人与人"（国家与市民社会）的关系中来体察"人与物"的关系，那么，马克思在《1844 年经济学哲学手稿》和《关于费尔巴哈的提纲》中，则着重从现实的"人与物"的"对象化关系"中来揭示"人与人"之间的本质关系，从中夯实了马克思交往思想的物质实践基础。

马克思在《1844 年经济学哲学手稿》中从"异化劳动"入手分析了资本主义的物质生产方式对人与人之间经济交往关系的"扭曲"，即由于丧失了土地等生产资料的"无产者"，在只能以出卖"劳动力"为生的境遇下发生的"劳动对象的异化""劳动自身的异化""人与自身类本质的异化""人与人之间的异化"。马克思在批判资本主义社会中存在的"物"统治"人"等种种弊端的同时，进一步指出："异化"在深层次上反映着人与人之间不平等的社会关系。资产阶级与无产阶级在经济基础上的根本差异决定着他们之间的社会交往关系是对抗性的、不可调和的，而"交往异化"恰是根源于"劳动异化"这一核心症结。要扬弃人与人之间的"交往异化"，就必须践行革新"资本主义私有制"的共产主义运动——"共产主义的特征并不是要废除一般的所有制，而是要废除资产阶级的所有制"③。通过"对私有财产的积极的扬弃，就是说，为了人并

---

① 《马克思恩格斯文集》第 1 卷，人民出版社 2009 年版，第 46 页。

② 同上书，第 17 页。

③ 《马克思恩格斯文集》第 2 卷，人民出版社 2009 年版，第 45 页。

且通过人对人的本质和人的生命、对象性的人和人的产品的感性的占有，不应当仅仅被理解为直接的、片面的享受，不应当仅仅被理解为占有、拥有。人以一种全面的方式，就是说，作为一个完整的人，占有自己的全面本质"①。科学共产主义是对人的自我异化的积极扬弃，是通过人并且为了人而对人的生活和本质的真正占有，是向社会人即合乎本性的人的自然复归。人们之间的交往"成为我的生命表现的器官和对人的生命的一种占有方式"②，将成为人之所以为人的目的本身，而非手段。

马克思正是通过"异化劳动"之于人的本质的考察以及对共产主义的论证，在一定程度上肯定了"变革的实践"在扬弃交往异化中的基础作用，但囿于费尔巴哈人本主义的影响，在分析实现人与人之间的自由自觉的交往关系时依然带有一定的抽象性。直到1845年，马克思在《关于费尔巴哈的提纲》中通过对费尔巴哈的彻底批判，确立了统一于"新世界观"的科学实践观，在"现实性"上奠定了交往思想的实践基础。

在马克思看来，"实践"是人与历史的现实"结合点"，"从前的一切唯物主义（包括费尔巴哈的唯物主义）的主要缺点是：对对象、现实、感性，只是从客体的或者直观的形式去理解，而不是把它们当做感性的人的活动，当做实践去理解"③，更不知道"全部社会生活在本质上是实践的"④，尤其是"环境的改变和人的活动或自我改变的一致，只能被看做是并合理地理解为革命的实践"⑤。实践是构成"现实的个人"存在的根基，正是"现实的个人"通过对象性活动来确证其多维辩证的存在，即作为自然的存在、自由自觉的存在、社会关系的存在的统一体。马克思对实践问题的哲学批判中，本身就蕴含着对"交往异化"问题的澄清和批判。在此，马克思以"整体实践"的视界来阐释和分析"人的本质"，并通过辩证的"实践批判"来看待和评价人与人之间的"交往异化"问题，使其交往思想具有了唯物辩证法特质。

---

① 《马克思恩格斯文集》第1卷，人民出版社2009年版，第189页。
② 同上书，第190页。
③ 同上书，第499页。
④ 同上书，第501页。
⑤ 同上书，第500页。

三 走向成熟中的交往实践思想

马克思恩格斯在《德意志意识形态》中继续秉持《关于费尔巴哈的提纲》中所确立的"实践批判"原则，从物质生产实践层面确立了"现实的个人"的交往活动。他们在探析交往形式历史演变的一般规律的基础上指明：实现科学共产主义是扬弃"劳动异化""交往异化"的必然之路，进而为实现人的自由发展和社会全面进步提供了现实基础。这标志着马克思交往思想的基本框架的形成，并逐步走向成熟。

（一）从实践范畴中确证了"现实的个人"的现实交往

马克思恩格斯在《德意志意识形态》中，不再以"异化劳动"来对资本主义不合理的经济社会关系进行所谓的"道德批判"，而从对"现实的个人"的考察中具体分析"交往异化"的现实逻辑。要彻底认识"交往异化"的内在逻辑，首先必须对作为交往主体的——"人"——"是何物或应当成为何物"给予现实的解答。因为"迄今为止人们总是为自己造出关于自己本身、关于自己是何物或应当成为何物的种种虚假观念。他们按照自己关于神、关于标准人等等观念来建立自己的关系"①。以往对人与人之间的交往关系的抽象认知，根本上源自对"人"本身的虚幻理解。

基于感性的多维辩证存在的"现实的个人"，不是"他们自己或别人想象中那种个人"，而是作为与"抽象人"相对应的概念范畴，即"从事活动的，进行物质生产的，因而是在一定的物质的、不受他们任意支配的界限、前提和条件下活动着的"② 现实中的个人。因为，有一个最为基本的简单的事实不能回避，那就是"一切人类生存的第一个前提"或"一切历史的第一个前提"——"人们为了能够'创造历史'，必须能够生活。但是为了生活，首先就需要吃喝住穿以及其他一些东西。因此第一个历史活动就是生产满足这些需要的资料，即生产物质生活本身，而且，这是人们从几千年前直到今天单是为了维持生活就必须每日每时从

---

① 《马克思恩格斯文集》第1卷，人民出版社2009年版，第509页。
② 同上书，第524页。

事的历史活动，是一切历史的基本条件"①。进而言之，也正是"当人开始生产自己的生活资料，即迈出由他们的肉体组织所决定的这一步的时候，人本身就开始把自己和动物区别开来"②。也就是说，现实的"交往"，首先是人们"生产自己的生活资料"和"生产着自己的物质生活本身"③ 的物质交往活动。

马克思从人们的物质生产活动来考察"人"的本质存在，这种感性的生产和生活是在人们之间的交往关系中进行的，其中不仅生产出满足自身需要的物质生活资料，同时生产着人们之间的物质关系和交往关系。马克思对"现实的个人"的考察视角，既不同于费尔巴哈"停留于抽象的'人'，并且仅仅限于在感情范围内承认'现实的、单个的、肉体的人'"④ 的直观的感性理解，也不同于施蒂纳"只是用词句来反对这些词句"⑤ 而没有任何现实的交往的神秘主义的解答。质言之，马克思是从物质交往和精神交往的现实活动中来确证"现实的个人"的现实存在的。

（二）从现实性上探索生产力和人类交往发展的一般规律

马克思在"现实性"上确证了交往实践的本质和形式，探索生产力发展和人类交往形式发展的一般规律。生产力和交往形式之间存在着张力和冲突，正如"一切历史冲突都根源于生产力和交往形式之间的矛盾"⑥。人们在物质生产活动中的交往形式，同时也是人们的劳动组织形式和所有制形式。其中的交往关系反映着人们在生产劳动中基于对物质生产资料占有关系的不同所决定的人与人之间的关系。

在一定历史进程中产生的交往形式，随着社会生产力的发展而改变，同时也就具有了历史的和暂时的性质。正如"已成为桎梏的旧交往形式被适应于比较发达的生产力，因而也适应于进步的个人自主活动方式的新交往形式所代替；新的交往形式又会成为桎梏，然后又为另一种交往

---

① 《马克思恩格斯文集》第1卷，人民出版社2009年版，第531页。
② 同上书，第519页。
③ 同上。
④ 同上书，第530页。
⑤ 同上书，第516页。
⑥ 同上书，第567—568页。

形式所代替"①，同时，人类"每一代都立足于前一代所奠定的基础上，继续发展前一代的工业和交往，并随着需要的改变而改变他们的社会制度"②。马克思在分析生产力与交往形式之间矛盾运动的同时考察了人类交往形式的历史变迁。他把人类社会的演进分为"部落所有制""古代公社所有制和国家所有制""封建的或等级的所有制""资本主义所有制""共产主义所有制"五个阶段。地域性交往实践逐步拓展向世界范围的普遍交往，进而促进人类从"历史"走向"世界历史"，为实现科学共产主义准备了条件。

（三）实现科学共产主义是扬弃"交往异化"的现实运动

科学共产主义是通过扬弃"劳动异化""交往异化"来实现人的全面发展的现实运动。马克思在分析生产力和人类交往形式发展的一般性规律时，就明确指明了扬弃"交往异化"的未来学路径——实现科学共产主义。科学共产主义作为一种变革不合理现状的现实运动，源自资本主义社会生产力与交往形式之间的矛盾使得人类的自主交往"异化"为被迫交往。

"交往异化"的根源在于社会分工的不合理化，进而在社会生产资料的所有制关系上的"分化"决定了人们交往关系的不合理化。"分工把每个工人的活动变成一种非常简单的、时刻都在重复的机械操作"③，在推动生产力发展的同时，因为"没有节制的竞争的波动"，直接催生了"工业革命"境遇下的两个对立的新阶级，即"资产者阶级或资产阶级"与"无产者阶级或无产阶级"，分工促进了"劳动阶级"中的"无产阶级"的产生。这种基于分工差异的交往形式，反过来又作为物质生产的前提，进而不断地强化着这种不合理的社会分工。

"交往异化"使得个人不能自由自主地发展自己的全部特性，而仅能片面地、自发地发展某一方面的才能。原本基于天赋和需要而自发产生的分工在"私有制"的熏染下演化为某种异己的力量，反过来支配着人们的意志和行动。原本属于"现实的个人"确证其多维辩证存在之本质

---

① 《马克思恩格斯文集》第 1 卷，人民出版社 2009 年版，第 575—576 页。
② 同上书，第 528 页。
③ 同上书，第 677 页。

力量的"劳动",变成诸如"瘟疫"一般迫使人逃避之。可见,基于社会分工差异的交往形式所确证的社会关系,在现实性上决定着一个人的发展程度。"为了实现他们的自主活动,而且从根本上说也是为了保证自己的生存"①,就必须扬弃"交往异化",消除这种由被迫的"分工"带来的不堪忍受的异己力量,从而使得实现"自主交往"的科学共产主义成为可能的现实运动。人们彼此的合理交往是实现个人自由和全面发展的重要条件,当然,作为社会个体发展的"全面性"往往受到整个社会交往发展程度的影响和制约。

"现实的个人"的存在是人类社会生产和交往发展史的前提,而生产和交往对"现实的个人"的生存和发展具有基础性的决定作用。只有通过合乎自然和合乎人性的物质生产和社会交往来扬弃"交往异化","只有随着生产力的这种普遍发展,人们的普遍交往才能建立起来"②,进而使"地域性的个人为世界历史性的、经验上普遍的个人所代替"③。在生产力和交往形式的矛盾互动中,促进社会生产力发展和交往形式的合理化的历史,同时也是"现实的个人"实现"自主交往"和全面发展的历史。社会生产力的发展是超越"各个人的自主活动受到有局限性的生产工具和有局限性的交往的束缚"④的基础条件,进而构成实现人的自由和全面发展的必要条件。

总之,马克思恩格斯在《德意志意识形态》中从社会实践入手,考察了"现实的个人"作为交往主体的现实基础,社会生产力与交往形式之间的矛盾关系,为扬弃"交往异化",实现人的自由和全面发展作了逻辑梳理。马克思的交往实践思想在这一著作中逐步走向成熟,同时也内在地构成了"历史唯物主义"的重要组成部分。

四　深化发展中的交往实践思想

马克思在《哲学的贫困》《资本论》等及相关手稿中把交往实践思想

---

① 《马克思恩格斯文集》第1卷,人民出版社2009年版,第581页。
② 同上书,第538页。
③ 同上书,第538页。
④ 同上书,第581页。

具体深化，并在晚年的一些书信和手稿中予以进一步提升和拓展。

（一）确立生产关系范畴在交往形式中的基础性地位

马克思在《哲学的贫困》中，通过对普鲁东经济理论中不顾现实的生产条件、分工和交换等特殊性，一般性地以"劳动时间"来衡量商品的相对价值的结论以及对劳动剩余价值进行平均主义解释的批判性分析，一针见血地指出：普鲁东根本没有认识到，产品的分配关系不是任意决定的，而是由生产资料尤其是生产工具的分配关系决定的。只要生产资料还掌握在少数人的手里，产品的分配就不可能平等和公正。社会产品的所有制形式是由人们的生产关系决定的，也就是说，只有生产关系才是人与人之间对象化关系的根本，其他关系往往是生产关系的衍生或派生形式。

在此基础上，马克思对生产关系的理解不再拘泥于单纯的人与自然的关系，而在肯定生产的规定性的同时也赋予其交往的规定性，进一步明确了生产关系是人与人之间多维对象化关系的核心枢机。马克思在《〈政治经济学批判〉序言》中指出：

> 人们在自己生活的社会生产中发生一定的、必然的、不以他们的意志为转移的关系，即同他们的物质生产力的一定发展阶段相适合的生产关系。这些社会关系的总和构成社会的经济结构，即有法律的政治的上层建筑竖立其上并有一定的社会意识形式与之相适应的现实基础。①

至此，马克思主张从生产力与生产关系之间的矛盾运动中来解释社会结构的变革和交往形式的变迁，这在一定程度上深化了《德意志意识形态》中关于交往范畴的理解。

（二）从社会运动中考察交往关系和社会发展的趋势

中年以后的马克思把研究重心放在了政治经济学领域，尤其是对政治运动的关注和对欧洲经济史的系统研究，进一步从社会实践层面来思考社会变革与社会关系的内在逻辑。恩格斯在为世界第一个无产阶级政

---

① 《马克思恩格斯文集》第2卷，人民出版社2009年版，第591页。

党撰写的简史之《关于共产主义者同盟的历史》一文中提到马克思的论述：

> 在资产阶级社会的生产力正以在整个资产阶级关系范围内所能达到的速度蓬勃发展的时候，也就谈不到什么真正的革命。只有在现代生产力和资产阶级生产方式这两个要素互相矛盾的时候，这种革命才有可能。①

马克思在此意在强调：社会关系的变革是社会革命的主要内容，但社会革命的实现要受到作为社会关系之基础的生产力和生产关系的制约。这种制约性不以个人的意志为转移。

为了破解其中的"奥秘"，马克思从资本主义经济系统的核心枢纽——"资本逻辑"——入手揭示了"资本"是一种在物的外壳掩盖下的资本家剥削雇佣工人的社会生产关系——"资本是对劳动及其产品的支配权力"②，尤其是"利用这种占有去奴役他人劳动的权力"③。为了阐明资本的概念，必须从价值出发，并且从已经在流通运动中发展起来的交换价值出发，即从商品交换中的货币出发。货币作为商品流通的最后产物，是"资本"最初的表现形式。货币向"资本"的历史性跨越，是在一定的历史条件和社会交往关系中形成的。正是这种"资本，即对他人劳动产品的私有权"④掩盖下为"物"所扭曲的生产关系导致了人们交往关系的扭曲和异化，在资本主义生产关系下集中体现为资本家与雇佣工人之间不可调和的对立性。

马克思不仅从资本主义社会生产的微观层面考察生产关系和交往关系发生"异化"的根由，同时也从宏观层面对不同历史时期的交往关系加以甄别，指出人类社会发展中存在的三种交往关系：一是人的依赖关系。这种交往关系发生在人类制造工具之前，由于社会分工、生产力和

---

① 《马克思恩格斯文集》第 4 卷，人民出版社 2009 年版，第 243 页。
② 《马克思恩格斯文集》第 1 卷，人民出版社 2009 年版，第 130 页。
③ 《马克思恩格斯文集》第 2 卷，人民出版社 2009 年版，第 47 页。
④ 《马克思恩格斯文集》第 1 卷，人民出版社 2009 年版，第 129 页。

商品交换的不发达，"个人或者自然地或历史地扩大为家庭和氏族（以后是共同体）的个人，直接地从自然界再生产自己"①。在"人的生产能力只是在狭窄的范围内和孤立的地点上发展着"的社会形态中，人们只有依靠个人关系和共同体来维持其生存和发展权益，形成人的依赖的交往关系。二是物的依赖关系。这种交往关系是在"人的依赖关系"基础上的自我否定，历史性地构成资本主义交往关系的典型样态。在这个历史阶段，社会生产力获得极大解放，形成"普遍的社会物质交换、全面的关系、多方面的需要以及全面的能力的体系"②。然而，"物的依赖关系无非是与外表上独立的个人相对立的独立的社会关系，也就是与这些个人本身相对立而独立化的、他们互相间的生产关系"③。从表面来看，人们的交往是自由了，但是潜藏着源自"物化"的更隐蔽的奴役和压迫。三是自由和全面的交往关系。这是对前两种交往关系的辩证否定，使"现实的个人"的能力得到自由和全面的发展，使"现实的个人"的自由个性建立在更为合理的交往关系之上。

（三）重估东方社会经济结构的差异性与社会发展的特殊性

马克思通过分析东方社会结构特征并指出：东方社会由于独特的（自给自足的）所有制决定的"内外封闭"的交往关系，故而把土地公有制为基础的农村公社保存下来，而没有走向欧洲社会的发展道路。马克思在《不列颠在印度统治的未来结果》一文中指出：

> 农村公社的最坏的一个特点，即社会分解为许多固定不变、互不联系的原子的现象，却残留下来。村庄的孤立状态在印度造成了道路的缺少，而道路的缺少又使村庄的孤立状态长久存在下去。在这种情况下，公社就一直处在既有的很低的生活水平上，同其他村庄几乎没有来往，没有推动社会进步所必需的愿望和行动。④

---

① 《马克思恩格斯文集》第8卷，人民出版社2009年版，第51页。

② 同上书，第52页。

③ 同上书，第58—59页。

④ 《马克思恩格斯文集》第2卷，人民出版社2009年版，第688页。

正是东方社会经济结构中具有的这种特殊性，在一定意义上改变了马克思关于东方国家走资本主义道路之"必然性"的判定，使其从规律约束的普遍性和条件制约的差异性视角来综合分析东方国家跨越资本主义历史阶段的可能性问题。

除此之外，马克思在晚年的《人类学笔记》，给《祖国纪事》杂志编辑部以及查苏利奇的书信中，进一步补充说明了"原始社会"的交往关系状况和世界交往问题。马克思通过考察"史前社会"得出，原始社会的交往状况主要取决于人的生存本能和自然环境，血缘关系在其中居于决定性的位置，以血缘关系为基准的公有制形式同时也决定着原始社会的交往关系。马克思在阐述"世界交往"的基础上分析了经济社会文化相对不发达的东方国家在跨越"卡夫丁峡谷"过程中的规律约束和现实可能。

综上，通过解读和梳理马克思交往实践思想形成的脉络，可以看出：马克思交往实践思想内在地统一于"历史唯物主义"的形成中。他的交往实践思想并没有停留在黑格尔式的思辨领域，而是立足现实的物质生产和社会交往，在自我批判和辩证扬弃的过程中走向成熟的。

第三节　马克思交往实践思想的主要内容

交往是人类第一个历史活动——物质生活资料生产的前提，作为人类历史前后相继的纽带，是"历史"转变为"世界历史"的基本条件；作为理解人的发展和社会进步的"钥匙"，是人类历史发展呈现多样性的"秘密"所在。从理论逻辑上看，交往是马克思建构其"新世界观"的基础性范畴，它贯穿于"历史唯物主义"的形成、完善和发展的各个阶段。

一　马克思交往实践思想的内涵

从词源上看，交往一词来自拉丁语的 communis，最初的含义是指共同的、通常的。人们现在一般把它理解为分享思想与感觉，交流情感、观念与信息。如英语中的 communication 和德语中的 kommunikation，都是由此派生而来的。马克思恩格斯在《德意志意识形态》中使用的德文词，是现代交往概念中并不通用的 verkehr，它除了指交往、来往、交际、交通外，还指贸易、交换、流通等。在马克思看来，verkehr 一词的意义同 commerce 的意义一样。

青年马克思在《1844 年经济学哲学手稿》中，把人与自然界的交往（"物质变换"）视为人类生存与发展的基本条件，并明确指出："自然界，就它自身不是人的身体而言，是人的无机的身体。人靠自然界生活。这就是说，自然界是人为了不致死亡而必须与之处于持续不断的交互作用过程的、人的身体。"① 马克思恩格斯在《德意志意识形态》中提到交往、交往形式、交往关系、地域交往、普遍交往等范畴，并详细地论述了交往与生产、交往与分工的相互关系，交往的类型以及交往活动在人类社会历史演进中的作用。

1846 年 12 月 28 日，马克思在《致帕维尔·瓦西里耶维奇·安年科夫》的信中指出："社会——不管其形式如何——是什么呢？是人们交互活动的产物。人们能否自由选择某一社会形式呢？决不能。在人们的生产力发展的一定状况下，就会有一定的交换［commerce］和消费形式。"② 接着对"交往"予以明确的阐释：

> 为了不致丧失已经取得的成果，为了不致失掉文明的果实，人们在他们的交往［commerce］方式不再适合于既得的生产力时，就不得不改变他们继承下来的一切社会形式。——我在这里使用"commerce"一词是就它的最广泛的意义而言，就像在德文中使用的"Verkehr"一词那样。例如：各种特权、行会和公会的制度、中世纪的全部规则，曾是唯一适应于既得的生产力和产生这些制度的先前存在的社会状况的社会关系。③

马克思恩格斯在《共产党宣言》中指出："美洲的发现、绕过非洲的航行，给新兴的资产阶级开辟了新天地"④，资产阶级"创造了完全不同

---

① 《马克思恩格斯文集》第 1 卷，人民出版社 2009 年版，第 161 页。
② 《马克思恩格斯文集》第 10 卷，人民出版社 2009 年版，第 42—43 页。
③ 同上书，第 43—44 页。
④ 《马克思恩格斯文集》第 2 卷，人民出版社 2009 年版，第 32 页。

于埃及金字塔、罗马水道和哥特式教堂的奇迹；它完成了完全不同于民族大迁徙和十字军征讨的远征"①。资产阶级"由于开拓了世界市场，使一切国家的生产和消费都成为世界性的了……过去那种地方的和民族的自给自足和闭关自守状态，被各民族的各方面的互相往来和各方面的互相依赖所代替了……民族的片面性和局限性日益成为不可能"②。1894 年11 月 12 日，恩格斯在《致劳拉·拉法格》的信中谈到这一范畴时补充指出："我们在《宣言》中使用《Verkehr》一词通常是从《Handelsverke-hr》〔'贸易关系'〕意义上使用的。"③

　　马克思于 1853 年在《不列颠在印度统治的未来结果》一文中指出："资产阶级历史时期负有为新世界创造物质基础的使命：一方面要造成以全人类互相依赖为基础的普遍交往，以及进行这种交往的工具；另一方面要发展人的生产力，把物质生产变成对自然力的科学支配。"④ 马克思在《资本论》的第一版序言中明确指出："我要在本书研究的，是资本主义生产方式以及和它相适应的生产关系和交换关系"⑤ ——"本书的最终目的就是揭示现代社会的经济运动规律"⑥。从这一意义上说，马克思的《资本论》正是通过集中研究资本主义的物质生产方式和经济交往关系来揭示现代社会的经济运动规律。正如列宁指出："马克思的主要著作《资本论》就是专门研究现代社会即资本主义社会的经济制度的。"⑦ 另外，马克思在《人类学笔记》《历史学笔记》中也不同程度地述及交往范畴。

　　交往作为"历史唯物主义"的重要范畴，在广义上涵盖着一切对象性活动及其对象化关系。具体而言，一是从经济学的角度来看，马克思的交往概念涵盖了经济活动中的交换、流通、贸易等行为，乃至人们在生产活动中形成的生产关系等。二是从社会学的角度来看，马克思把"社会"视为人与人交互作用的产物，而"语言"本身就是人们社会交往

① 《马克思恩格斯文集》第 2 卷，人民出版社 2009 年版，第 34 页。
② 同上书，第 35 页。
③ 《马克思恩格斯全集》第 39 卷，人民出版社 1974 年版，第 300—301 页。
④ 《马克思恩格斯文集》第 2 卷，人民出版社 2009 年版，第 691 页。
⑤ 《马克思恩格斯文集》第 5 卷，人民出版社 2009 年版，第 8 页。
⑥ 同上书，第 10 页。
⑦ 《列宁专题文集·论马克思主义》，人民出版社 2009 年版，第 69 页。

活动的产物，人们的社会交往活动是建立在物质生产活动基础上的，强调社会交往活动与社会系统的内在关联。三是从哲学的角度来看，马克思的交往是指"现实的个人"之间的交往，生产力与交往形式的交互作用是人类社会变迁的基本矛盾，交往形式的发展与社会形式的发展具有同步性和一致性。基于这些内涵要件，有的论者指出，"交往是指在一定历史条件下，现实的个人及诸如阶级、社会集团、国家等共同体之间在物质、精神上互相约束、相互作用、彼此联系、共同发展的活动及其形成的相互关系的统一。……是在一定历史阶段的物质活动中，人与人之间的物质交往关系以及由这种关系决定的人的一切社会关系的总和"[①]。从这一定义的阐释中可以进一步抽绎：交往不仅意指"现实的个人"的多维度对象性活动的"总和"，而且意指人们基于多维度对象性活动所形成的诸多对象化关系的"总和"。

二　马克思交往实践思想的内容

人类社会正是通过革命性的交往实践来实现发展和进步的。马克思运用交往范畴来说明人类社会变革的内在根由和必然性。基于整体实践的理论逻辑，可以把马克思交往实践思想的内容概括如下：

其一，交往与物质生产是处于同一序列的实践范畴。"现实的个人"为了能够生存和生活，必须同自然界发生关系，在"物质变换"中生产所必需的生活资料来维持生命以及人的再生产。人们总是生活在一定的社会形式当中，因而在特定社会形式下进行的物质生产活动也具有社会性。在物质生产活动中，人类以个体的力量无法克服自然界带来的限制，进而以"合作"的形式组织起来与自然界展开抗衡。人们在从事物质生产的过程中，有意无意地与他人进行交往或协作，或者借助他人的劳动成果来完成整个生产劳动以及社会的再生产。这样就使得社会个体之间必然要发生一定的联系和互相影响。马克思在《雇佣劳动与资本》中指出："人们在生产中不仅仅影响自然界，而且也互相影响。他们只有以一定的方式共同活动和互相交换其活动，才能进行生产。为了进行生产，

---

① 范宝舟：《论马克思交往理论及其当代意义》，社会科学文献出版社 2005 年版，第 22—23 页。

人们相互之间便发生一定的联系和关系；只有在这些社会联系和社会关系的范围内，才会有他们对自然界的影响，才会有生产。"① 由此可见，生产与交往互为前提，交互促进，分别支撑着"现实的个人"的物质生活和社会生活，进而为其政治生活和精神生活的整体展开提供必要的基础平台。

其二，生产和交往的交互作用是社会发展的核心动力机制。人类社会的发展是在生产与交往的相互作用中进行的。马克思恩格斯在《德意志意识形态》中批判费尔巴哈时曾指出："他没有看到，他周围的感性世界决不是某种开天辟地以来就直接存在的、始终如一的东西，而是工业和社会状况的产物，是历史的产物，是世世代代活动的结果，其中每一代都立足于前一代所奠定的基础上，继续发展前一代的工业和交往，并随着需要的改变而改变他们的社会制度。"② 生产和交往是人类社会发展中的一对基础性矛盾，它们的状况既决定着社会有机体的构成状况，决定着生产力与生产关系、经济基础与上层建筑之间的矛盾变化，进而决定着各个时期人们的思想观念、生活态度、生活方式、生活状况，并使其呈现不同的样式和特点。人类社会是经常变化和改革的社会。1890 年 8 月 21 日，恩格斯在《致奥托·冯·伯尼克》的信中指出："我认为，所谓'社会主义社会'不是一种一成不变的东西，而应当和任何其他社会制度一样，把它看成是经常变化和改革的社会。"③ 交往形式和生产力之间交错发展，作为推动社会制度的不断革新和发展的动力机制。它在加强各个封闭地域之间的交流和联系的同时推动着人类社会的发展和进步。

其三，物质交往是社会交往和精神交往的基础。人们之间的社会关系是多样的、复杂的，人与人之间的交往活动也是丰富多彩的。马克思恩格斯在《德意志意识形态》中把"交往类型"分为物质交往和精神交往。所谓物质交往，就是人们的物质生活和物质关系，而精神交往则是人们的精神生活和精神关系。物质交往与精神交往相互交织，一起构成了人们的现实活动。在马克思看来，"思想、观念、意识的生产最初是直

---

① 《马克思恩格斯文集》第 1 卷，人民出版社 2009 年版，第 724 页。
② 同上书，第 528 页。
③ 《马克思恩格斯文集》第 10 卷，人民出版社 2009 年版，第 588 页。

接与人们的物质活动，与人们的物质交往，与现实生活的语言交织在一起的。人们的想象、思维、精神交往在这里还是人们物质行动的直接产物。表现在某一民族的政治、法律、道德、宗教、形而上学等的语言中的精神生产也是这样"①。物质交往和精神交往尽管同为人们现实活动的一部分，但两者的互动关系不是并列的，而是具有先后的决定关系——"不是意识决定生活，而是生活决定意识"②。物质生产以及由此产生的交往形式，决定着人们的意识活动及意识形式。物质交往是精神交往的前提，人们进行社会交往的目的是为了进行"物质变换"和"意义确证"。人们在原有思维观念的引导下来展开这个变换和确证过程，并在这个过程中改变着自己的思维观念，正如"发展着自己的物质生产和物质交往的人们，在改变自己的这个现实的同时也改变着自己的思维和思维的产物"③。

其四，普遍交往促进"世界历史"的形成，是实现共产主义的必要条件。马克思把"人类历史"看作一个由"历史"走向"世界历史"的过程，交往的普遍发展则是实现这一内在转变的重要动力。"共产主义革命将不是仅仅一个国家的革命，而是将在一切文明国家里"④，因为"它是世界性的革命，所以将有世界性的活动场所"⑤。然而，"世界历史"并不是天然存在的，而是人类活动不断拓展和历史发展的结果，是各民族历史由"孤立、封闭和相互隔绝的"状态逐步发展为"开放和密切联系的"状态之转变过程。在"世界历史"形成之前，人类分布在各个分散的地点上，以地域性的社会和狭隘的人群共同体为生存单元，各自独立地发展着。随着社会生产力的发展，各个独立的生存单元之间的交往互动的不断深化，使世界成为一个统一的整体，"一切国家的生产和消费都成为世界性的了"⑥。物质生产方式和社会交往形式的变革极大地推动了这一进程，"各个相互影响的活动范围在这个发展进程中越是扩大，各

① 《马克思恩格斯文集》第 1 卷，人民出版社 2009 年版，第 524 页。

② 同上书，第 525 页。

③ 同上。

④ 同上书，第 687 页。

⑤ 同上。

⑥ 《马克思恩格斯文集》第 2 卷，人民出版社 2009 年版，第 35 页。

民族的原始封闭状态由于日益完善的生产方式、交往以及因交往而自然形成的不同民族之间的分工消灭得越是彻底，历史也就越是成为世界历史"①。通过普遍性交往走向"世界历史"是人类通往共产主义社会的必由之路。

其五，交往实践是改造客体与确证主体的辩证统一。社会交往是"现实的个人"与自然物以及社会之间展开的对象性活动。这其中包括两个方面：一是作为人与自然物之间对象性活动的物质生产活动，集中体现为人与自然之间对象化的"主体—客体"关系；二是在社会物质生产活动中"共在"的人与人之间的对象性活动，集中体现为人与人之间对象化的"主体—主体"关系。马克思在《1857—1858年经济学手稿》"导言"中指出："在生产中，人客体化，在消费中，物主体化"②，其中意指在物质生产活动当中，人的本质力量"对象化"为物质客体，表现为主体力量的"客体化"。在消费活动中，物质客体"转化"为主体的精神元素和本质力量，表现为客体力量的"主体化"。在社会交往和精神交往层面，处于对象性活动中的彼此双方，既是主体，也是客体。他们之间的交往活动是"客体主体化"和"主体客体化"的辩证统一。在人与自然物的对象性活动中，"自然物"直接作为人类实践的客体平台，而在人与人之间的对象性活动中依然存在着"客体平台"这一"底板"。此外，"人直接地是自然存在物"，人类本身作为自然界的一部分以及"人化自然"的主体，人类与自然界之间的关系逻辑，也可以宽泛地理解为"主体—主体"关系。

总之，不管是人与自然物之间的对象性活动，还是人与人之间的社会化交往，在整个"对象性活动"的"同一截面"上同时存在着两个方面——人既是对象性活动的"主体"，也是对象化关系的"客体"。二者之间是历时性的辩证统一。对于"实践关系"，我们不能仅仅理解为"主体—客体"关系抑或主体对客体的"改造关系"，而是在基于多元主体的对象化关系中，依然存在相对意义的客体"底板"。在此，我们把基于交往实践的对象化关系理解为"主体—客体—主体"的辩证关系。这一辩

---

① 《马克思恩格斯文集》第1卷，人民出版社2009年版，第540—541页。
② 《马克思恩格斯文集》第8卷，人民出版社2009年版，第12页。

证法使生产和交往作为实践范畴的现实统一性，作为物质交往与社会交往的历史统一性，作为社会发展的动力机制之实践范式的意义统一性。

第四节　马克思交往实践思想的基本特征

马克思交往实践思想具有新的特质，而这种特质是通过与其他思想家的交往思想的比较体现出来的。比较视角主要包括两个方面：一是马克思交往实践思想与作为其思想渊源的诸多交往思想之间的差异；二是马克思交往实践思想与哈贝马斯交往行动理论的差异。关于马克思交往实践思想与哈贝马斯交往行为理论的微观比较将在后文中具体论述。整体而言，马克思交往实践思想具有如下基本特征：

一　深厚的哲学基础：历史唯物主义原理

马克思交往实践思想具有深厚的哲学基础和现实根基，集中表现为这一思想的理论"彻底性"和实践"革命性"。这种"彻底性"不仅源自马克思交往实践思想内在的逻辑性，而且根植于"历史唯物主义"这一"新世界观"的大平台。

人们常说，"马克思主义"是一块"整钢"，同样，马克思交往实践思想也内在地统一于"历史唯物主义"的基本框架，属于这一块"整钢"。在逻辑关系上，马克思的交往实践思想是"历史唯物主义"的重要组成部分，是马克思"新唯物主义"形成和发展中的基础性范畴。诸如，基于交往思想的"整体实践"涵盖整个人类所有的对象性活动，以及包括物质交往关系、社会交往关系在内的一切社会关系的总和。交往与"生产力""生产方式""社会分工""现实的个人""劳动""实践"等重要基础范畴密切关联，并有机地统一于人类历史的发展当中。为此，要深刻理解马克思交往实践思想，就离不开对马克思哲学和马克思主义的整体性把握。同样，要深刻理解马克思交往实践思想的基本特征，同样也需要对"历史唯物主义"基本原理的整体性把握。

马克思之前的交往思想主要有"德性主义交往实践观""经验主义交往实践观""功利主义交往实践观""理性主义交往实践观"等。这些思想在不同维度上阐释了人类多样化的交往行为及内在逻辑。较之于马克思交往实践思想，其共同的缺陷是在哲学基础上的"不彻底性"。马克思交往实践思想的"彻底性"，主要体现在对交往主体、交往内容、交往方式、交往目的的系统阐释和整体建构上。

一是在交往实践的主体上，马克思把从事物质生产和社会交往活动的"现实的个人"作为"整体实践"的逻辑主体。交往作为一种人与自然物、人与人之间的对象性活动，一方面从社会实践层面确证了"现实的个人"的多维度辩证存在，另一方面也把多维度辩证存在的"现实的个人"作为交往活动和交往关系的逻辑主体。马克思在科学回答"何为交往主体"的同时，也从"现实性"上回答了"人是什么"和"人如何实现解放"的问题。马克思正是通过对交往主体的科学解答，从哲学基础上规避了以往交往思想对交往主体作出经验的、抽象的、思辨的界定，进而以"现实的"方式把交往活动的"现实性"聚焦于"现实的个人"。

二是在交往实践的内容上，马克思把人与自然物之间物质生产活动以及人与人之间的社会交往活动都纳入交往的"现实内容"中来，具体包括从事满足人们衣食住行等基本物质生活资料需要的生产活动，以及从事满足人们自我确证和意义建构需要的社会交往活动。不管是物质生活，还是精神生活，都需要以"现实的个人"展开物质性的社会交往活动为基础。也就是说，这些生产活动和交往活动都是建基在"现实的个人"自由自觉的对象性活动之上，并在其"现实性"上赋予"现实的个人"对象性活动的多维敞开向度以及"对象化关系"的丰富内容。

三是在交往实践的方式上，马克思不仅把"现实的个人"的物质交往、社会交往、政治交往、精神交往等统一起来，而且也使交往活动的深度和广度历史地统一于人类社会发展的基本矛盾运动当中。这样，通过生产力与生产关系、经济基础与上层建筑之间的矛盾运动来调适人们的既有交往方式，从中革新不合理的或异化的交往关系，进而在"现实性"上规定了"现实的个人"交往方式的具体内容及其未来指向，为实现人的自由发展和社会全面进步提供了基于实践辩证法的确证方式，夯实了"现实的个人"对象性活动及其对象化关系的物质基础。

四是在交往实践的目的上，马克思交往实践思想既包括对"资本逻辑"主导境遇下人们"异化劳动"和"交往异化"的批判性分析，也包括通过批判和扬弃的方式阐明通向科学共产主义的现实进路，旨在通过

"现实的个人"的自由自觉的整体实践，来实现人的自由发展和社会的全面进步。所以说，马克思交往实践思想在价值指向上，始终秉持"人是主义之本"的逻辑旨趣，统一于实现人的解放的理想社会和美好生活。

如上四方面的"彻底性"为马克思交往实践思想奠定了深厚的哲学基础，由此也从另一个维度构成了马克思主义的理论特质和实践品格。

二 坚实的现实基础：人的自由自觉活动

马克思交往实践思想的科学性和彻底性，是在"历史唯物主义"这一"新世界观"中来确证交往主体、内容、方式、目的，尤其是把"现实的个人"作为交往思想的现实基础和逻辑主体。"现实的个人"作为从事物质生产活动的人，既是物质生产活动的直接承担者，又要受到生产力发展水平和既定生产关系的制约。马克思考察"交往行为"的出发点，就是基于"现实的个人"的感性的物质生产活动和社会交往活动。如果没有可持续的物质生产活动，那么人类的社会交往活动也将失去其存在的现实基础。同样，如果没有良好的社会交往活动，那么人与自然、人与人、人与社会之间的深层次"异化关系"就得不到批判和有效矫正。

物质原则和实践原则是马克思交往实践思想具有"现实性"的重要体现。交往作为人类社会特有的现象，是"现实的个人"进行对象化与自我确证，进而获得自由而全面发展的起源地和主要平台。

> 以一定的方式进行生产活动的一定的个人，发生一定的社会关系和政治关系。经验的观察在任何情况下都应当根据经验来揭示社会结构和政治结构同生产的联系，而不应当带有任何神秘和思辨的色彩。社会结构和国家总是从一定的个人的生活过程中产生的。但是，这里所说的个人……是现实中的个人。①

马克思在这里把"现实的个人"自由自觉的对象性活动放置在现实的物质生产和交往活动当中，并在生产力与交往形式之间的矛盾运动中展现出"现实的个人"何以展开交往活动的旨趣——获得每个人自由个

---

① 《马克思恩格斯文集》第 1 卷，人民出版社 2009 年版，第 523—524 页。

性的全面发展。物质生活资料的生产是人类的第一个历史活动，在物质
生产活动中所形成的交往关系（"物质交换"）构成人类其他活动和社会
关系的基础。与此同时，与一定生产力发展水平相适应的交往方式和交
往关系，总是在社会生产力的不断推动下调适其行为向度和行为法则，
从而通过变革既有实践基础上的交往关系，来推动人类社会的不断进步。

三　彻底的人文关怀：人的自由全面发展

马克思交往实践思想正是通过考察人类交往活动、交往形式的历史
演变，揭示了资本主义交往形式的异化形态的暂时性，把实现人的自由
和全面发展的科学共产主义作为真正属于人本身的交往形式的理想社会。
为此，马克思考察了"现实的个人"在不同历史时期的交往形式下的
"价值取向"问题。

首先，在以人的依赖关系为基础的社会交往占主导的社会形态中，
交往以自然发生的共同体为媒介，人本身"始终表现为生产的目的"。为
此，人本身的生产也就成为占主导地位的客观价值取向。由于人的价值
确证尚未能摆脱对自然界的崇拜和自然力的支配，人们"只是作为具有
某种规定性的个人而互相发生关系，如作为封建主和臣仆、地主和农奴
等等，或作为种姓成员等等，或属于某个等级等等"①。在这种社会形态
中，人的对象性活动不仅受制于蒙昧的自然关系，也受制于狭隘的社会
关系。人本身的价值是被隐匿的，其对象性活动既不是"自由的"，也不
是"自觉的"。

其次，在以物的依赖关系为基础的社会交往为主导的社会形态中，
人们之间的交往以"物"为媒介，生产表现为人的目的，财富作为价值
表现为生产的目的。在这种交往形态中，人的价值不再是目的本身，而
仅仅是作为"资本逻辑"主导下"被物化"的中介和手段，进而在人与
人之间、人与社会之间形成了"颠倒"的对象化关系。在这种交往形态
中，尽管存在由于"物化"对人的价值的否定，但也为个体的自觉能动
性的彰显提供了开放和自由的平台，较之于以往社会形态中的"人身依
附"或"人身控制"而言，具有一定意义的历史进步性。与此同时，在

---

① 《马克思恩格斯文集》第8卷，人民出版社2009年版，第58页。

客观上也为真正实现人的价值的"否定之否定"奠定了必要的物质基础，因而应当辩证地看待人类社会发展进程中的"物质依赖性"。

第三，在科学共产主义社会中的社会交往，是"建立在个人全面发展和他们共同的、社会的生产能力成为从属于他们的社会财富这一基础上的自由个性"①，可以自由自觉地确证人的本质力量，实现人的自由和全面发展。"只有在这个阶段上，自主活动才同物质生活一致起来，而这又是同各个人向完全的个人的发展以及一切自发性的消除相适应的。同样，劳动向自主活动的转化，同过去受制约的交往向个人本身的交往的转化，也是相互适应的"②。随着社会生产力的普遍发展，人们实现自由自主的普遍交往时，人的自由发展和社会全面进步也就获得了彻底的社会平台。这样，"根据共产主义原则组织起来的社会，将使自己的成员能够全面发挥他们的得到全面发展的才能……一方面不容许阶级继续存在，另一方面这个社会的建立本身为消灭阶级差别提供了手段"③。也就是说，马克思之所以阐释人类历史进程中的交往方式和交往关系，不是仅仅为了研究人的交往行为本身，而是重在通过研究"资本逻辑"主导下的经济交往关系，来阐明"现实的个人"的自由自觉的交往形式和全面发展的自由个性何以可能。

综上，马克思一生的理论探索和实践求索，基于对"现实的个人"的主体生成及其对象化关系的合理展开，都落在实现人的自由和全面发展这一终极价值指向上。作为马克思主义理论精髓的"实事求是"，集中体现在交往思想的哲学基础及其辩证实践；作为马克思主义价值自觉的"以人为本"，集中体现在对交往主体的人文关怀及其整体确证。

---

① 《马克思恩格斯文集》第8卷，人民出版社2009年版，第52页。
② 《马克思恩格斯文集》第1卷，人民出版社2009年版，第582页。
③ 同上书，第689页。

第三章

科学共产主义出场的交往行动论

本章导读

国内对马克思交往实践思想从重视到深入研究，源于全球化交往和哈贝马斯交往行动理论"西学东渐"的双重激发。哈贝马斯作为马克思之后的"马克思主义者"，以其独特视角发展了马克思交往实践思想，并以此来"重建"历史唯物主义，提出以"交往理性"为逻辑主线的"社会解放观"，并将此与人类解放思想相关联。这在一定维度上表达了新时代境遇下科学共产主义的出场方式。考察马克思交往实践观及其当代视野，有必要整体梳理交往实践思想的形成逻辑和内容体系，通过分析交往行动论之于科学共产主义的时代出场意涵，辩证看待哈贝马斯交往行动理论之于建构人类优良公共生活的意义，为人类理想社会的此岸确证提供必要的"生活世界"基础。

早在19世纪40年代中期，马克思就提出了以"现实的个人"为逻辑主体，以物质生产和社会交往为基础的广义交往思想，着重分析了交往的产生以及在人类社会演进中的意义、交往异化及其扬弃等。马克思对资本主义条件下单向度的交往行为及其根由作了深刻的剖析，但是近现代西方思想家们没有从整体性上捕捉到马克思交往实践思想的革命性意义。尤尔根·哈贝马斯①作为马克思之后的"马克思主义者",他的交往行动(行为)理论与此有着诸多的关联,并以此来"重建"历史唯物主义,在一定维度上表达了新时代境遇下科学共产主义的出场方式。通过比较来厘清二者的逻辑差异,旨在以开放和包容的视界来看待马克思致力于建构人类美好生活的"新世界观"。

在此简要梳理哈贝马斯交往行动理论提出的背景、渊源、主要内容、基本特征以及与马克思交往实践思想的逻辑差异,旨在为整体推进科学共产主义的时代出场提供"时代化"的他者镜鉴。宏观而言,哈贝马斯的交往行动理论主要是建立在解释学和普遍语用学的基础上,侧重于从微观交往视角理解历史唯物主义之生产方式的运行规律。他主张将生产方式作为社会变革和社会发展的主导力量,并由此阐明:生产方式并不是一种僵死的结构,而是与社会主体——人的实践活动密切相关。他将马克思的历史观与西方的语言哲学、心理学和社会学相结合,形成其独特的交往行动理论,并以此来"重建"历史唯物主义,以更好地分析和解读现代资本主义社会的现实问题。哈贝马斯的这一理论创举,在众多理论范畴上对马克思交往实践思想,尤其是历史唯物主义基本原理提出了诸多挑战。正是这一"挑战"引发了国内学者开始重视并系统研究马克思的交往思想。

第一节　哈贝马斯交往行动理论的缘起

哈贝马斯交往行动理论形成的大背景,正值 20 世纪西方哲学的重大转变期,即从近代的认识论意义上的主体哲学转向现代的本体论意义上的交互主体性哲学。西方哲学范式的转变源于对既定时代问题的反思,尤其是科技迅猛发展、物质文明发展对人际关系、社会道德的消解等一

---

① 尤尔根·哈贝马斯(Jürgen Habermas, 1929—)是德国当代最重要的哲学家、社会学家之一,法兰克福学派第二代领军人物。他涉猎领域广泛,成果丰硕,代表性著作有《公共领域的结构转型》(1962)、《理论与实践》(1963)、《认识与兴趣》(1968)、《作为"意识形态"的科学与技术》(1968)、《交往与社会进化》(1976)、《重建历史唯物主义》(1976)、《交往行动理论》(1981)、《现代性的哲学话语》(1985)等。交往行动(行为)理论是其理论体系的组成部分之一,对西方思想界和中国理论界产生了重大影响。

系列社会问题的反思。在这些社会问题面前，人们意识到：社会发展仅仅依靠人单向度地改造客体（自然界）是不够的，更为重要的是，如何建立人与人之间合理的对象化关系。在这一变革时代的"夹缝"中，哈贝马斯另辟蹊径创立了交往行动（行为）理论。这一理论的形成是在现象学之"生活世界"、维特根斯坦之语言哲学以及弗洛伊德之精神分析学的基础上（同时也吸收了波普的多元实在论、米德的符号互动论、帕森斯的行为主义理论等思想元素），顺应西方人文主义和科学主义的融合发展之势，综合西方语言学、哲学、社会学等拓展而成的。

一　基于"生活世界"理论提出"交互主体式的生活世界"

"生活世界"是胡塞尔之后现象学的核心概念。在胡塞尔的使用语境中，"生活世界"主要有两个层面的含义，即作为经验层面的"生活世界"和超验层面的"生活世界"。在胡塞尔看来，"作为唯一实在的，通过知觉实际地被给予的，被经验到的世界，即我们的日常生活世界"①。作为超验意义上的"生活世界"较之以"日常生活世界"概念更为重要。此后，海德格尔、舍勒尔等都扬弃了胡塞尔对"生活世界"的超验本性，放弃了理性追问精神，由超验现象学转变为经验现象学，并将"生活世界"看成客观意义上的永恒客体。

在胡塞尔看来，"生活世界"是一个为人的相关活动提供价值和意义的奠基性世界，是科学知识的真实性和明证性的来源，其中一切科学则是为"生活世界"所"设计"的理想工具和预言方式。一方面，哈贝马斯在肯定胡塞尔对"生活世界"奠基性和匿名性描述的同时，进一步指出："生活世界表现为自我理解力或不可动摇的信念的储蓄库"②，并且是"由一种向来已经知道的文化知识储存组成的"③。哈贝马斯将"生活世

① ［德］胡塞尔：《欧洲科学危机和超验现象学》，张庆熊译，上海译文出版社1988年版，第58页。

② ［德］哈贝马斯：《交往行动理论》，洪佩郁、蔺青译，重庆出版社1994年版，第171页。

③ 同上书，第173页。

界"视为交往的日常实践中的一个"预先解释的领域"①。"生活世界"
始终是匿名性和非对象性的，在无形中操纵着人们的交往行动。正是在
这种奠基性的生存状态中，哈贝马斯发现了交往行动理论"直接的可靠
性和无疑的确然性的基础"。另一方面，哈贝马斯继承了胡塞尔强调"生
活世界"的先在性和有效性特征，旨在规避由于实证主义思潮泛滥所导
致的技术主义和"科学化危机"，通过现象学为人类实践活动提供"原
型"和"规范"，使人们意识到世界对象只不过是人的意向活动的结果。
哈贝马斯将实践内涵纳入"生活世界"，并引入交往概念，又将文化内涵
纳入"生活世界"。在哈贝马斯这里，经过批判和改造的"生活世界"主
要是指人们进行一切交往行动和理解活动的境域。它作为哈贝马斯整个
社会批判理论的意义基础，是"构成直观现实的，因此是可信的，透明
的，同时又是不能忽视的，预先论断的网"②，由此作为直观的和可信性
的世界。正是这种确然性和有效性使"生活世界"成为"在场"的状态，
使人类交往行动成为现实可能。

　　哈贝马斯对胡塞尔"生活世界"理论的批判性发展主要体现在三个
方面：一是批判了胡塞尔"生活世界"概念中的浓重的认识论意义。在
胡塞尔看来，"生活世界"作为人们日常实践活动反思结果而存在的概
念，既是认识的来源，也是认识的目的。囿于传统认识论之"自我意识
理性范式"，在强调"单子式"主体活动的先验的意识结构的同时，缺少
一种"主体间性"。哈贝马斯针对胡塞尔把理性拘泥于认识结构之先验主
体的不足，通过对卢卡奇、马克斯·韦伯等的相关理论的分析，引入米
德的符号互动论，进而将胡塞尔"单子式"的"生活世界"改造为"交
互主体"的"生活世界"。二是批判了胡塞尔认为"超验生活世界"较
之于"日常生活世界"的先在终极性。在哈贝马斯看来，"生活世界"并
非为先验主体所创造，而是人们交往活动的历史产物，"日常生活世界"
是"超验生活世界"的基础和本源。三是批判了胡塞尔把语言仅仅作为
经验层面"生活世界"的先验自我意向的辅助作用，认为主体意识的自

---

　　① ［德］哈贝马斯：《交往行动理论》，洪佩郁、蔺青译，重庆出版社 1994 年版，第
173 页。

　　② 同上书，第180 页。

我中心的困境，只能从"语言"的"主体间性"上得到克服。也就是说，在哈贝马斯"生活世界"的语境中，"语言"不仅是指作为传达意义的"中介"，也是指交往主体以此为"中介"的交往活动的"经验场域"和"意义场所"。

二　基于普遍语用学提出以"学习"为核心的社会进化机制

在 20 世纪 50 年代后期至 60 年代发生的一系列以"语言"为中心的论证中，维特根斯坦提出"语言游戏"概念。在维特根斯坦看来，日常生活语言哲学重在指出"语言"是人的一种行为，作为"语言"的任何语句不仅具有陈述功能，而且具有启动行为的功能。尤其是"意义即用法"的创意性口号，在对实际使用的语言进行严谨说明的同时，消除了"语义学"形而上学的迷惑和混乱之瑕疵。哈贝马斯从中受到一定的启发，在批判和继承维特根斯坦日常语言哲学的同时，结合皮亚杰、乔姆斯基等语言学家的论证，创立了作为其交往行动理论基础的"普遍语用学"。

其一，哈贝马斯在此基础上把"交往行动"和"语言"统一起来，认为人类其他社会行为都是言语行为的衍生物。哈贝马斯在《交往与社会进化》一书中指出："由维特根斯坦倡导的意义的应用理论具有普遍语用学的特征。"[①] 维特根斯坦把"语言"作为一种游戏活动，必须在前提上置以一定的规则，因为"私人语言"不可能存在，只有"公共语言"才能在各个主体之间获得"沟通"的作用，并规制彼此的行为。在哈贝马斯看来，"所谓交往行为，是一些以语言为中介的互动，在这些互动过程中，所有的参与者通过他们的言语行为所追求的都是以言行事的目的，而且只有这一个目的"[②]。

其二，哈贝马斯还吸收了奥斯汀关于"以言表意行为"和"以言行事行为"的划分思想。在哈贝马斯看来，奥斯汀的这一贡献在实质上是"从建立某种合法的人际关系的角度出发，考察以言行事力量"[③]。事实

---

① ［德］哈贝马斯：《交往与社会进化》，张博树译，重庆出版社 1989 年版，第 8 页。

② ［德］哈贝马斯：《交往行为理论》，曹卫东译，上海人民出版社 2004 年版，第 281 页。

③ ［德］哈贝马斯：《交往与社会进化》，张博树译，重庆出版社 1989 年版，第 8 页。

上，言语行为的双重结构是不可分离的，因为所有语言都包含着"以言表意成分"和"以言行事成分"，况且"以言行事力量的运用似乎构成了所有语言应用形式的基础"①，它只不过是以"内容行事"来彰显"角色的交往"之功用。基于此，哈贝马斯把以语言的应用为主题的规范性理论作为其交往行动理论的核心，语言行为的真实性、正确性、真诚性构成其有效性和意义向度的基础，使"对话者"得以有效遵循"理性谈话"的抽象原则。

其三，哈贝马斯根据皮亚杰"个体发生学"的意识发展模式建立"社会规范结构的发展模型"，以此来解释社会的进化和发展问题。他把马克思关于生产力与生产关系的矛盾运动之社会发展的动力机制"简化"为知识论的维度机制。具体而言，他把生产力的发展"简化"为"技术可用性知识"增长的结果，把生产关系的发展归结为"道德—实践类型的知识"增长的结果，进而以"道德—实践知识"来代替马克思的生产力发展，并作为交往以及交往结构的决定性因素。同样，作为"社会规范结构"变迁中的社会进化之动力则根源于"道德—实践类型的知识"的增长。正是受到皮亚杰个体发生学之结构主义的影响，哈贝马斯把"道德—实践知识"增长机制"演化"为社会主体和个体主体的学习能力及学习机制。正是在"语言"交往活动中借助满足"语言"有效性条件的说话行为，使得主体间的"相互理解"成为可能，"主体间性结构"以及个体系统的进化学习能力（过程和水平）转变为社会系统的学习能力（过程和水平）成为可能。

在哈贝马斯看来，以生产方式来表达社会发展水平的普遍性存在局限，于是提出抽象的社会组织原则，进而把学习机制看作社会进化的动力。"社会的组织原则是借助于学习能够成为现实并把社会的某种新的学习水平制度化的种种革新"②，也就是说，"只能借助于学习机制，我们才能解释为什么若干社会能够发现那些引发其进化的解决方式，为什么他

---

① ［德］哈贝马斯：《交往与社会进化》，张博树译，重庆出版社1989年版，第35页。

② ［德］哈贝马斯：《重建历史唯物主义》，郭官义译，社会科学文献出版社2000年版，第165页。

们能够准确地发现作为解决途径的国家组织"①。概言之，学习机制是人与人之间交往乃至交往关系形成和发展的内在动力。社会规范的同一性和延续性之上的"这种可能性"，使人们可以通过社会学习机制来生成共同的"道德—实践意识"，从而内在地推动着人类社会的全面进步。

三　基于精神分析学形成超越社会交往异化的"语言"路径

在弗洛伊德看来，"精神创伤"是引起精神疾患的主要原因，用精神分析方法发掘病人"被压抑"的意识内的矛盾，通过"对话""回忆"等治疗方式能够使病人从"被压抑"的状态中恢复潜在意识。哈贝马斯借助弗洛伊德精神分析学来分析晚期资本主义社会中的"交往异化"及其产生的条件，从中揭示资本主义社会失去自我保持系统的发生认识论原理。在哈贝马斯看来，弗洛伊德的精神分析学为此提供了一种分析个人与社会关系的新方法，使得主体的"无意识"的自觉变成"有意识"，由此达成新的价值共识，来超越和扬弃"交往异化"。

在交往行为理论中，语言沟通作为协调行为的机制，成为人们关注的焦点。哈贝马斯指出："语言交往机制在生活世界合理化过程中表现得越来越突出、越来越纯粹，并且以有效性要求为取向"②，然而，由于现实交往中的日常生活语言附带的遮蔽性和意识形态性，导致了现实的交往与纯粹解释性交往模式的差异。造成这种"差异"的根源，即公共语言的私人化——语言符号的公共性"从属于"符号意义和内容的私人性。语言的隐秘性直接导致人们在表达和理解上的"混沌性"，语言本身的"意识形态化"进而导致其沟通媒介功能的"被操作化"和"功能化"。在这种境遇下，语义学丧失了其原本的"情境的独立性"。当一个社会的"语言"受到社会势力和统治阶级的支配时，这种"语言"的意义仅在于确证言说方式与其阶级立场的统一性和一致性，同时也就遮蔽了社会对此作出批判性分析的可能性。正是于此，哈贝马斯把人的"交往异化"归咎为社会统治的权威对日常生活语言的钳制，以及私人语言"公共化"中的利益偏好。

---

① ［德］哈贝马斯：《交往与社会进化》，张博树译，重庆出版社1989年版，第164页。

② ［德］哈贝马斯：《交往行为理论》，曹卫东译，上海人民出版社2004年版，第324页。

哈贝马斯把这种分析方法"嫁接"到社会交往领域，批判地指出"病态语言"本身的缺陷，就是人们社会交往扭曲和"交往异化"的直接源头，集中表现为在语言符号的应用中偏离人们基于共识的规则系统，导致语义内容以及句法的扭曲，以致形成人们交往中的"不可理解性"。晚期资本主义社会中的"交往异化"根源于社会文化的压抑以及舆论结构的不合理。为了克服社会交往中"语言"的扭曲行为，他主张通过思想家对意识形态领域的批判，来实现人类交往行为的合理化和自我解放。

第二节　哈贝马斯交往行动理论的主要内容

哈贝马斯的理论涉及众多领域，其交往行动理论也散布在几部代表性著作当中。整体来看，哈贝马斯交往行动理论的主要内容包括交往行动的概念、"生活世界"与系统过程、"重建"历史唯物主义三个部分。

一　作为理论修正中的"交往行动"概念

交往范畴作为哈贝马斯思想体系中的核心概念之一，在各个时期的论著中都有不同程度的阐释。相应地，关于"交往行动"的概念也在不断地"完善"和"修正"当中。

哈贝马斯在1968年发表的《作为"意识形态"的科学与技术》一书中对"交往行动"是这样定义的："把以符号为媒介的相互作用理解为交往活动。相互作用是按照必须遵守的规范进行的，而必须遵守的规范规定着相互的行为期待（die Verhaltenserwartung），并且必须得到至少是两个行为主体人的理解和承认。"[①]

在1976年发表的《交往与社会进化》一书中，哈贝马斯把旨在以"理解"为目的的"言语"有效性纳入这一概念中，进而指出：交往行动是以"理解"为目的的行动。其意义在于使交往主体双方，以同样的方式理解一个语言学表达，并在彼此认可的话语的正确性上，达成相互"理解"和彼此"信任"。为了实现普遍的相互"理解"，普遍语用学就

---

① ［德］哈贝马斯：《作为"意识形态"的科学与技术》，李黎等译，学林出版社1999年版，第49页。

应当成为"交往行为的一般假设前提"。在哈贝马斯看来，"达到理解是一个在相互认可的有效性要求的前提基础上导致认同的过程"①，并与"有目的—理性的行为不同，交往性行为是定向于主观际地遵循与相互期望相联系的有效性规范。在交往行为中，言语的有效性基础是预先设定的，参与者之间所提出的（至少是暗含的）并且相互认可的普遍有效性（真实性、正确性、真诚性）使一般负载着行为的交感成为可能"②。

在1981年发表的《交往行为理论》一书中，哈贝马斯基于"交往行为总是要求一种在原理上是合理的解释"③的需要，通过分析交往行动与其他行动的关联，以及交往行动在整个人类社会运动中的意义，进而把交往行动视为人类社会的合理行动。哈贝马斯把交往行动方式分为"工具—目的行动""规范调节的行动""戏剧行动""交往行动"。"工具—目的行动"或"工具性行为"是基于"经济人"假设的行为决策机制。"规范调节的行动"是一个群体受到共同价值规制的行动。"戏剧行动"是指行动者在观众或社会面前有意识地表现其主观性的行动，即"在他的观众面前，以一定方式进行自我表述……想让观众以一定的方式看到和接受到自己的东西"④。在如上四种交往行动中，哈贝马斯认为后者之于"世界"更具有普遍性，因而也更具有合理性。

如上四种交往行动方式是在"世界"的场域中进行的。哈贝马斯把作为交往场域的"世界"一分为三：一是"客观世界"，二是"主观世界"，三是"社会世界"（合法化的个人关系的总体，具体指规范、价值及其他被认识到的社会期望）。这三种"世界"（见图3—1）分别对应着不同的交往行动方式：一是"工具—目的行动"指向"客观世界"，表征着人对自然的改造关系；二是"规范调节的行动"指向"社会世界"，表征为社会系统对人的控制关系；三是"戏剧行动"指向客观世界或主观世界，分别表征着人对自然的关系和人对人的关系。（见表3—1）

---

① ［德］哈贝马斯：《交往与社会进化》，张博树译，重庆出版社1989年版，第3—4页。

② 同上书，第121页。

③ ［德］哈贝马斯：《交往行动理论》，洪佩郁、蔺青译，重庆出版社1994年版，第148页。

④ 同上书，第128页。

表3—1   **交往行动方式与交往场域的比较**

交往行动方式	交往场域	表征对象关系	片面性
工具—目的行动	客观世界	人对自然的改造关系	对理性的规定太窄
规范调节的行动	社会世界	社会系统对人的控制关系	泯灭主体个性
戏剧行动	客观世界/主观世界	人对自然和人对人的关系	仅在独白,忽略他者

"交往行动"则是行动者个人之间以"语言"为媒介的互动,其中"相互理解"是核心,相应的"言语行为"和"语言互动"是基本形式。哈贝马斯认为,"对言语行为加以分类,目的是要导入三种纯粹类型的交往行为,或者说交往行为的三种临界状态,即:会话、规范行为和戏剧行为"[①]。如果进一步考虑到策略行为和语言行为乃至命令式行为之间的内在联系,那么就可以对"语言互动"[②] 进行如下划分(见表3—2)。

表3—2   **语言互动的纯粹类型**

行为类型 形式语用学特征	策略行为	会话行为	规范行为	戏剧行为
典型的言语行为	以言表意行为命令式	记述式	调节式	表现式
语言功能	影响对方	呈现事态	建立人际关系	自我表现
行为取向	以目的为取向	以沟通为取向	以沟通为取向	以沟通为取向
基本立场	客观立场	客观立场	规范立场	表现立场
有效性要求	现实性	真实性	正确性	真诚性
世界关联	客观世界	客观世界	社会世界	主观世界

哈贝马斯认为如上几种交往行动方式都存在一定的片面性,不足以

---

① [德]哈贝马斯:《交往行为理论》,曹卫东译,上海人民出版社2004年版,第311页。
② 同上书,第312页。

作为理解"人"和"世界"的基础。相反，只有交往行动是在不同主体间——"主体"与"客观世界"，"主体"与"主观世界"，"主体"与"社会世界"的关系范畴上发生的。"在任何一个言语行为中，交往参与者都同时与客观世界、社会世界以及主观世界中的事物发生关系。"[①] 在交往行动中，交往主体所依赖的交往场所——"三个世界"（见图3—1）——形成全方位的交往行动：一是在相互理解的维度上，交往行为用来传播和更新文化知识；二是在协调行为的维度上，交往行为发挥着社会整体化和团结互助的功能；三是在社会化的维度上，交往行为确证个人独有的特征和本质。在哈贝马斯看来，诸如社会、文化、道德、理性等社会问题都离不开交往行动。

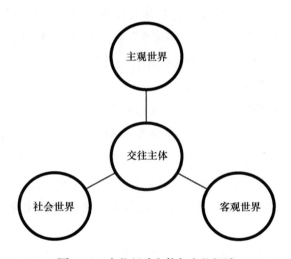

图3—1　交往行动主体与交往场域

"生活世界"是在基于交往行动通往"理解"的过程中，制定如上"三个世界"有效性的参照点，真正的交往互动过程要比"其他三种交往行动"更具有合理性。"在生活世界中，交往参与者相互之间就一些事情达成共识，只有转向关注作为语境的生活世界，我们才能变换视角，从而揭示出行为理论与社会理论之间的内在联系：社会概念必须与生活世

---

① ［德］哈贝马斯：《交往行为理论》，曹卫东译，上海人民出版社2004年版，第314页。

界概念联系在一起，而生活世界概念又与交往行为概念形成互补关系。"①
如下四个概念的总结——"a. 借助行动者的三种世界关系，以及相应的
客观世界、社会世界和主观世界的概念，b. 借助命题真实性，规范正确
性和真实性以及实在性等运用要求，c. 借助一种合理的动员的，就是说，
以主体内部对可批评的运用要求的承认为基础的意见的一致，d. 借助作
为合作地对待共同状况规定的理解观点"② ——可以达到"理解过程"
的合理性。

二　"生活世界"的交往合理化和社会系统化

"生活世界"是人们进行一切交往活动的基本场域。哈贝马斯对"生
活世界"提出了三种解释模式，并在其再生产的过程中与交往的功能需
要共同构成一个组织系统。"生活世界"在推动社会理性化的同时，也导
致"生活世界"的殖民化。重建交往合理性是弥合"生活世界"与"系
统"的分化和脱节的重要出路。

（一）作为"交互主体"的"生活世界"

在哈贝马斯看来，"交往行为的活动场所是交往参与者所依靠的生活
世界"③，基于"语言对话"的开启，为理解"生活世界"的"社会空
间"提供了一个支点，并形成三种解释模式。具体来看，一是作为文化
或符号系统的解释模式，意指行动者内在地具有相关文化传统、价值、
信仰和语言，并且能在互动中适用的知识库。相对应的功能需要是通过
"交往行为"达到"理解"，以实现传播、维护和更新文化知识的目的。
二是作为社会和社会制度的解释模式，意指相关社会关系及协调互动的
方式是否恰当。相对应的功能需要是通过"协调互动"以满足社会整合
和群体团结的需要。三是作为个性导向或自我本体的解释模式，意指行
动者理解、评估人们"做什么"和"如何做"。相对应的功能需要是通过
社会化作用的文化行为，以满足多元个体之间认同的需要。

---

① ［德］哈贝马斯：《交往行为理论》，曹卫东译，上海人民出版社 2004 年版，第 320 页。
② ［德］哈贝马斯：《交往行动理论》，洪佩郁、蔺青译，重庆出版社 1994 年版，第
188 页。
③ ［德］哈贝马斯：《交往行为理论》，曹卫东译，上海人民出版社 2004 年版，第 318 页。

"生活世界"由文化、社会、个体有机构成，存在与之相应的文化再生产、社会一体化、个性社会化的再生产过程。构成"生活世界"的文化、社会、个性，通过文化行动的三个方面——寻求理解、协调互动、社会化来满足社会化再生产、社会整合以及个性成长的需要。"生活世界"的三个组成部分与交往的功能需要共同构成一个组织系统。

在如上三个解释模式中，语言和文化作为"生活世界"的基本要素，为"行动者"提供一个进行"交往活动"的语言和文化世界。"言语者在表达过程中与客观世界、社会世界及主观世界建立起联系，只要理论家从言语者的角度去分析言语行为，就会发现一个潜在着的新大陆。"[①]"语言世界"与"生活世界"在结构上存在着更为内在的联系，相应地，语言和文化传统在对于客观世界、社会世界、主观世界的理解中居于某种超验的地位。在这种组织系统中，"生活世界"为人们的"交往行动"提供了理解、互动、社会化的主体间性的场域，从而使得"行动者"更好地理解和表达基于"三个世界"的结果（见表3—3）。

表3—3 　　　　　　　　"生活世界"的解释模式

解释模式	组成部分	再生产过程	功能需要
文化或符号系统	文化	文化再生产	以理解实现传播、维护、更新文化知识
社会和社会制度	社会	社会一体化	以协调互动实现社会整合和群体团结
个性导向或自我本体	个体化	个性社会化	以文化行为实现交互个体之间的认同

（二）"生活世界"的殖民化及其超越

与"生活世界"相对应的还有物质性和目的合理性的"系统"范畴。哈贝马斯认为，社会是由承担物质再生产的"系统"和承担文化再生产的"生活世界"所构成的体系。这两个"次系统"分别代表两种不同的社会整合向度：一是社会性整合，即以行动者为支点，通过交往行动将"社会"建构为"生活世界"；二是系统整合，即以行为结果为支点，通过自我控制和调节的系统模式来表象社会。"生活世界"与系统范畴在彼此"界分"和"融通"的交互作用中推动社会的进化。

———————

① ［德］哈贝马斯：《交往行为理论》，曹卫东译，上海人民出版社2004年版，第320页。

　　"生活世界"的理性化是系统一体化的新机制获得组织化的必要条件，同时也使交互主体间产生"不协调"的危机凸显。在社会体系趋于复杂化的过程中，导致"生活世界"与"系统"的分化或脱节，在现代资本主义社会中集中表现为"生活世界"的殖民化。在现代资本主义社会中，科学、技术、金钱、权力等中性媒介在有效推动物质生产发展的同时，与交往行为的有效性要求相脱节，进而渗透到政治、经济以及家庭关系当中，消解了"生活世界"之于"社会整合"的应有功用。哈贝马斯把这种"渗透"和"消解"行为称为"生活世界的殖民化"。其根由在于"系统"和"生活世界"的非耦合性畸变，表现为"生活世界"的法制化——构成现代社会之基础的道德和法律在社会发展中趋于失衡，道德因素受到法治因素的挤压并脱离私人生活和公共生活领域。

　　哈贝马斯提出"交往合理性"来规避和解决"生活世界"的殖民化问题。他认为，"交往合理性"是主体的交往行为在道德实践方面的理性化，真诚性、正确性、真实性则是在非工具领域实现理性化的枢机。以"工具行为"为主体的"目的—工具合理行为"并不足以实现社会理性化，而只有与目的合理性相一致的"交往合理性"才能使人们的"生活世界"和社会通向合理性。

　　　　制度框架层面上的合理化，只有在以语言为中介的相互作用的媒介中，即只有通过消除对交往的限制才能实现。在认识到了目的理性活动的进步的子系统在社会文化方面所起的反作用的情况下，关于适合人们愿望的、指明行为导向的原则和规范的公开的、不受限制的和摆脱了统治的讨论，才是"合理化"赖以实现的唯一手段。一句话：在政治的和重新从政治上建立的意志形成过程的一切层面上的交往，才是"合理化"赖以实现的唯一手段。①

　　这也就是说，"交往合理性"意味着人们以自由交往和对话的方式，

　　————————

　　① ［德］哈贝马斯：《作为"意识形态"的科学与技术》，李黎等译，学林出版社1999年版，第76页。

在增进社会团结和正义的同时，获得自我实现和自主权，由此实现"生活世界"的合理化。

三　以交往行动理论"重建"历史唯物主义

历史唯物主义作为一种社会进化理论，与其他任何理论一样，只能说明某一社会现象领域，而不足以全面解释社会进化。在这个意义上，历史唯物主义只适用于解释社会运动、阶级冲突等社会现象。为此，哈贝马斯在《重建历史唯物主义》一书中指出："人们并没有理解历史唯物主义——无论是马克思和恩格斯，还是马克思主义的理论家们，都没有理解历史唯物主义；在工人运动的历史中，人们没有理解历史唯物主义。"① 在他看来，历史唯物主义理论传统中主要存在如下问题：一是在马克思的著作中出现了不加反思就起作用的现象。二是马克思的社会理论的规范基础不够明确。三是历史唯物主义把社会进化的动力机制限制在生产力发展领域，忽视了"道德规范"在社会进化中的重要意义。

为了摆脱僵化的教条框架（尤其是斯大林把唯物主义"法典化"），使历史唯物主义成为一种具有生命力的进化理论，"以更好地达到这种理论确立的目标"②，则必须从如下方面展开"重建"。在哈贝马斯看来，"重建"一词既不是指"复辟"——"回到在此期间已经腐朽了的最初状况上去，也不是指'复兴'"——"对一种在此期间已经被人们所抛弃了的传统的更新"，而是指"把一种理论拆开，用新的形式加以组合，以更好地达到这种理论确立的目标"③。首先，哈贝马斯分析了"劳动"和"语言"在社会进化机制中的作用及地位。他认为，社会劳动并不适合于人类特有的生活方式的再生产，只有把社会劳动和家庭的组织原则结合起来，才能充分表达人类特有的生活方式。其次，哈贝马斯对历史唯物主义从生产方式出发必然地分析社会发展的模式提出异议。其三，哈贝马斯认为，马克思的上层建筑理论和生产力及生产关系的辩证法，以及

---

① ［德］哈贝马斯：《重建历史唯物主义》，郭官义译，社会科学文献出版社 2000 年版，第 138 页。

② 同上书，第 3 页。

③ 同上。

上层建筑对经济基础的依赖性的分析原理，并不适用于所有的历史阶段，而仅仅限于社会变迁或过渡中的危机阶段。其主要理由是，把"生产力的发展理解成为产生问题的机制，它尽管可以引起，但却不能导致生产关系的变革和生产方式的革新"①。相应地，知识的内在增长也是社会进化的必要条件，"人类不仅在对于生产力的发展具有决定性作用的技术上可以使用的知识领域中进行学习，而且也在对于相互作用的结构具有决定性作用的道德——实践意识的领域中进行学习"②。

此外，哈贝马斯在肯定"历史唯物主义"在社会发展方面较之"历史结构主义"优越性的同时，进一步指出它在解释社会发展现象中的局限，诸如在人类学和历史研究中的解释性难题，以及在解释社会混合形态和过渡形态中的模糊性问题。

第三节 哈贝马斯交往行动理论的基本特征

哈贝马斯交往行动理论在解读和阐释现代资本主义社会现象方面确实有其独特的贡献。他的理论锋芒直指现代资本主义社会及其制度文化理念，并通过对现代资本主义社会的全面分析和深入反思，建构起以"社会批判理论"为逻辑起点的理论体系，提出以"交往理性"为逻辑主线的"社会解放观"，并将此与马克思主义的人类解放思想相关联。从作为马克思之后的"马克思主义者"来看，他的交往行动理论依然存在诸多不足。这"正反"两方面共同构成其交往行动理论的基本特征。

一 创造性地描绘了超越现代性危机的乌托邦图景

哈贝马斯是法兰克福学派的第二代领军人物，在多个领域的理论建树获得了思想界的广泛赞誉。他的理论见解之所以能得到时代的回应，是因为他的批判性思考在一定程度上契合时代发展的需要，尤其是他聚焦 20 世纪中叶以来资本主义发展乃至全球进程中的"现代性危机"而进

① ［德］哈贝马斯：《重建历史唯物主义》，郭官义译，社会科学文献出版社 2000 年版，第 157 页。

② 同上书，第 159 页。

行的批判性思考，为超越"现代性危机"描绘了"乌托邦"图景。

第二次世界大战以后，当代资本主义社会在发展中出现了新旧重叠的"危机"，鉴于同时代的思想家仅是从某一维度分析的"非全面性"①，哈贝马斯则主张从晚期资本主义社会的经济危机、政治危机、文化危机、人性危机这四方面展开"整体性"剖析。在经济危机方面，国家干预的加强并没有改变资本主义经济运行的"自发性"和"盲目性"——持续的通货膨胀、生产停滞、财政赤字等不断凸显，也没有改变资本主义生产关系的制度本质。在政治危机方面，晚期资本主义社会以行政手段来"缓和"经济危机的同时也顺带着将"危机"引入了政治系统，进而导致国家机器失控（"合理性危机"）和民众对政府信任危机（"合法性危机"）。在文化危机方面，经济危机和政治危机从根本上源自整个社会文化系统，当社会文化系统无法有效提供合法化动机时，就会消解经济系统和政治系统正常运行所需要的意识形态资源及其价值支撑。在人性危机方面，科学技术（科学主义和技术理性）的勃兴——"随着科学主义世界观的形成，科学同时还承担了一种意识形态的功能，因为科学主义世界观把认识的客观界限与认识的一般界限等同了起来"②——在晚期资本主义社会中具有了"意识形态性"，即"科技意识形态"。它使得作为第一生产力的"科学技术"在推动经济增长的同时，一方面助长"资本逻辑"的"物化"倾向，使人们沦为科学技术的"附庸"；另一方面也因"科学主义"泛滥而限制和扭曲着人们的思维方式，导致人性自觉中的"异化"和"物化"。哈贝马斯对现代性危机的全面剖析，构成其社会批判理论的核心内容，也是其求解超越现代性危机"方案"的逻辑起点。

哈贝马斯在理论建构中，宏观上强调"生活世界"的重要性，微观上注重"语言交往"的重要性，这在一定程度上克服了"唯生产力论"

①　如马克斯·韦伯（Max Weber，1864—1920）批判了资本主义现代化进程中因为"工具理性"对"价值理性"的消解而导致人们思想和自由的丧失，代表性著作有《新教伦理与资本主义精神》等。马克斯·霍克海默（Max Horkheime，1895—1973）和希奥多·阿多诺（Theoder Wiesengrund Adorno，1903—1969）认为，现代社会是一个完全非理性的总体管制的社会，代表性著作有《启蒙辩证法》（合著）、《否定的辩证法》（阿多诺）、《工具理性批判》（霍克海默）等。米歇尔·福柯（Michel Foucault，1926—1984）从历史层面揭示了权力形式控制（规训）的强大力量与"不合理性"，代表性著作有《疯癫与文明》《规训与惩罚》等。

②　[德] 哈贝马斯：《交往行为理论》，曹卫东译，上海人民出版社 2004 年版，第 349 页。

之宏大叙事的"独断",为深度剖析"和平与发展"之时代境遇下资本主义社会乃至全球发展问题提供了新的视界。诸如在"资本逻辑"对人们日常生活领域的"殖民化"侵入,以及在生产力普遍发展中的"物本主义"所潜在的"道德滑坡"和精神文化困境等。哈贝马斯的交往行动理论对于规避和化解这些困境有一定的方法论借鉴意义。诸如人际交往以及国家间交往中存在的矛盾和冲突,尽管在基本面上要从"利益"与"立场"的维度进行整体分析,但不可否认的是,有些利益矛盾是由于人们思维认知和价值理念的"差异"而引发的,有些意见冲突则是由于沟通方式的"不合理"而产生的。在双方或与对方意见"不一致"的时候,如果彼此能开诚布公地协商、对话、交流,那么对于达成"相互理解"→"价值共识"→"意见一致",就具有重要的现实意义。

在发展的"问题"和问题的"发展"方面,哈贝马斯在理论建构中内含的"乌托邦"情结依然具有一定的现实意义。人类社会发展是"现实性"与"理想性"的辩证统一。"现实性"作为历史唯物主义之"物质性"的展开维度之一,在人类社会的发展中具有毋庸置疑的重要地位。然而,不可否认的是,必要的"乌托邦情结"同样也是人类进行自我确证和超越现代性危机的重要信念。于此而言,哈贝马斯对"生活世界"的构想,基于"相互理解"的交往合理化的愿景,对于鼓励人们争取自由和建构美好生活提供了必要的未来学指引。

哈贝马斯在以"交往合理性"来解决"生活世界"的殖民化问题方面,提出通过主体的交往行为在道德实践方面的理性化,以及基于真诚性、正确性、真实性的语言交往机制来摆脱种种压抑和控制的设想,实际上是"一种通过语言评论来维持的无暴力的美好社会"[①]。尤其是他将物质生产与社会交往对立起来,通过凸显"语言交往"在超越现代性危机中的突出作用,不可避免地具有某种意味的"乌托邦色彩"。

二 非整体性地拓展了历史唯物主义的基础理论

哈贝马斯的"生活世界"基于普遍语用学的交往行动等相关范畴的

---

① 范宝舟:《论马克思交往理论及其当代意义》,社会科学文献出版社 2005 年版,第213 页。

阐释，一方面是对历史唯物主义相关理论的"修正"，另一方面则是对历史唯物主义基本原理的"非整体性"的拓展。其中不可避免地存在一定的缺陷，而这种"缺陷"就集中表现为理论建构中的"不彻底性"。

一是在理论假设和建构中强调"价值规范"的超阶级性和普适性。作为交往行动理论的核心概念之"生活世界"，是以承认人们之间存在共同的信念和价值规范为前提，在本质上则是默许存在超阶级的普遍的社会价值规范。历史唯物主义基本原理表明：在人类社会发展中，尤其是在阶级利益尚未得到调和的时代境遇中，超阶级的制度安排和价值规范是不可能存在的。哈贝马斯通过"交往理性"旨在为历史唯物主义建立新的"规范基础"，但由于"轻视"或"弱化"以物质实践与物质生活为基础的阶级对立和冲突，因而在理论格局上"偏离"了历史唯物主义的问题域。

二是在拓展交往行动境域过程中过于夸大"生活世界"的作用。根据历史唯物主义基本原理，社会存在决定社会意识，社会意识具有相对独立性，并对社会存在具有能动的反作用。"生活世界"作为社会意识的一部分，同样会对社会存在及人们的社会交往活动产生重要的影响。正是于此，哈贝马斯深刻地揭示出"生活世界"的应有价值及其在资本主义社会中"被消解"和"殖民化"的"问题"。为了破解和规避这一"问题"，他把重构"生活世界"作为决定社会未来发展的根本因素，由此在过度夸大其现实价值的同时不可避免地导向了"精神万能论"。

三是把"语言"作为交往行为合理化和社会进步的决定性因素。在分析人类社会进步的动力机制方面，哈贝马斯通过"弱化"以物质实践与物质生活为基础的阶级对立和冲突，来突出"语言"在人类社会进步中的决定性作用。他的交往行动理论是建立在语言哲学基础之上的，在契合"科学主义"与"人文主义"走向融合的时代潮流的同时，过于拔高"语言"在人类社会交往和社会进化中的决定性作用，则是舍"本"逐"末"之举。客观而言，"语言"是人类思维和进行交流沟通的工具，与"劳动"一起作为人类社会生活的实践延展方式。"语言"尽管在社会交往和理性沟通中发挥着重要作用，但在整个社会发展的动力机制的基本面上的作用和意义，则是相对的，也是非决定性的。哈贝马斯把任何社会的进化归结为一种有效的和理想化的"语言"运用机制，很明显在理论阐释的"能见度"上缺乏"彻底性"——因为他在考察社会发展机制方面的视界拘泥于"生活世界"的"微观层面",而不是人类社会发展的"总体层面"。

第四节 思想关联:在哈贝马斯与马克思之间

马克思交往实践思想是哈贝马斯交往行动理论的重要思想资源。哈贝马斯以此"重建"历史唯物主义,依然是以马克思的"世界历史"理论为基本参照系的。哈贝马斯通过分析晚期资本主义社会的现实状况,对交往行动理论的创造性阐释,以"交往理性"来规避"现代性危机"。这对于深化研究马克思交往实践思想及其在"历史唯物主义"中的逻辑地位具有重要意义。不可否认的是,哈贝马斯在建构其理论体系时对马克思思想的阐释中存在着某些偏差或曲解。本书着重在"历史唯物主义"框架内剖析二者在立论的对象、基础、指向、视角方面的差别,旨在从当代视野中来把握马克思交往实践观的本真意涵。

一 语言与劳动:立论基础和研究视角的分野

如前文所述,"实践"范畴是马克思和哈贝马斯立论的共同基础,但在对这一范畴的逻辑定位和具体展开中却存在很大差别。一般而言,马克思交往实践思想坚持物质生产活动在人类社会发展中的基础性地位,并把交往和物质生产活动内在地统一于"历史唯物主义"。基本观点是,交往是物质生产活动的前提,物质生产活动决定着交往的内容和形式。哈贝马斯的交往行动理论则坚持语言行为在人类社会发展中的基础地位,把交往和物质生产活动对立起来,以强调交往的独特性。

在哈贝马斯看来,马克思所谓的"劳动",即物质生产活动,仅仅是一种指向客观世界的工具性行为。他尽管也认为,劳动和交往是人类的基本生存方式,但依然把二者视为孤立的存在。个中的原因是,"劳动"作为工具性行为不能构成交往的基础,而"语言"对于人类这一高级物种而言,更具有普遍的、先验的约束性力量。正是"语言"的先天性,使得人类的社会交往、社会的整合和进化成为可能,而马克思过于关注物质生产活动,"忽视"了社会主体的交往行为的"理性化"过程。

哈贝马斯着重从人类个体发生学的视角指出，话语行为赋予每个人所有的普遍资质——认识、语言、相互作用三种结构性维度，必须纳入"生活世界"的符号结构中，借助"语言"在主体间的往返对话的才能，获得与主观世界、客观世界、社会世界的关联——"相互理解、凝结共识"，构成某种先于行动且指导行动的"情景界定"或"知识背景"。"生活世界"的符号再生产的社会整合是系统的物质生产功能整合组织化的前提条件。哈贝马斯认为，物质生产活动（劳动）作为人们的"工具—目的行为"，每个主体会自觉地把这种预先自我确定的偏爱和决策准则独白式地运用于其他主体间，从而不顾团体一致性。这种"工具—目的行为"必须以"语言交往"的方式嵌入主观际的约束性规范中来实现一体化或团体化。概言之，主体的交往行为以及推动社会进化的动力机制，不是马克思所说的物质生产实践的经验力量或阶级斗争的政治力量，而是人类的"语言能力"或基于此的"交往模式"。

被哈贝马斯"批判"的物质生产活动，其内容在马克思交往实践思想的视野中是相当丰富的。物质生产活动（劳动）不仅是人类产生和发展的基础，同时也是构成维持整个感性世界的现实基础。人们通过物质生产实践把自我与外在自然，社会与内在自然有机地统一起来，从中生成了包括以生产关系为基础的诸多社会关系。物质生产活动（劳动）作为人类独有的自由自觉的活动，在改造自然的过程中也改造人类自身，在同自然界进行"物质变换"的过程中既确证了自我的存在，也生成了"人化自然"——人类社会。马克思正是在这个意义上阐明：物质生产活动决定社会交往的实现形式和具体内容。

语言是交往存在的符号和信息载体。对于"语言"的重要性，马克思同样也给予很高的评价。马克思恩格斯在《德意志意识形态》中明确指出："语言和意识具有同样长久的历史；语言是一种实践的、既为别人存在因而也为我自身而存在的、现实的意识。语言也和意识一样，只是由于需要，由于和他人的交往的迫切需要才产生的。"[①] 很明显，"语言"作为人类物质生产和社会交往需要的产物，是由物质生产活动决定的——"通过生产而发展和改造着自身，造成新的力量和新的观念，造

---

① 《马克思恩格斯文集》第 1 卷，人民出版社 2009 年版，第 533 页。

成新的交往方式，新的需要和新的语言"①，而不是相反。马克思将基于"语言沟通"的社会交往行为与物质生产活动有机统一起来，分析人类社会发展的基本规律和动态机制。从二者在立论基础和研究视角的差别来看，哈贝马斯基于普遍语用学的交往行动理论，尽管在社会生活的"微观层面"上化解"现代性危机"的构想，具有一定的理论创见和时代价值，但是在理论体系的逻辑基础上已经超出了马克思"历史唯物主义"的基本范畴。此外，加上对马克思思想本身的一些误解，他的交往行动（行为）理论尚未达到马克思交往思想对实践范畴的整体性把握。

二　回归与重建：时代境域中历史之谜的解答

马克思和哈贝马斯在交往思想的论述上，既有"差异性"，也有"同一性"。首先，就"差异性"而言，他们所关注的具体对象是不同的——哈贝马斯基于后工业社会中资本主义发展的新境域，而马克思则是基于自由资本主义阶段以及整个人类社会的发展境域——由此而决定了在立论上的逻辑差异。其次，就"同一性"而言，他们都是在既定的时代境域中致力于对人类社会发展"历史之谜"的求解，哈贝马斯也是以"马克思主义者"的姿态，并自称"忠实于历史唯物主义的内在目标"②。当然，这其中的"同"与"异"集中体现在他们关于社会发展动力机制的具体阐释上。

在马克思看来，交往关系及其形式的变革是与社会生产力的发展状况相适应的。随着生产力的发展，人们交往关系的变革不仅体现在具体的生产组织形式上的"交往形式"的变革，也体现在人与人之间"交往方式"（包括精神交往）的历史性变革。物质生产活动（劳动）的第一性和基础性在很大程度上决定了社会交往活动在社会政治、经济方面体现出来的不平等性、差异性、地域性。作为人类理想"共同体"之科学共产主义的实现，归根结底，依赖于"生产力高度发展"之上的普遍交往。因为只有生产力的普遍发展，才能使得狭隘的地域性的个人为世界

---

① 《马克思恩格斯文集》第 8 卷，人民出版社 2009 年版，第 145 页。

② ［法］汤姆·洛克莫尔：《历史唯物主义：哈贝马斯的重建》，孟丹译，北京师范大学出版社 2009 年版，第 192 页。

历史性的真正的普遍个人所代替，与普遍的世界交往相应的人的自由发展和全面解放才有了现实的前提。总之，社会生产力的进步是人们社会交往关系发展的根本动力，物质生产活动决定着人类社会交往的基本形式和具体内容。

在哈贝马斯看来，交往社会化和理想交往共同体的形成不过是统一化的个体自觉影响他们自身进程的方向。为此，生产力则不足以构成交往以及交往形式发展的基础。他以"资本主义"这种特殊交往形式的产生为例来说明："导致第一个文明的出现或导致欧洲资本主义产生的伟大的内在的进化性进步，尽管是跟随着生产力有意义的发展，却不以生产力有意义的发展为条件，在这些场合中，生产力的发展并没能导致某种进化挑战。"① 反之，只有在实现生产关系以及交往结构的变迁，并构建起一种新型组织框架和社会一体化形式的情况下，方能更好地利用和发挥仅作为潜能而存在的生产力，并促进其发展。

哈贝马斯认为，交往行动是基于"语言"行为而建立起来的主体间的"理解"和"认同"活动。选择恰当的"语言"进行"对话"并遵守共同的道德规范则是实现人与人之间有效沟通的前提条件。这种交往能力，即所谓交往资质，是交往主体遵循"语言"有效性来进行交往的能力，且必须通过主体的学习机制来获得。学习机制作为哈贝马斯揭示社会交往原动力的基础范畴，意指交往主体的认识水平是一个具有内在的呈"梯级式"进化的动态结构。这种结构的发展依赖于交往的主客体在共同的道德规范范围内获得"同一性"的相互作用。概言之，人类社会进步和发展的根本动力不是源自生产力的发展，而是基于交往互动的决定性的"道德—实践"言论维度的学习机制，以及从中获得的"交往资质"和"同一性"。

从理论建构的内在"统一性"来看，哈贝马斯基于交往行动理论对历史唯物主义的"重建"，很大程度上是对马克思之后"被僵化发展"的"马克思主义"潜在弊端的规避和革新。具体而言，"第一，不加反思的历史客观主义；第二，从存在和意识的关系上批判资产阶级的规范内容时，也同时否定了资产阶级的规范和价值中的内在的有用的因素；第三，

---

① ［德］哈贝马斯:《交往与社会进化》，张博树译，重庆出版社1989年版，第134页。

忽视了道德规范结构在社会进化中的重要意义。后来，斯大林把历史唯物主义法典化，并且把它禁锢在他所确立的理论框架中。这就更进一步堵死了这一理论发展的道路，使这一理论成了一种没有生机的僵死的教条"①。

哈贝马斯对历史唯物主义的解读与"重建"，他甚至在这一"重建"过程的后期存在主观愿望上对历史唯物主义的"抛弃和超越"，但并不能就"此"否认他是一个"马克思主义者"。汤姆·洛克莫尔对此评析并指出："只要一个人忠实于历史唯物主义的目标，那么即使否认历史唯物主义理论的有效性，他也可以是一个马克思主义者。总之一句话，哈贝马斯认为，在他将历史唯物主义抛之脑后，对历史唯物主义进行了解释、但却没能对其进行重建，以及对于马克思理论进行决定性的批判之后，他从来没有像现在这样忠实于历史唯物主义的内在目标"② ——与时俱进地以新的理论范式来"解释世界"和"改造世界"。

三 问题与批判：基于马克思主义的内在旨趣

整体来看，马克思和哈贝马斯针对不同时代境域下的社会现实和时代问题进行的批判性反思，都是一种宏大的社会批判理论。哈贝马斯在《交往行为理论：行为合理性和社会合理化》第一版序言（1981）中指出："交往行为理论不是什么元理论（metatheoric），而是一种试图明确其批判尺度的社会理论的开端。"③尽管哈贝马斯标榜自己"忠实于历史唯物主义的内在目标"，但并不因"此"而遮蔽二者的本质差别。

哈贝马斯作为法兰克福学派的第二代领军人物，这与他之于后工业社会的整体性批判有直接关系。具体而言，他在《作为"意识形态"的科学和技术》一书中对"科学技术"的意识形态性的批判，在《合法化危机》一书中对"合法性危机"的批判，以及在《重建历史唯物主义》一书中对马克思之后历史唯物主义中"唯生产力论"的批判。在理论批

---

① ［德］哈贝马斯：《重建历史唯物主义》，郭官义译，社会科学文献出版社 2000 年版，译序第 11 页。

② ［法］汤姆·洛克莫尔：《历史唯物主义：哈贝马斯的重建》，孟丹译，北京师范大学出版社 2009 年版，第 192 页。

③ ［德］哈贝马斯：《交往行为理论》，曹卫东译，上海人民出版社 2004 年版，第 3 页。

判的出发点上，哈贝马斯标榜自己依然作为一个"马克思主义者"秉承着马克思主义的内在旨趣。为此，他对马克思之后的马克思主义理论家在运用和发展马克思主义的过程中形成的"教条化理解"进行批判的同时，也给予了另一视角的解读。在一定意义上说，他的理论警觉唤起了所有"马克思主义者"对"马克思思想"或"马克思学"的再认识。然而，由于批判对象和立论视角的差异，哈贝马斯之于问题本身的批判和理论本身建构，依然存在一些值得商榷的地方。

对于马克思而言，他的思想——历史唯物主义："关于现实的人及其历史发展的科学"①——我们视为一种彻底的社会批判理论——"历史科学"②，其实意指这一理论在剖析社会问题中的"彻底性"。正是这种"彻底性"从根本上决定了马克思主义的最终旨趣——实现人的自由和全面发展的科学共产主义——具有科学性和现实性。这也正是科学社会主义与空想社会主义的本质差别，因为缺失现实根基的"乌托邦愿景"终究是与现实"绝缘的"，因为"这种新的社会制度是一开始就注定要成为空想的，它越是制定得详尽周密，就越是要陷入纯粹的幻想"③。然而，人们往往是出于这样或那样的需要，一是总想从马克思那里现成地获取"放之四海而皆准"的"调味单"④，并不假思索地直接付诸于实践；二是总想把马克思的某些思想"体系化"或"经典化"，以为"窥见一斑"，就把握了马克思主义的"本真"或"真精神"。

事实上，我们只要本着"像马克思一样思考"的态度和方法，就可以达成如下"基本共识"。在此，择录恩格斯的相关论述作为文本佐证。

马克思在肯定"物质生产活动"之重要性的同时，丝毫没有忽视"社会交往"在整个人类对象性活动中的重大意义，因为"马克思并不是物质崇尚论者，只是在大工业的启迪下揭示了人类文明史的物质生产决

---

① 《马克思恩格斯文集》第4卷，人民出版社2009年版，第295页。

② 恩格斯在《在马克思墓前的讲话》中概述了马克思毕生的创造性贡献：一是"发现了人类历史的发展规律"（历史唯物主义），二是"发现了现代资本主义生产方式和它所产生的资产阶级社会的特殊的运动规律"（剩余价值学说），并指出："这个人的逝世，对于欧美战斗的无产阶级，对于历史科学，都是不可估量的损失。"参见《马克思恩格斯文集》第3卷，人民出版社2009年版，第601页。

③ 《马克思恩格斯文集》第3卷，人民出版社2009年版，第528—529页。

④ 《马克思恩格斯文集》第5卷，人民出版社2009年版，第19页。

定的必然性"①，意在强调实现人的自由发展和社会全面进步所必需的物质基础。由此说明：马克思主义是实践的理论，指引着人们从物质生产和社会交往的整体维度进行改造世界的行动。

恩格斯在《卡·马克思〈资本论〉第一卷书评——为〈民主周报〉作》中如是说：

> 正像马克思尖锐地着重指出资本主义生产的各个坏的方面一样，同时他也明白地证明这一社会形式是使社会生产力发展到很高水平所必需的：在这个水平上，社会全体成员的平等的、合乎人的尊严的发展，才有可能。要达到这一点，以前的一切社会形式都太薄弱了。资本主义的生产才第一次创造出为达到这一点所必需的财富和生产力，但是它同时又创造出一个社会阶级，那就是被压迫的工人大众。他们越来越被迫起来要求利用这种财富和生产力为全社会服务，以代替现在为一个垄断者阶级服务的状况。②

马克思在集中阐释"阶级对抗关系"及其后果时，丝毫没有遮蔽对人类理想社会的价值追求和实践探索，因为"马克思并不是阶级崇拜论者，只是揭示了人类文明史的阶级和阶级矛盾的客观事实"③，意在探索整体分析社会矛盾运动的内在根据以及推动人类社会辩证发展的主导机制。由此说明：马克思主义是人民的理论，第一次创立了人民群众依靠智慧和劳动来实现自身解放的思想体系。

恩格斯在《社会主义从空想到科学的发展》中如是说：

> 新的事实迫使人们对以往的全部历史作一番新的研究，结果发现：以往的全部历史，除原始状态外，都是阶级斗争的历史；这些互相斗争的社会阶级在任何时候都是生产关系和交换

---

① 王维平：《对马克思唯物史观思想贡献的再认识》，《科学社会主义》2018 年第 2 期。
② 《马克思恩格斯文集》第 3 卷，人民出版社 2009 年版，第 87 页。
③ 王维平：《对马克思唯物史观思想贡献的再认识》，《科学社会主义》2018 年第 2 期。

关系的产物，一句话，都是自己时代的经济关系的产物；因而每一时代的社会经济结构形成现实基础，每一个历史时期的由法的设施和政治设施以及宗教的、哲学的和其他的观念形式所构成的全部上层建筑，归根到底都应由这个基础来说明。[①]

马克思在运用历史唯物主义分析人类社会发展态势时，丝毫没有教条地"预测未来"和主观地"规划未来"，因为"马克思并不是线性发展论者，只是从未来学视角指出了历史发展的规律性和发展趋势"[②]，意在强调人类对美好社会的期待和此岸确证，不仅是必要的，而且是可能的。由此说明：马克思主义是不断发展的开放的理论，始终站在时代前沿，以创新理论引领变化的时代实践。

恩格斯晚年在《致约瑟夫·布洛赫》的信中如是说：

> 历史是这样创造的：最终的结果总是从许多单个的意志的相互冲突中产生出来的，而其中每一个意志，又是由于许多特殊的生活条件，才成为它所成为的那样。这样就有无数互相交错的力量，有无数个力的平行四边形，由此就产生出一个合力，即历史结果，而这个结果又可以看做一个作为整体的、不自觉地和不自主地起着作用的力量的产物。[③]

马克思在探索无产阶级乃至全人类的解放事业时，丝毫没有将自己的思想"体系化"，因为"马克思并不是历史终结论者，只是揭示了人类解放的必然环节、坐标或参照系"[④]，意在强调历史唯物主义对通向"人的解放"的规律约束和条件约束的整体观照，以辩证实践来不断逼近真理。由此说明：马克思主义是科学的理论，创造性地揭示了人类社会发展规律，指明了确证理想社会的此岸路径。

---

① 《马克思恩格斯文集》第 3 卷，人民出版社 2009 年版，第 544 页。

② 王维平：《对马克思唯物史观思想贡献的再认识》，《科学社会主义》2018 年第 2 期。

③ 《马克思恩格斯文集》第 10 卷，人民出版社 2009 年版，第 592 页。

④ 王维平：《对马克思唯物史观思想贡献的再认识》，《科学社会主义》2018 年第 2 期。

恩格斯在《社会主义从空想到科学的发展》中如是说：

> 要精确地描绘宇宙、宇宙的发展和人类的发展，以及这种发展在人们头脑中的反映，就只有用辩证的方法，只有不断地注意生成和消逝之间、前进的变化与后退的变化之间的普遍相互作用才能做到。①

总之，马克思秉承的现实的批判精神，值得每个"马克思主义者"继承之、弘扬之。马克思用毕生心血揭示的科学共产主义的理论旨趣，值得每个依靠辛勤劳动建设美好生活的"后来者"坚守之、践行之。

---

① 《马克思恩格斯文集》第 3 卷，人民出版社 2009 年版，第 541—542 页。

第 四 章

科学共产主义出场的实践辩证法

本章导读

本章从历史唯物主义基本原理解读马克思交往实践思想的本真意蕴，通过比较哈贝马斯交往行动理论的意义和局限，形成当代视野中的整体实践观及其辩证法。根据"现实的个人"对象性活动的有机性，把"生产"和"交往"共同作为马克思实践范畴的"子范畴"，通过对二者交互关系的梳理，将其统一于人类社会发展的逻辑枢机，增强历史唯物主义在宏观视野和微观领域的阐释力。广义交往实践作为一种蕴含辩证法精神的整体实践，有助于在"现实性"上把科学共产主义在场的"三个维度"融通在"现实的个人"的对象化和自我确证中，从整体性上推动科学共产主义的时代出场。

马克思在创立历史唯物主义的过程中阐发了丰富的交往实践思想，哈贝马斯则从"语言哲学"的角度阐释了旨在超越现代性危机的交往行动理论。通过比较得出：马克思交往实践思想更具有立论上的彻底性、内容上的丰富性、实践上的现实性，因而有待于在历史唯物主义框架中批判地汲取哈贝马斯交往行动理论的有益要素，形成马克思主义交往实践观的当代视野，借此构成科学共产主义出场的实践辩证法。

第一节　交往实践范畴与生产实践范畴

马克思交往实践思想中的"交往"是历史唯物主义实践范畴的"子范畴"之一，它与物质生产交互统一，共同构成马克思实践范畴的两大核心支柱。整体而言，生产和交往是人类社会形成及发展过程中最基本最核心的社会活动。二者统一于"现实的个人"这个感性的逻辑主体，是相互依赖、交互促进的辩证统一关系。

一　生产和交往的历史唯物主义内涵

从"现实的个人"对象性活动的有机性来看，生产和交往都是作为人类社会存在和发展的基础性范畴，具有历史唯物主义的整体性内涵。

（一）作为对象性活动的生产实践范畴

广义而言，生产范畴是指人类从事创造社会财富的活动，包括物质财富、精神财富以及人类自身的再生产。这三种"生产"在《德意志意识形态》中分别指称："物质生活资料的生产""思想、观念、意识的生产""自己和他人生命的生产"。狭义而言，生产实践主要是指人类为了创造社会物质财富而与自然物质之间展开的对象性活动——物质生产活动。它作为人类最基本的实践形式，是人类社会存在的物质基础和持续发展的决定力量。马克思指出："我们首先应当确定一切人类生存的第一个前提，也就是一切历史的第一个前提，这个前提是：人们为了能够'创造历史'，必须能够生活。但是为了生活，首先就需要吃喝住穿以及其他一些东西。因此第一个历史活动就是生产满足这些需要的资料，即生产物质生活本身，而且，这是人们从几千年前直到今天单是为了维持生活就必须每日每时从事的历史活动，是一切历史的基本条件。"[1] 物质生产实践是人类社会发展的根本动力和决定力量，在人类社会发展中具有基础地位。

物质生产实践是人类获得物质生活资料的基本方式和现实途径。人类进行物质生产、精神生产以及自身的生产所需要的物质生活资料都来

---

[1] 《马克思恩格斯文集》第 1 卷，人民出版社 2009 年版，第 531 页。

自物质生产实践。"这种活动、这种连续不断的感性劳动和创造、这种生产，正是整个现存的感性世界的基础，它哪怕只中断一年，费尔巴哈就会看到，不仅在自然界将发生巨大的变化，而且就整个人类世界以及他自己的直观能力，甚至他本身的存在也会很快就没有了。"① 自然界的优先地位和物质生产实践决定着人类其他对象性活动的展开维度。

物质生产实践为人类进行社会交往、政治活动、艺术活动等提供必要的物质条件，是人类社会结构和人们生活形态的决定性因素。"物质生活的生产方式制约着整个社会生活、政治生活和精神生活的过程。不是人们的意识决定人们的存在，相反，是人们的社会存在决定人们的意识。"② 可以说，有什么样的物质生产实践，就会有什么样的社会生活、政治生活和精神生活。同样，物质生产实践的发展水平直接决定着一个社会的经济、政治以及思想文化的内在结构和发展水平。物质生产实践"在现实性上"构成人类物质生活资料的唯一来源，决定着人类其他活动的展开维度和确证程度，因而也就在根本上决定着并推动着社会形态的变迁。在这一意义上讲，人类物质生产实践的发展史也就是人自身的发展史，"人的历史"本身就是物质生产实践的历史。

（二）作为对象性活动的交往实践范畴

人类活动不仅是人与自然界之间进行"物质变换"的生产活动，还是人与人之间相互影响的交往活动。交往是在一定的历史条件下，由"现实的个人"以及社会团体在社会物质生产实践中进行的对象性活动。物质生产活动本身就是以社会交往活动为前提和中介的，正如马克思在《雇佣劳动与资本》中指出："人们在生产中不仅仅影响自然界，而且也互相影响。他们只有以一定的方式共同活动和互相交换其活动，才能进行生产。为了进行生产，人们相互之间便发生一定的联系和关系；只有在这些社会联系和社会关系的范围内，才会有他们对自然界的影响，才会有生产。"③ 马克思恩格斯在《德意志意识形态》等著作中多处谈及交

---

① 《马克思恩格斯文集》第 1 卷，人民出版社 2009 年版，第 529 页。
② 《马克思恩格斯文集》第 2 卷，人民出版社 2009 年版，第 591 页。
③ 《马克思恩格斯文集》第 1 卷，人民出版社 2009 年版，第 724 页。

往（Verkehr），尽管其"含义很广"①——它包括个人、社会团体以及国家之间的物质交往和精神交往。马克思恩格斯在此所指的物质交往活动，首先是人们在生产过程中的经济交往，这是构成其他交往活动的基础。广义的交往实践包括人与自然物、人与人、人与社会之间的对象性活动，具体有物质交往、精神交往、血缘交往三种类型。生产实践范畴在马克思思想体系中居于重要地位，交往范畴在不同的语境下也等同于"交换""生产关系"等，或者说，马克思是在物质生产实践的大背景下来阐释其交往实践思想的。

其一，交往实践是理解和确证人的本质力量的感性活动。交往作为"现实的个人"直接的感性的对象性活动，伴随着人们物质生产和物质生活的方方面面。人们如何进行交往，就如同人们如何进行生产一样，在现实性上确证着"现实的个人"作为"一切社会关系总和"的内在规定和具体内容。也就是说，整体把握交往实践范畴，有助于从"现实的个人"的现有联系及其周遭的生活条件出发，以对象性活动及其对象化关系的整体视界来理解和确证人的本质之内在规定。

其二，交往实践的拓展是社会生产力保存和发展的纽带。在人们实践活动的基本层面上，人们如何进行物质生产与如何进行社会交往是一致的，人们在物质生产活动中的交往程度，反过来也决定着物质生产的水平。物质生产水平与生产环节、劳动产品的国际化紧密相关。适如"某一个地域创造出来的生产力，特别是发明，在往后的发展中是否会失传，完全取决于交往扩展的情况"②。进而言之，"只有当交往成了世界交往并且以大工业为基础的时候，只有当一切民族都卷入竞争斗争的时候，保持已创造出来的生产力才有了保障"③。可以说，人们社会交往活动的广度和深度，既取决于社会生产力的发展水平，也是保存和发展既有生产力积极成果的直接纽带。

其三，交往实践制约着人的自由发展和民族国家间的发展。"现实的个人"的个性发展和自我确证是在社会化的对象性活动中实现的，人们

① 《马克思恩格斯文集》第 1 卷，人民出版社 2009 年版，第 808 页。

② 同上书，第 559 页。

③ 同上书，第 560 页。

物质生产活动直接决定着其社会生活、政治生活、精神生活的展开格局和实现程度。交往实践也制约着民族国家间的交往状况和发展水平，"各民族之间的相互关系取决于每一个民族的生产力、分工和内部交往的发展程度。这个原理是公认的"①。随着全球化交往的纵深拓展，"由于开拓了世界市场，使一切国家的生产和消费都成为世界性的了……过去那种地方的和民族的自给自足和闭关自守状态，被各民族的各方面的互相往来和各方面的互相依赖所代替了……民族的片面性和局限性日益成为不可能"②。民族国家终将在创造"地域性历史"的过程中逐步走向"世界历史"，建立起可持续和包容性发展的人类命运共同体。

二　生产实践与交往实践的逻辑关系

从马克思交往实践观的整体性上来看，生产与交往在"现实的个人"的对象性活动的基本面上是有机互成的。

（一）生产和交往互为前提、交互发展

在人与自然界交往——进行物质生产的同时，人与人也在物质、精神、血缘三个层面进行着多向度的对象性活动。生产实践和交往实践交互统一于人类社会的多维度对象性活动当中。在历史唯物主义视界中，生产实践和交往实践互为前提，相互作用、相互制约。交往实践是物质生产活动得以展开的前提条件，"而生产本身又是以个人彼此之间的交往［Verkehr］为前提的。这种交往的形式又是由生产决定的"③，人们交往活动的形式和内容总是借助并围绕着一定的物质实体进行的，物质实体本身与物质生产活动直接相关，正如"人们之间一开始就有一种物质的联系。这种联系是由需要和生产方式决定的，它和人本身有同样长久的历史"④。同时，生产实践和交往实践也是一对相互依存的矛盾，二者在交互作用中共同发展。在一定意义上讲，人类社会史既是一部物质生产与社会交往交互作用的发展史，同时"也是个人本身力量发展的历史"⑤。

---

① 《马克思恩格斯文集》第 1 卷，人民出版社 2009 年版，第 520 页。
② 《马克思恩格斯文集》第 2 卷，人民出版社 2009 年版，第 35 页。
③ 《马克思恩格斯文集》第 1 卷，人民出版社 2009 年版，第 520 页。
④ 同上书，第 533 页。
⑤ 同上书，第 576 页。

（二）交往与社会生产力相互制约、交互促进

交往实践是社会生产力得以延续和发展的基础。从生产力的构成要素来看，一般包括劳动者、劳动资料、劳动对象以及科学技术等。在诸多要素当中，"人"（劳动者）具有极大的主观能动性，因而也是其中最为活跃的要素。劳动者与生产要素之间只有通过劳动者的对象性活动，才能转变为现实的生产力。从生产力发展的动力机制来看，"现实的个人"的交往活动是推动生产力发展的动力。物质生产实践中的社会交往活动，提升并发展了社会个体的综合素质和劳动能力，是社会生产力得以延续和发展的直接载体。"某一个地域创造出来的生产力，特别是发明，在往后的发展中是否会失传，完全取决于交往扩展的情况。"① 交往活动的拓展有利于在更广阔的范围内进行"物质变换"以及技术要素的交流与共享，进而推进社会生产力的发展。同样，社会生产力的发展水平也制约着人类交往活动的深度和广度。交往实践作为"现实的个人"的自由自觉的对象性活动，在实现多维度展开的同时也要受到社会生产力发展水平的制约。社会生产力发展水平直接影响着人类交往活动所依赖的物质手段、活动场所等。社会生产力的普遍发展，推动着人们交往方式的历史性变革和交往活动范围的空间性拓展。

（三）交往与生产关系相互制约、交互发展

生产关系是人们以物质交往为媒介而形成的经济关系。物质交往是生产关系的前提和基础。列宁指出，"马克思认为经济制度是政治上层建筑借以树立起来的基础，所以他特别注意研究这个经济制度"②。从人类发展史来看，物质交往最初包含在物质生产之中，随着分工和生产的发展，物质交往才逐步从其中分离出来，并在二者的交互作用中形成生产关系，构成整个社会的经济基础和经济结构。生产关系作为一定社会（民族或国家）的基本经济制度，它在各个方面的总和构成了一个国家或民族的经济基础。比较而言，交往实践范畴则涉及人们的日常行为、生活方式、情感方式等方面，是一个更宽泛的社会关系的发散过程，交往

---

① 《马克思恩格斯文集》第 1 卷，人民出版社 2009 年版，第 559 页。
② 《列宁专题文集·论马克思主义》，人民出版社 2009 年版，第 69 页。

关系具有鲜明的民族性和超国家性。① 在与社会形态的表征关系上，生产关系是一定社会形态的"指示器"，而交往关系则构成整个社会有机体的"黏合剂"。马克思在《雇佣劳动与资本》中指出：

> 各个人借以进行生产的社会关系，即社会生产关系，是随着物质生产资料、生产力的变化和发展而变化和改变的。生产关系总合起来就构成所谓社会关系，构成所谓社会，并且是构成一个处于一定历史发展阶段上的社会，具有独特的特征的社会。古典古代社会、封建社会和资产阶级社会都是这样的生产关系的总和，而其中每一个生产关系的总和同时又标志着人类历史发展中的一个特殊阶段。②

人类社会有机体是以生产劳动为基础的诸多社会要素交互作用的统一体，以"人"为中心的交往活动则是诸多要素得以有机联系的"黏合剂"，使人类社会得以"有机化"。就二者的逻辑关系而言，一方面，生产关系制约着交往关系。基于物质生产的生产关系在整个社会关系当中居于主导和支配地位，它表征着生产资料的所有制形式、社会团体在生产过程中的地位、劳动产品的分配形式。这三者决定着从"人们如何生产"到"人们如何交往"的逻辑延展。尽管说生产关系不是人们交往关系的全部，但作为其主体部分而体现出的社会意义却不可轻视。另一方面，交往是生产关系展开和运作的核心机制。人们在物质生产活动中"如何交往"（交往关系），往往对"如何生产"（生产关系）起着推进或延缓的作用，同时也是既定生产关系得以展开和维系的枢纽。概言之，交往实践作为整个对象性活动的逻辑"中枢"，不仅促进社会物质财富的生产和再生产，同时也推动着整个社会关系的生产和再生产。

（四）交往与上层建筑相互制约、交互发展

生产力、生产关系、经济基础、上层建筑是"唯物史观"（历史唯物主义）的基本范畴。正是生产力与生产关系的辩证运动、经济基础与上

---

① 参见杨耕《危机中的重建》，中国人民大学出版社 1995 年版，第 146—148 页。
② 《马克思恩格斯文集》第 1 卷，人民出版社 2009 年版，第 724 页。

层建筑之间的辩证运动，才促使整个社会的发展成为一个有机的自然历史的过程。交往与生产、生产力、生产关系之间是相互制约、交互发展的关系，同时也就决定着它与"上层建筑"之间是交互关系。一般而论，上层建筑由观念上层建筑和政治上层建筑组成，前者有政治、法律、思想、道德、宗教、艺术、哲学等意识形态，后者有军队、警察、法律、监狱、政府机构、政党团体等建立在阶级社会之上的政治制度设施。人们的社会交往活动与这些社会制度和政治设施之间存在着紧密的联系。人们在物质生产、精神生产、自身生产的对象性活动中，不仅要以必要的物质基础为基本前提，同时也离不开作为人们交往机制的社会制度规范和保障设施。人们正是借以一定的制度规范来实现社会交往的规范化和有序化，使"社会和谐共同体"成为可能。就二者的逻辑关系而言，一方面，交往活动推动着生产力与生产关系、经济基础与上层建筑之间的辩证运动，对于上层建筑的形成和动态发展发挥着重要的"纽带"作用；另一方面，一定历史条件下的上层建筑，也制约着人们交往活动和交往关系的发展进度。源自生产力发展层面的交往诉求要求与整个经济基础相适应的上层建筑形成良性互动，但作为意识形态的上层建筑则具有相对独立性，在一定的社会互动中制约着人们交往方式和交往关系的展开进度。在这种情形下，社会生产力的发展推动原有交往方式和交往关系的变革，上层建筑则会抑制来自经济基础层面的新的交往方式和交往关系的变革，在一"推"（促进）一"堵"（制约）之间蕴含着社会的基本矛盾运动，推动着社会的合理变革和整体进步。

第二节   主体性哲学与交往实践辩证法

马克思的交往实践思想作为对既有实践范畴的丰富和拓展，其关键在于马克思以其"新世界观"的视野把"交往实践"置于"历史唯物主义"和"唯物辩证法"的哲学"座驾"之上，因而具有厚重的现实根基和辩证法特质。

一   主体性的成长与大写的自我

人的解放和社会发展，是在超越"人的依赖关系"和"以物的依赖

性为基础的人的独立性"的过程中实现的，因而始终离不开作为主体的
"现实的个人"的能动性和自主性。主体一词，即 subject，有承担者、主
语、主观的词义。主体概念的确立是在近代理性哲学的推动中形成的
"大写的自我"。在人类古代以及中世纪在神权政治的笼罩下，人的尊严
和地位往往是来自上帝、自然物("图腾")以及君主的施舍。在这种境遇
下人与自然界是对立的——"人同自然界的关系完全像动物同自然界的
关系一样，人们就像牲畜一样慑服于自然界，因而，这是对自然界的一
种纯粹动物式的意识（自然宗教)"①。这种自然宗教或对自然界的这种
特定关系，是由社会形式决定的，也表现为"自然界和人的同一
性"——"人们对自然界的狭隘的关系决定着他们之间的狭隘的关系，
而他们之间的狭隘的关系又决定着他们对自然界的狭隘的关系，这正是
因为自然界几乎还没有被历史的进程所改变"②。直到文艺复兴、启蒙运
动以来，现代工业文明纵深发展开启了"人之所以为人"的确证之路，
这个阶段的"人"不仅被视为历史活动的主体，也作为哲学思考的主题。

　　在 17 世纪启蒙运动中，笛卡尔以"我思故我在"来确证"大写的自
我"，开启了西方哲学的主体主义范式。接着，费希特把"绝对的自我"
作为其哲学的出发点和归宿，黑格尔以"绝对精神"来建构其理论体系，
费尔巴哈把"我欲故我在"之自然欲望作为感性的自我存在，施蒂纳则
将"唯一者"作为理性主体，经历了"大写自我"的非理性历险。至此，
认识主体之"我"的确立，标志着西方哲学认识论的转向和主体主义的
崛起。哈贝马斯指出："在现代，宗教生活、国家和社会，以及科学、道
德和艺术等都体现了主体性原则。"③ 也就是说，主体性原则的确立，助
力了宗教改革、启蒙运动和法国大革命，开启了现代文明范型。正是通
过对"人"的主体能力的发挥和彰显，一方面以"自我革命"的方式来
克服其愚昧和野蛮，实现人自身的解放；另一方面以"改变世界"的方
式来进行对象化和自我确证，实现多维度的物质变换和自我实现。

---

① 《马克思恩格斯文集》第 1 卷，人民出版社 2009 年版，第 534 页。

② 同上。

③ ［德］哈贝马斯：《现代性的哲学话语》，曹卫东译，译林出版社 2011 年版，第 22 页。

二　主体性危机与主体间性困惑

作为主体性哲学的思维方式，在本质上，是一种"主客二分"或"主客对立"的思维模式。它在呼唤现代性生成的同时，却没有对现代性生成中的困局进行必要的批判和反思，这就使得"大写的人"在获得对"客观世界"的主宰性地位之后，又因为理性的狂妄而陷入"唯我论"的泥潭之中。

首先，人类在过分强调主体对客体自然的"征服"和"改造"的同时，把作为自然界的有机身体的"自己"确证为"世界的绝对的主人"，因而不可避免地导向"人类中心主义"。在这种世界观的境域下，一切价值判断归结为人类的利益取向，主客体之间的交互性的"物质变换"活动呈现出"单向度"趋势，人与自然之间的对象化关系也就偏离了原有的动态的平衡。

其次，主体性哲学的兴起与启蒙运动和科技革命密切相伴，主体性的"勃兴"一味地助长了人们"工具理性"的狂妄。科学技术的进步在极大地协助人类"改造"自然界和"确证"自我的同时，作为主体的"大我"在"工具理性"与"主体性"的交互作用的"裹挟"下，忽略了对"自我"的必要反思和内在批判，进而在自觉和不自觉中沦为"科技"的附庸和"物化"的对象。"我们的一切发明和进步，似乎结果是使物质力量成为有智慧的生命，而人的生命则化为愚钝的物质力量。"[①] 原本旨在实现"大写的人"却变成了"单向度的人"，在"科技"和"物化"的双重导引下，"被对精力的不可抑制的饥渴注满了活力的现代生活不是为内部生命需要所指导，而日益为一种外在的力量所牵引"[②]，人在"被物化中"沦为了"碎片化"的存在者，陷入新的非自由、非主体的"单向度"的生存境遇之中。

德国哲学家恩斯特·卡希尔（Ernst Cassirer，1874—1945）在阐发由主体性狂妄所牵引的技术的无度扩张所导致人的底线陷落、自然物性的

---

① 《马克思恩格斯文集》第 2 卷，人民出版社 2009 年版，第 580 页。

② ［英］齐格蒙·鲍曼：《生活在碎片之中》，郁建兴等译，学林出版社 2002 年版，第 81 页。

失蔽、社会生态的破坏时深刻地指出：

> 人类通过工具的应用使自身成为凌驾于万物之上的主宰；但是，对于人类自身而言，这种至上性非但不是一件幸事反而是一种灾祸。人类为了主宰物理世界而发明了科学技术，然而，这些科学技术却实际上反转过来反对人。科学技术不仅导致日趋严重的人的自我疏远，而且最终导致人的自我丧失。那些看起来是为了满足人类需要的工具，结果却制造出无数虚假的需要。技术的每一件精致的作品都包含着一份奸诈的礼品。①

主体性危机的出现，不仅引发了生命个体的悲观主义情绪，而且在"工具理性"法则的驱使下使人与人之间的社会关系日渐疏离和冷漠。为了超越和化解因工具理性泛滥带来的"主体异化"，尤其是重构人与人之间、人与世界之间的共存相依的对象化关系，哈贝马斯主张建立以"交往理性"为核心的交往行动理论，旨在以"主体间性"来克服和消解主体性危机，由此开辟了"主体间性"哲学的新路向。

通过"沟通"和"对话"重建"主体间性"的存在结构，以及以"价值理性"作为存在方式的价值指向，来规避主客二分的关系模式。所谓"主体间性"，即"交互主体性"（inter‐subjectivity），它打破了单一主体的自持和孤立状态，建构起了多个主体之间的交互性的对象化关系。具体包括两层意涵：一是在存在论上意指任何主体都生活在一个"主体际"的世界中；二是在认识论上意指不同认识主体对于客观对象的可沟通性。基于交往理性的"沟通"和"对话"，通过建立"主体间性"的"民主共同体"来达成多极主体间的和谐关系，诸如"科学家与政治家之间的对话必然启导政治活动家们参照社会在技术知识和技术能力方面的潜力，纠正他们对自身利益和目标所持的那种由传统所决定的、想当然的态度，同时使他们能根据对话中所表达的和得到解释的需求，实事求

---

① ［德］恩斯特·卡希尔：《人文科学的逻辑》，沈晖等译，中国人民大学出版社 1991 年版，第 65 页。

是地判断，将来他们想在哪个方向上发展他们的技术知识和能力"①。

三 交往实践与交往实践辩证法

在"主体际"，即"主体—主体"的关系中，主体所面对的既有传统框架中的主体与客体的关系，也有主体与主体之间的关系。在唯物辩证法的整体视界下，通过实现马克思交往实践思想与哈贝马斯主体际交往行为以及后现代哲学范式的"优势互补"，旨在把生产和交往作为实践范畴的现实统一性，作为物质交往和社会交往的历史统一性，作为社会发展的动力机制的实践范式的意义统一性。这种基于整体实践辩证法的"统一性"，就集中体现在"交往实践辩证法"的内在结构当中。

其一，交往实践是主体间的物质交往活动，具有主体性、交往性、客观性相统一的特征，这是对传统"主体—客体"和"主体—主体"关系的辩证合题——"主体—客体—主体"的新型对象化关系模式。基于这一模式的交往实践辩证法，既克服了"单一主体"中心论的理性狂妄，又补全了后现代（"主体—主体"或"交互主体"）实践观之抽离"客体底板"的若干缺陷。借此，使"现实的个人"的对象性活动成为"自由自觉的活动"——在彰显其主体"能动性"的同时也能自觉遵循客观性的"规律约束"，在进行多维度"自我确证"的同时不遮蔽与此共在的他者化的"自我确证"。

其二，交往实践具有双向建构和双重整合功能，是系统性与历史性的辩证统一。交往实践的辩证展开，既建构着人们交往活动的关系结构，又建构着参与交往的主体本身；既整合着各级主体的实践形态和确证方式，又整合着各级主体达成"有效沟通"的共同体秩序。这样，由交往实践形成的"社会—历史—文化"结构就是一个多维动态的有机系统。它借助"主体—客体—主体"的新型对象化关系模式，在全部交往活动中合理展开和有效实现，使得整个人类社会有机体，既具有静态的结构，又呈现出动态发展的特质，体现了系统性与历史性的辩证统一。这种基于双向建构和双重整合功能的实践范式，既有助于人们在

---

① ［德］尤尔根·哈贝马斯：《作为"意识形态"的科学与技术》，李黎等译，学林出版社1999 年版，第 109 页。

主客体交互作用的对象化关系中科学地"认识自我"和"解释世界"，也有助于人们在"社会—历史—文化"的有机结构中辩证地"确证自我"和"改造世界"。

其三，交往实践作为多维系统，统一于"实体结构、意义结构和辩证结构"① 三个基本向度。概括而言，交往实践作为"实体结构"，一是从微观结构看，"主体—客体—主体"结构中内含有"主体—客体—主体"的相关律，以及依次相应的双向建构、双重整合结构；二是从宏观结构看，它拓展着社会化的主体结构和历史结构，成为覆盖全部人类社会的总体性结构。交往实践作为"意义结构"，主要体现在交往实践的意义客观性和交往性。交往实践作为"辩证结构"，是实体结构与意义结构的统一。它表明在"社会整合"和"主体整合"的发展模式上都是辩证的，只不过前者在向辩证结构的转化中往往呈现肯定、规范的维度，而后者呈现出对历史规范结构的否定维度。两者在相互作用中呈现出"整体性"的辩证结构。

整体而言，交往实践辩证法兼容了以往辩证法形态（如客体辩证法、主体辩证法、"主体—客体"辩证法、"主体—主体"辩证法）的积极成果，特别是对后两者各自"片面性"的克服，并统一于"主体—客体—主体"的新型对象化模式和整体框架之中。也就是说，马克思交往实践观是在"现实的个人"的对象性活动的"统一性"中把握"主体—客体—主体"辩证法的，特别是对肯定规范维度和否定批判维度关系的"整体性"把握。

第三节　当代交往实践观的方法论维度

对美好生活的期许和此岸建构是马克思毕生奋斗的使命，马克思通过对"现实的个人"对象性活动的"正反"两个维度的剖析，理清了对象性活动（自由自觉的活动）与"异化劳动"的本质差别，在"现实性"上找到了超越和扬弃"异化劳动"的"现实力量"。这种"现实力量"由三个有机部分构成：一是作为自由自觉的"现实的个人"；二是

---

① 参见任平《走向交往实践的唯物主义》，人民出版社 2003 年版，第 61—75 页。

"现实的个人"改造世界的"两大实践"活动；三是"现实的个人"对象性活动展开中的理性维度。三者共同构成马克思交往实践观的核心内容，也就是实现交往实践合理化的逻辑支点。由此蕴含和体现着马克思交往实践观的方法论意义。

一　交往实践拓展了马克思主义的实践范畴

从根本上看，人类社会的物质生产活动决定着"其他生活"及其展开和实现的程度。具体而言，支撑"物质生活"的"生产实践"在整个人类社会发展中具有基础性的地位。交往实践在促进物质生产实践合理化的同时，也在人类历史发展的主体辩证法当中居于核心地位，因为它直接从"现实的个人"这一主体出发，并作用于自然、社会及其自身之间的实践向度。马克思所说的"实践"是统一于他的"新世界观"及其价值旨趣的。诚如"人的思维是否具有客观的真理性，这不是一个理论的问题，而是一个实践的问题。人应该在实践中证明自己思维的真理性，即自己思维的现实性和力量，自己思维的此岸性"[1]。作为展开实践活动的"人"的思维是不是具有客观的真理性，能否将客观的真理性转化为改造现实的物质力量和此岸性，只有通过辩证的实践活动来确证。

如何实现人的自由发展，如何通过"现实的个人"的对象性活动的合理展开来推进社会的全面进步，同样要靠这种贯通"主体—客体"维度的对象性活动。人直接地是自然存在物，只有改变自然环境和社会环境才能使人实现自由自觉的发展。或者说，"既然是环境造就人，那就必须以合乎人性的方式去造就环境"[2]。生产实践在实现"环境的改变"的同时，也促进着人的"自我改变"，而人的活动之"自我改变"正是通过社会化交往活动集中体现出来的。所以说，"环境的改变和人的活动或自我改变的一致，只能被看做是并合理地理解为革命的实践"[3]。

从这一意义上讲，广义交往实践恰恰表达了"革命的实践"的内在规定性，也为实现"现实的个人"的本质力量的自我确证，以及人类理

---

① 《马克思恩格斯文集》第 1 卷，人民出版社 2009 年版，第 500 页。
② 同上书，第 335 页。
③ 同上书，第 500 页。

想社会的此岸确证提供现实性和可靠力量。也就是说，生产实践决定着人类社会发展的客体维度，而交往实践关涉着人类社会发展的主体维度，"只有把社会关系归结于生产关系，把生产关系归结于生产力的水平，才能有可靠的根据把社会形态的发展看做自然历史过程"①。广义交往实践内蕴着"主体—客体"维度的历史统一，以整体实践将生产力、生产关系、社会关系、社会形态的动态变革统一起来，集中体现了人类社会发展的总体态势以及"现实的个人"自由和全面发展的历史进度。

二　交往实践确证人类生存和发展的现实基础

"现实的个人"的全部社会生活在本质上是实践的。自由自觉的对象性活动（即作为能动的实践）也是人的类本质之一，"人的本质是人的真正的社会联系，所以人在积极实现自己本质的过程中创造、生产人的社会联系、社会本质，而社会本质不是一种同单个人相对立的抽象的一般的力量，而是每一个单个人的本质，是他自己的活动，他自己的生活，他自己的享受，他自己的财富"②。马克思恩格斯在《德意志意识形态》中明确指出："生命的生产，无论是通过劳动而生产自己的生命，还是通过生育而生产他人的生命，就立即表现为双重关系：一方面是自然关系，另一方面是社会关系。"③ 可见，交往实践不仅是指人们改造客体的感性活动，同时也是主体间以物质关系和社会关系为纽带的对象性活动。

如果说"历史不过是追求着自己目的的人的活动而已"④，那么"整个历史也无非是人类本性的不断改变而已"⑤。"现实的个人"如何存在，如何实现发展，不仅要"以合乎人性的方式去造就环境"和"改变世界"，也要以"革命的实践"来调适"自己思维的现实性和力量"，进而实现共产主义之"人向自身、也就是向社会的即合乎人性的人的复归"⑥。由此而言，广义交往实践是基于"现实的个人"的本质力量的创造性的

---

① 《列宁选集》第 1 卷，人民出版社 2012 年版，第 8—9 页。
② 《马克思恩格斯全集》第 42 卷，人民出版社 1979 年版，第 24 页。
③ 《马克思恩格斯文集》第 1 卷，人民出版社 2009 年版，第 532 页。
④ 同上书，第 295 页。
⑤ 同上书，第 632 页。
⑥ 同上书，第 185 页。

物质活动，既有"唯物主义"的因素，也有"唯心主义"的因素，既有"自然主义"的要素，也有"人道主义"的要素。马克思在《1844年经济学哲学手稿》中指出："我们在这里看到，彻底的自然主义或人道主义，既不同于唯心主义，也不同于唯物主义，同时又是把这二者结合起来的真理。"① 这种"真理"就是把"自然关系"与"社会关系"有机统一起来的"新实践观"。基于这一维度的交往实践，为我们从"现实性"上理解"现实的个人"的生存和发展，提供了实践根基及其如何辩证展开的对象化平台。

三 交往实践厘清人类对象性活动的主客体维度

马克思交往实践观蕴含的实践辩证法，为超越和扬弃诸多"异化行为"提供了一种动态的整体的实践范式。人直接地是自然存在物，同时又是作为"人化自然"的产物，人因此而成为联结"自然"与"人化自然"的中介环节，是实现"环境改变"与"自我改变"的主体力量。马克思在《政治经济学批判（1857—1858年手稿）》中指出："自然界没有造出任何机器，没有造出机车、铁路、电报，自动走锭精纺机等。它们是人的产业劳动的产物，是转化为人的意志驾驭自然界的器官或者说在自然界实现人的意志的器官的自然物质。"② 也就是说，自然界所提供的诸要素只是构成人们对象性活动的"器官"或"器官的自然物质"。技术是人们在与自然界进行"能量变换"活动中改造自然事物的主体力量，在本质上是人性之"主体力量"与物性"客体力量"的有机统一。

广义交往实践观在逻辑上包含着"主体—客体"和"主体—主体"的实践模式，在历史唯物主义辩证法中形成"主体—客体—主体"的实践结构。在关系维度上，广义交往实践观既包括主体与客体之间的对象化关系，也包括与这一关系"共在"的主体与主体之间的对象化关系，是物质生产实践与社会交往实践的辩证统一。

广义交往实践观作为整体实践，理清了人类对象性活动的主客体维度。一是通过"现实的个人"对象化与自我确证的辩证实践，实现人与

① 《马克思恩格斯文集》第1卷，人民出版社2009年版，第209页。
② 《马克思恩格斯文集》第8卷，人民出版社2009年版，第197—198页。

自然之间"物质变换"和"动态和谐"。二是通过人与人之间借助于语言与对话的辩证实践，实现人与人之间的"能量互动"和"动态和谐"。三是通过"现实的个人"生产与交往的辩证实践，实现人的发展与社会发展的"协同共进"和"整体和谐"。在人与自然、人与人、人与社会之间借助"主体—客体—主体"的价值视界和辩证逻辑，不断促进"现实的个人"主体力量的生成和自我实现。就其方法论意义而言，马克思交往实践观以"主体—客体—主体"的新型范式形成良性互动的对话机制和交往机制，在利益矛盾变迁中实现多元主体之间交互性的自我确证和全面发展。这对于在现代性生成的时空境遇中，治理全球生态危机、建立共享型经济模式、建构协商型民主机制、优化现代教育模式、共建人类命运共同体等具有重要的方法论意义。

第 五 章

科学共产主义出场的整体实践确证

本章导读

科学共产主义的时代出场是以"人"为中心而展开的整体实践和多维确证。物质生活的生产方式制约着整个社会生活、政治生活、精神生活的敞开过程。广义交往实践作为整体实践，为确证"现实的个人"的多维度辩证存在提供了现实基础，由"两大实践"支撑的"四大生活"是"现实的个人"多维存在的现实载体。实现人的自由和全面发展，就是让"现实的个人"作为"完整的人"，并以全面的方式——"两大实践"的交互发展来占有其"本质"和"生活"。二者在辩证实践中推动"现实的个人"的主体生成和社会全面进步，进而把科学共产主义价值在场的"三重维度"动态地融入其中。

科学共产主义的价值在场是通过变革的整体实践来确证的。马克思交往思想蕴含的整体实践及其辩证法，为科学共产主义的时代出场提供了一种现实的价值尺度和方法维度。一是"两大实践"所支撑的"四大生活"在多重维度上确证了"现实的个人"作为"一个完整的人"，二是"主体—客体—主体"交往实践辩证法使"现实的个人"在多维度对象性活动中以"全面的方式"辩证展开。"现实的个人"通过整体实践把科学共产主义的"三个维度"动态地体现在时代场域的实践确证中。

第一节　整体实践与"四大生活"的有机生成

实现人的自由和全面发展，就是通过人并且为了人，进而对人的本质力量及其感性生活的真正占有，即"以一种全面的方式，就是说，作为一个完整的人，占有自己的全面的本质"①。马克思在这里所说的"人"，是从事一定物质生产活动和社会交往活动的"现实的个人"。实现人的自由和全面发展，归根结底，是立足于"现实的个人"，依靠"现实的个人"，为了"现实的个人"的逻辑展开和多维确证。那么，"现实的个人"如何在"现实性"（"此岸性"）上作为"一个完整的人"，进而以"一种全面的方式"占有其"本质"和"生活"呢？

马克思在《〈政治经济学批判〉序言》中阐释历史唯物主义基本原理时集中指出：

> 人们在自己生活的社会生产中发生一定的、必然的、不以他们的意志为转移的关系，即同他们的物质生产力的一定发展阶段相适应的生产关系。这些生产关系的总和构成社会的经济结构，即有法律的和政治的上层建筑竖立其上并有一定的社会意识形式与之相适应的现实基础。物质生活的生产方式制约着整个社会生活、政治生活和精神生活的过程。②

马克思关于历史唯物主义原理的"经典阐释"，既是对人类社会历史发展规律的科学揭示，同时也是对作为历史主体的"现实的个人"在物质生产和社会交往活动中的逻辑确证。"只要'人'不是以经验的人为基础，那么他始终是一个虚幻的形象"③，"现实的个人"正是作为"经验

---

① 《马克思恩格斯文集》第1卷，人民出版社2009年版，第189页。
② 《马克思恩格斯文集》第2卷，人民出版社2009年版，第591页。
③ 《马克思恩格斯文集》第10卷，人民出版社2009年版，第25页。

的、有血有肉的个人"①，在物质生活、社会生活、政治生活、精神生活的自我确证中，使其成为"一个完整的人"，对这些感性"生活"的占有，也就是对"现实的个人"的本质——"一切社会关系的总和"的占有。"两大实践"之上的"四大生活"是"现实的个人"存在的现实基础，也是体现其自由和全面发展的现实载体。

一　整体实践与物质生活的生成

物质生产活动，即一般意义上的"劳动"，是"现实的个人"生存和发展的第一个历史活动。毋庸置疑，人的生存是第一位的，"当人们还不能使自己的吃喝住穿在质和量方面得到充分保证的时候，人们就根本不能获得解放"②。实现人的解放，并不仅仅意味着能够生存，更是意味着有尊严地生存和自由自觉地生活，而物质生活则是如此"生存"和"生活"的基本前提。马克思恩格斯在《德意志意识形态》中指出：

> 我们首先应当确定一切人类生存的第一个前提，也就是一切历史的第一个前提，这个前提是：人们为了能够"创造历史"，必须能够生活。但是为了生活，首先就需要吃喝住穿以及其他一些东西。因此第一个历史活动就是生产满足这些需要的资料，即生产物质生活本身，而且，这是人们从几千年前直到今天单是为了维持生活就必须每日每时从事的历史活动，是一切历史的基本条件。③
>
> 在极端贫困的情况下，必须重新开始争取必需品的斗争，全部陈腐污浊的东西又要死灰复燃。④

马克思在此清晰地阐明了"吃喝住穿"等物质生活以及生产满足这些物质生活资料对于人类生存和发展的重要性。为了满足这些生活需要，

---

① 《马克思恩格斯文集》第 10 卷，人民出版社 2009 年版，第 25 页。
② 《马克思恩格斯文集》第 1 卷，人民出版社 2009 年版，第 527 页。
③ 同上书，第 531 页。
④ 同上书，第 538 页。

人们不得不在既定的历史条件下进行生产劳动，从中进行多维度的自我实现和自我确证。马克思在《雇佣劳动与资本》中指出："人们在生产中不仅仅影响自然界，而且也互相影响。他们只有以一定的方式共同活动和互相交换其活动，才能进行生产。为了进行生产，人们相互之间便发生一定的联系和关系；只有在这些社会联系和社会关系的范围内，才会有他们对自然的影响，才会有生产。"① 这在整体实践视野中表现为人与自然界之间"能量变换"的对象性活动，即生产实践。这其中也内含着人与人之间"能量互动"和"信息互通"的对象性活动，即交往实践。生产实践与交往实践共同构成人类生存和发展的现实基础，并集中表明人们是在物质生产实践的基础上，通过社会交往实践来实现和确证其物质生活的。

如果说物质资料的生产活动是人类社会存在和发展的第一个前提，那么，由物质生产实践所支撑的"物质生活"，则是人类生存和发展的现实前提。离开物质生产和物质生活来谈人的本质抑或人的发展，无疑是镜中花、水中月。青年马克思正是在对"物质利益"以及物质生产活动的深入考察中，扬弃了德国古典哲学关于"人"的诸多诠释，即在把人类的"物质生活"看作"感性对象"的同时，也辩证地看到了"物质生活"背后的生产实践这一"感性活动"的有力支撑，进而把"现实的个人"作为历史唯物主义之人学理论的逻辑起点。马克思对此集中指出，"现实的个人"是指在一定历史条件下"从事活动的、进行物质生产"②的人，"不是处在某种虚幻的离群索居和固定不变状态中的人，而是处在现实的、可以通过经验观察到的、在一定条件下进行的发展过程中的人"③。在此，可以肯定的是，马克思在《关于费尔巴哈的提纲》中指出的"人的本质论"——"人的本质不是单个人所固有的抽象物，在其现实性上，它是一切社会关系的总和"④ ——当然包括"现实的个人"在生产实践和交往实践中形成的感性的物质生活及其多维对象化关系。

① 《马克思恩格斯文集》第 1 卷，人民出版社 2009 年版，第 724 页。
② 同上书，第 524 页。
③ 同上书，第 525 页。
④ 同上书，第 501 页。

生产实践和物质生活是"现实的个人"存在和发展的现实基础，同时也是人类社会演进和发展的物质力量。"人们生产自己的生活资料，同时间接地生产着自己的物质生活本身。"① 一方面，生产实践和物质生活从现实上确证了"现实的个人"的生存和发展的前提，表现为"人"以什么样的方式存在。适如"个人是什么样的，这取决于他们进行生产的物质条件"——"他们是什么样的，这同他们的生产是一致的——既和他们生产什么一致，又和他们怎样生产一致"②。另一方面，生产实践以及物质生活的多维确证是推动社会发展的基础力量。人类社会形态的演进和发展都是在既有的物质生活基础上进行的，生产力与生产关系的矛盾运动推动着整个社会的经济基础与上层建筑的矛盾运动。所以说，人类社会发展同他们的生产实践是一致的——既同他们生产实践如何展开相一致，又与他们的物质生活相一致。

正因为如此，物质生活资料的极大丰富是通向科学共产主义的基本前提条件，"解放和发展生产力"也因此而确立为作为共产主义初级阶段之社会主义初级阶段的本质要求和题中之义。

二 整体实践与社会生活的生成

人之所以不同于一般动物，根本上在于人具有自由自觉的能动性和社会性。马克思在《资本论》第一卷关于"协作"的论述中指出："这是因为人即使不像亚里士多德所说的那样，天生是政治动物，无论如何也天生是社会动物。"③ 这与马克思在《关于费尔巴哈的提纲》中关于人的本质的致思理路——"人的本质不是单个人所固有的抽象物，在其现实性上，它是一切社会关系的总和"④ 之判定，又是何等的一致！

"现实的个人"对其本质力量的多维确证，就是在现实的物质生产实践和社会交往实践中生成的。这里的"社会生活"是指与物质生活、政治生活相对应的狭义的社会生活。由交往实践支撑的"社会生活"正是

---

① 《马克思恩格斯文集》第 1 卷，人民出版社 2009 年版，第 519 页。
② 同上书，第 520 页。
③ 《马克思恩格斯文集》第 5 卷，人民出版社 2009 年版，第 379 页。
④ 《马克思恩格斯文集》第 1 卷，人民出版社 2009 年版，第 501 页。

构成判定人的本质之"社会关系总和"的重要部分和有机内容。我们说，生产实践和物质生活固然重要，但并不是说人类的存在和发展仅仅有物质生活就足够了。物质资料的生产活动主要表征为人与自然界之间的对象化关系，但归根结底，还是人与人之间的对象化关系。也正是有了人与人之间的对象性活动，自然界才成为有机的"人化自然"，人类社会与社会人类成为真正意义的"同源有机体"。以此观之，人是什么样的，"同他们的生产是一致的——既和他们生产什么一致，又和他们怎样生产一致"①。这其中的另一层蕴意就是，人是怎么样的，既与他们的生产是一致的，也同他们的交往是一致的——既和他们进行什么交往相一致，又和他们怎样交往相一致。进而言之，人类社会的发展程度如何，既与他们的社会生活相一致，又和他们的交往实践相一致。

交往实践及其所支撑的"社会生活"是理解人类如何存在、社会如何发展的现实基础。马克思在《关于费尔巴哈的提纲》中明确指出："全部社会生活在本质上是实践的。凡是把理论引向神秘主义的神秘东西，都能在人的实践中以及对这种实践的理解中得到合理的解决。"② 这句话意在指出：判断一个人的本质，分析一种社会现象，理解人类社会发展的规律，都应当从既有的感性的"社会生活"中去具体分析，尤其是要从支撑"社会生活"的交往实践的具体境况中予以具体分析。如马克思在《〈政治经济学批判〉序言》中的经典表述："我们判断一个人不能以他对自己的看法为根据，同样，我们判断这样一个变革时代也不能以它的意识为根据；相反，这个意识必须从物质生活的矛盾中，从社会生产力和生产关系之间的现存冲突中去解释。"③ 交往实践也就成为理解人们社会生活和社会关系的核心枢纽，也是辩证地判定人的本质和认知社会规律的核心抓手。

交往实践和"社会生活"是在现实性上确证着"现实的个人"多维度辩证存在的现实载体，也是实现人的自由和全面发展的核心抓手。科学共产主义之所以作为对资本主义社会的"积极扬弃"，而不是"全盘否

---

① 《马克思恩格斯文集》第 1 卷，人民出版社 2009 年版，第 520 页。
② 同上书，第 501 页。
③ 《马克思恩格斯文集》第 2 卷，人民出版社 2009 年版，第 592 页。

定"。其中原因在于：一方面，资本主义生产方式通过对社会生产要素的高效整合，极大地促进了社会生产力的解放和发展——"资本唤起科学和自然界的一切力量，同样也唤起社会结合和社会交往的一切力量"①。资产阶级因而可以"在它的不到一百年的阶级统治中所创造的生产力，比过去一切世代创造的全部生产力还要多，还要大"②。与此同时，曾作为革命性的"资产阶级抹去了一切向来受人尊崇和令人敬畏的职业的神圣光环"③，尤其是把束缚在人身上的诸多身份性因素和符号统统剥离掉，使"资产阶级在它已经取得了统治的地方把一切封建的、宗法的和田园诗般的关系都破坏了。它无情地斩断了把人们束缚于天然尊长的形形色色的封建羁绊"④。这是马克思对资产阶级以及资本主义社会的肯定性评价。另一方面，资本主义生产方式所需要的生产关系的"物役性"消解着人的主体性，以物与物之间的"物化"关系掩盖了人与人之间的"人本"关系，进而使"人不成其为人"，具体表现为商品拜物教、货币拜物教、资本拜物教。在"资本逻辑"主导的"物化"境遇中，"金钱是人的劳动和人的存在的同人相异化的本质；这种异己的本质统治了人，而人则向它顶礼膜拜"⑤。资本主义社会固有的基本矛盾——生产的社会化与生产资料的私人占有之间的矛盾——决定了资产阶级曾有的"革命性"蜕变为"保守性"，最终将不可避免地沦为自己的"掘墓人"。

整体而言，物质生活与社会生活的多维展开离不开生产实践和交往实践。一是物质生活资料的生产、社会生活的形成离不开生产实践与交往实践的交互作用。二是物质生活和社会生活领域中的异化现象，归根结底，是人们在对象性活动中的"交往异化"——人与人之间交往关系的不合理化的逻辑展开和外化。因此，要扬弃这其中的"异化"，归根结底取决于"现实的个人"在物质生产实践中的交往实践合理化，即实现人与人之间对象性活动及其对象化关系的质性提升。

---

① 《马克思恩格斯文集》第8卷，人民出版社2009年版，第197页。
② 《马克思恩格斯文集》第2卷，人民出版社2009年版，第36页。
③ 同上书，第34页。
④ 同上书，第33—34页。
⑤ 《马克思恩格斯文集》第1卷，人民出版社2009年版，第52页。

三　整体实践与政治生活的展开

"现实的个人"是社会性的人，因为离不开必要的公共生活。亚里士多德在《政治学》中指出："城邦的长成出于人类'生活'的发展，而实际的存在却是为了'优良的生活'"，"城邦出于自然的演化，而人类自然是趋向于城邦生活的动物"①，即过必要的政治生活是作为城邦公民的基本要求和权利。"现实的个人"的本质规定作为"一切社会关系的总和"，这其中同样包含着多维度的公共活动及其社会政治关系。

作为一种历史现象的国家和政治的产生，决定着人类的生存和发展离不开必要的政治共同体中的公共生活。马克思在《论犹太人问题》中指出，"在政治国家真正形成的地方，人不仅在思想中，在意识中，而且在现实中，在生活中，都过着双重的生活——天国的生活和尘世的生活"②。这既是人类生存的内在需要，也是实现其自我发展的必由之路。其中的核心秘密，就是利益的二重性矛盾。我们说，"需要"是人的"本质属性"之一，它构成利益的主观基础，而利益是"需要"的社会形态。利益是在一定生产基础上获得社会内容和特性的"需要"。它反映着一定历史阶段上人们的生产能力和生产力发展水平以及人与人之间的社会关系。一般而言，利益二重性矛盾是人类社会利益关系的基本矛盾，表现为利益实现要求的主体性与实现途径的社会性之间的矛盾；利益形式的主观性与利益内容的客观性之间的矛盾；利益的目标性与手段性之间的矛盾；利益的具体有限性与利益发展无限性之间的矛盾。

"现实的个人"的生存和发展同样是建立在现实生活之上的，现实生活的具体展开本身就是利益的社会互动和变换过程。"现实的个人"的生理需要、社会需要、精神需要等，是在既定的历史条件下通过生产实践和交往实践的互动来实现的。同时，这些"需要"亦是在既定的生产实践和交往实践中不断丰富和发展的。制约着人们需要与满足的因素是多方面的，如个体自身的禀赋和能力、社会生产力发展水平、社会关系和社会制度安排等，都集中体现在社会基本矛盾的运行中。人类历史发展

① ［古希腊］亚里士多德：《政治学》，吴寿彭译，商务印书馆1965年版，第7页。
② 《马克思恩格斯文集》第1卷，人民出版社2009年版，第30页。

的基本矛盾关系是生产力与生产关系、经济基础与上层建筑之间的辩证关系。在物质生产与社会交往中形成的社会关系及其经济地位直接决定着"现实的个人"的生存和发展状况。在这些因素中，尽管经济基础在根本上决定着上层建筑，即所谓"经济决定政治"，但并不否认，一定历史阶段的上层建筑对经济基础的"反作用"也往往是巨大的，甚至是"决定性"的。这一点在以往的阶级社会里集中表现为"行政权支配社会"①。这也就意味着：在通往科学共产主义的过程中，国家机器演变为社会公共组织，国家的统治职能演变为社会性的公共服务职能需要一个漫长的历史过程，这其中的政治现象依然存在。由此而言，实现人的自由发展和社会的全面进步，在现实性上，需要每个人参与必要的公共活动并享有有尊严的幸福生活。

毋庸置疑，良好的政治生活是建立在物质生活和社会生活的基础上的。人们只有在良好地享有或占有必要的物质生活和社会生活的基础上，方能更好地展开相应的政治生活。建设和发展社会主义民主政治，同样也离不开优良的物质生活和社会生活这一基础。这正是邓小平把"解放生产力，发展生产力，消灭剥削，消除两极分化，最终达到共同富裕"②作为社会主义本质的理论基础。解放和发展社会生产力，是为了促进物质生产，实现丰裕的物质生活，以培育更高的公民素质和理性的政治参与能力。消灭剥削、消除两极分化，是为了确保社会物质财富能使"每个人自由享有"作为其他"一切人充分享有"的前提，旨在建构良好的公共秩序与和谐的社会关系，以保证每个人切实享有民主权利。

整体而言，"现实的个人"的政治生活的形成，不但依赖于物质生活和社会生活，而且在根本上取决于"现实的个人"在物质生产实践和社会交往实践中的积极作为。譬如在政治交往活动中，人们通过民主管理、民主决策、参政议政、民主监督来增强其民主意识和责任意识。同样，社会成员在政治参与和利益表达的过程中培养了其自主能力，同时也确证了作为国家"主人翁"的内在价值和社会意义。

---

① 《马克思恩格斯文集》第 2 卷，人民出版社 2009 年版，第 567 页。
② 《邓小平文选》第 3 卷，人民出版社 1993 年版，第 373 页。

四 整体实践与精神生活的展开

人活着是需要精神的，也恰恰是因为其独有的"精神性"而使其自视配得上高贵的东西。人之所以作为一种高级动物，就在于人具有自我意识，即以其很强的思辨能力来论证其行为的正当性，并建构其生命的意义和价值。从这个意义上说，人除了是天生的"政治"的动物以外，还是一种"意识形态"的动物。人们在生产着自己物质生活的同时，还生产着自己的观念世界和精神生活，即思想观念。马克思曾"无奈地"指出："'精神'从一开始就很倒霉，受到物质的'纠缠'"[①]，精神与物质在社会实践中实现统一。就精神本身而言，也有其多样态的存在形式和展开方式，马克思曾在《评普鲁士最近的书报检查令》中批判精神的"唯一必然"之"独断"与"偏见"时指出：

> 你们赞美大自然悦人心目的千变万化和无穷无尽的丰富宝藏，你们并不要求玫瑰花和紫罗兰散发出同样的芳香，但你们为什么却要求世界上最丰富的东西——精神只能有一种存在形式呢？[②]

马克思的全面生产理论也阐明：人类的生产不仅仅是物质生活资料的生产，而是全面的生产，具体包括物质生活资料的生产、人的生产和精神生产。其核心是人的社会生活和社会关系的生产与再生产。对此，马克思在《1844年经济学哲学手稿》中明确指出：

> 动物的生产是片面的，而人的生产是全面的；动物只是在直接的肉体需要的支配下生产，而人甚至不受肉体需要的影响也进行生产，并且只有不受这种需要的影响才进行真正的生产；动物只生产自身，而人再生产整个自然界；动物的产品直接属

---

① 《马克思恩格斯文集》第1卷，人民出版社2009年版，第533页。
② 《马克思恩格斯全集》第1卷，人民出版社1956年版，第7页。

于它的肉体，而人则自由地面对自己的产品。①

　　马克思恩格斯在《德意志意识形态》中所提到的"生活的生产"，就包括物质生活资料的生产和人的生产，前者集中表征着人的"自然关系"，后者集中表征着人的"社会关系"。与此同时，也在不同的语境中把"两种生产"阐释为物质资料的生产和精神生产。恩格斯在《家庭、私有制和国家的起源》第一版"序言"中继承了马克思关于"生活的生产"的表述，进一步阐释为"生活资料即食物、衣服、住房以及为此所必需的工具的生产"和"人自身的生产，即种的繁衍"②。一般而言，理论界把"全面生产"的内容概括为如下四个方面：一是物质生活资料的生产，即"物质生产"；二是人的生产，即人的生育或种的繁衍；三是精神生产；四是社会关系的生产。③ 在这"四种生产"当中，物质生产和人的生产是奠基性的生产形式，社会关系的生产居于"中间层面"，而精神生产是居于最高层面的生产方式。在马克思看来，"支配着物质生产资料的阶级，同时也支配着精神生产资料"④。精神生产与物质生产有着天然的内在一致性，同时也存在着相对独立性的一面。相应地，在社会关系的生产与精神生产的关系上，前者依然对后者起着决定性的作用。

　　精神生活或思想观念的生产有两个"基本层面"，即"'现存实践的意识'的生产和人们有意识地进行的精神生活资料和观念体系的创造"⑤。前者是人们在物质生产活动与社会交往过程中自发产生的意识，是一种初级的、自在的具有滞后性质的直接意识。这种意识的产生和发展与人们的物质生产和社会交往方式相一致，直接反映着人们的物质生产方式和社会交往生活的工艺技术和审美情趣。当然，专门性的"精神生产"较之于前者具有更大的独立性和系统性，主要是指人们在一定的物质条件下，以语言符号、逻辑规则、艺术创造方法和技巧作为手段，在既有的思想和素材的基础上，有意识地进行科学、文艺等创造活动。

---

① 《马克思恩格斯文集》第1卷，人民出版社2009年版，第162—163页。

② 《马克思恩格斯文集》第4卷，人民出版社2009年版，第15—16页。

③ 参见俞吾金《重新理解马克思》，北京师范大学出版社2005年版，第382—387页。

④ 《马克思恩格斯文集》第1卷，人民出版社2009年版，第550页。

⑤ 孙伯鍨、张一兵：《走进马克思》，江苏人民出版社2001年版，第195页。

不管是现存实践意识的生产，还是专门的精神生产活动，都是在既定历史条件下的生产实践与交往实践交互作用的产物。其中包括交往实践中的社会分工与精神生产的关系，"分工只是从物质劳动和精神劳动分离的时候起才真正成为分工。从这时候起意识才能现实地想象：它是和现存实践的意识不同的某种东西；它不用想象某种现实的东西就能现实地想象某种东西。从这时候起，意识才能摆脱世界而去构造'纯粹的'理论、神学、哲学、道德等等"①。马克思恩格斯在《共产党宣言》中明确指出："人们的观念、观点和概念，一句话，人们的意识，随着人们的生活条件、人们的社会关系、人们社会存在的改变而改变。"② 这就从全面生产的序列判定上，充分论证社会存在决定社会意识，而不是相反。

精神生产在阶级社会中具有明显的意识形态性，统治阶级的意识是在一定的社会中占据统治地位的观念体系，为了让被统治阶级认同这种意识并形成自觉的行为，统治阶级往往把体现其利益诉求的阶级意识提升为普遍的理论化的社会意识。尽管说人们对象性活动的展开要受到既定的观念形态和思想意识的影响，但从基本生成逻辑上看，人们是自己观念和思想的生产者，"思想、观念、意识的生产最初是直接与人们的物质活动，与人们的物质交往，与现实生活的语言交织在一起的。人们的想象、思维、精神交往在这里还是人们物质行动的直接产物"③。也就是说，只有"始终站在现实历史的基础上，不是从观念出发来解释实践，而是从物质实践出发来解释各种观念形态"④。唯其如此，才能科学地判别一定的精神产品和社会意识的现实根源和历史本质。正因为"意识 [das Bewuβtsein] 在任何时候都只能是被意识到了的存在 [das bewuβt Sein]，而人们的存在就是他们的现实生活过程"⑤，我们认知和解读一定历史片段中的精神现象，进行既定历史和时代条件下的精神生产，必须把这"四大生产"有机统一起来，置于"整体实践"及其总体性的社会

①　《马克思恩格斯文集》第 1 卷，人民出版社 2009 年版，第 534 页。
②　《马克思恩格斯文集》第 2 卷，人民出版社 2009 年版，第 50—51 页。
③　《马克思恩格斯文集》第 1 卷，人民出版社 2009 年版，第 524 页。
④　同上书，第 544 页。
⑤　同上书，第 525 页。

关系中予以具体考察。

　　"现实的个人"的多维度辩证存在，既是在如上"两大实践"中确立和展开的，也是在这"四种生产"的互动关系中实现其自由和全面发展的。也可以说，人的本质"在其现实性上"是"一切社会关系的总和"，物质生产和社会关系的生产给"精神生产"打上时代烙印的同时，精神生产的相对独立性反过来也对物质生产、人自身的生产、社会关系的生产附带上自己的"影子"。精神生产为科学技术的发展、社会生产力的发展、文明的传播和交流提供了必要动力和思想引领，同时也是实现人的自由的全面发展的必要载体和显著标志。在科学共产主义时代出场中的精神生产，与以往阶级社会相比具有了新的特质——旨在创造良好的精神生活，为促进社会生产力发展、社会的文明进步、个人的自由和全面发展提供相应的智力支持和精神动力。

　　综上所述，"现实的个人"正是在创造并享有物质生活和社会生活的基础上展开其政治生活和精神生活。政治生活（公域）的内容直接根源于此，并反映在支撑它的生产实践和交往实践当中。精神生活（私域）的展开同样离不开物质生活和社会生活的现实基础。科学共产主义的价值在场和时代出场，集中体现为"现实的个人"在生产实践与交往实践交互确证的基础上，"以全面的方式"实现对其"感性的"物质生活、社会生活、政治生活、精神生活的自觉性创造和动态性占有。

第二节　交往实践辩证法与对象性活动的辩证展开

　　马克思交往实践思想为科学共产主义"三个维度"的此岸确证提供了现实基础。整体实践所内蕴的交往实践辩证法，为超越和扬弃"交往异化"，实现对象性活动及其对象化关系的辩证展开提供实践智慧，进而在促进交往实践合理化中逐步实现人的自由发展和社会的全面进步。

一　交往的异化：人的主体性的辩证否定

　　正如"整个历史也无非是人类本性的不断改变而已"[①] 一样，异化与

----

① 《马克思恩格斯文集》第 1 卷，人民出版社 2009 年版，第 632 页。

异化的扬弃，都是以"人"为中轴而生发的，那么，对于"交往异化"的扬弃，同样需要对"人"的主体性的辩证否定和实践自觉。一般而言，"主体性"是人类在主客体对象性活动中表现出来的自主性、能动性、创造性，"主体性"的启蒙和觉解是人类走向成熟和社会文明的标志。交往的异化是通过"人的异化"及其对象化的社会关系表现出来的。首先，"人的异化，一般地说，人对自身的任何关系，只有通过人对他人的关系才能得到实现和表现"[1]。其次，"在实践的、现实的世界中，自我异化只有通过对他人的实践的、现实的关系才能表现出来"[2]。于此而言，人的"主体性"的片面发展或单向度勃兴，则会导致人与人、人与自然、人与社会之间多维度对象化关系的异化。

> 从工业文明的发展来看，个人主体性一方面促进了科学的发展，增强了人类征服自然的能力，推进了文明的发展和现代化的进程；另一方面又带来了负面的后果，特别是主体与客体的分离，人与自然的分离、人与社会的分离、人与自身的疏离和异化，最终导致人对自然的无限制宰割和大自然的报复，出现了环境恶化和生态危机；导致了国家的霸权、混乱以及人与人之间的信任危机；导致了技术理性和价值理性的失衡，出现了单向度的人。[3]

正是工具理性主义的膨胀和人类主体性的凸显所产生的负面效应，呼唤出西方的"主体间性"（inter – subjectivity）哲学，旨在将人与人、人与自然、人与自身的对立和悖反，再度"弥合"起来。如前文所述，它作为现象学、解释学、存在主义、后现代主义哲学的重要范畴，是对近代主体性哲学的"二分思维方式"的扬弃和革新。需要强调的是，哈贝马斯的交往行动理论，以"语言"为交往行动的"桥梁"，在社会化的基础上阐发"主体间性"，致力于主体与主体之间共享社会生活和实践的

---

[1] 《马克思恩格斯文集》第 1 卷，人民出版社 2009 年版，第 164 页。

[2] 同上书，第 165 页。

[3] 参见冯建军《主体间性与教育交往》，《高等教育研究》2001 年第 6 期。

经验，拥有相互交流和"理解"的平台，使得合理化交往作为一种新型的生存方式来克服和超越现代性危机。然而，不容忽视的是，基于主体间性的哲学范式本身也存在一定的理论缺陷。这主要是对人类对象性活动所依赖的客体"底板"的忽视和抽离，尤其是没有把这种交往活动建基在历史唯物主义之整体实践的根基上，因而具有理论上的"不彻底性"和实践上的"虚幻性"。

马克思交往实践观在逻辑上统一于历史唯物主义的"新世界观"，是将三者统一起来的理论范式，即作为历史主体和交往主体的"现实的个人"，作为物质生产与社会交往辩证统一的整体实践范畴，作为物质生活、社会生活、政治生活、精神生活的现实载体。借此，在现实性上确证"现实的个人"存在和发展的物质实践基础——"两大实践"，生成"现实的个人"存在和发展的现实生活载体——"四大生活"，厘清"现实的个人"对象化和自我确证的和谐机制——"主体—客体—主体"的实践辩证法，进而对人的"主体性"进行了辩证否定，为现代性境遇下超越和扬弃多重"交往异化"，重塑了朝向人类命运共同体的历史主体。

二 异化的扬弃：自由自觉活动的辩证展开

一般而言，"对象化"是一个中性意义的范畴，因而在具体的实践指向上具有"两重性"。扬弃"异化"是对"对象化"展开的维度的正向调适。正如"异化借以实现的手段本身就是实践的"① 一样，异化的扬弃，终究要靠自由自觉的辩证实践来实现。也就是说，现实中的"异化"是可以"扬弃"的，而作为"对象化这种现象事实上是不可能从人类社会生活中消除的"②。科学共产主义的出场作为一个动态的变革的现实运

---

① 《马克思恩格斯文集》第 1 卷，人民出版社 2009 年版，第 165 页。

② 卢卡奇在初版的《历史与阶级意识》中并没有意识到"对象化"的"两重性"，后来在"新版序言"（1967）中补充了这一认识："对象化就是一种中性现象；真和假、自由与奴役都同样是一种对象化。只有当社会中的对象化形式使人的本质与其存在相冲突的时候，只有当人的本性由于社会存在受到压抑、扭曲和残害的时候，我们才能谈到一种异化的客观社会关系，并且作为其必然的结果，谈到内在异化的所有主观表现。"参见［匈］卢卡奇《历史与阶级意识》，杜章智等译，商务印书馆 1999 年版，第 20 页。

动，旨在超越"似自然性"和"物役性"，实现从"必然王国"向"自由王国"的历史性跨越。整体实践观为实现对多维度"异化"的自我扬弃提供了一种过程视界，即广义交往实践贯通了人类"四大生活"范畴，"主体—客体—主体"实践辩证法理顺了人类主体与自然本位的内在逻辑，从整体上促进了人与自然、人与社会、人与自身之间的矛盾化解和动态和谐。

（一）人与自然的和谐：对象化与自我确证的辩证实践

"现实的个人"直接地是自然存在物，是既定社会历史境遇中的存在者。自然界是人类生存和发展的前提性基础，人类社会是人化的"自然界"与自然化的"人类"的历史统一。人与自然之间的冲突和张力是始终困扰人类对象性活动和多维度自我确证中的首要问题。长期以来，随着人类理性主义的不断凸显，一方面使得人的本质力量得到广泛而深刻的自我确证；另一方面也助长了"人类中心主义"的主体情结和理性狂妄，即一味地把自然界作为人类征服、改造、掠夺的对象，使人与自然之间的关系日趋紧张，全球性生态危机凸显危及着每一个"地球人"的生产和生活。

正如安东尼·吉登斯在《现代性的后果》一书中指出：

> 生态灾难的厄运虽不如严重军事冲突那么近，但是它可能造成的后果同样让人不寒而栗。各种长远而严重的不可逆转的环境破坏已经发生了，其中可能包括那些到目前为止我们尚未意识到的现象。①

从前文关于"异化劳动"之"四重逻辑"的分析可以看到：人与自然之间的异化，在根本上源自人与人之间的社会关系的异化或不合理性。当从"人的依赖关系"的社会形态走向"以物的依赖性为基础的人的独立性"的社会形态的过程中，人类借助理性的启蒙和科技的进步，前所未有地确证了自身的存在样态。然而，从商品拜物教、货币拜物教到资本拜物教，极大地刺激了人们在物质生产活动中对自然界的征服和攫取，

---

① ［英］安东尼·吉登斯：《现代性的后果》，田禾译，译林出版社2011年版，第151页。

主体性的"勃兴"片面地拓展了人类对象性活动中的"主体—客体"关系。当"主体—主体"关系在某种意义上"降格"为"主体—客体"关系或"物与物"的关系时，就会使人与人之间的交往关系走向深度异化或结构性异化。这就不可避免地使"现代的文明一方面闪烁着灿烂的华美和光辉，另一方面又隐藏着黑暗的贫困和罪恶"①。如同"人的一半是天使一半是野兽"一样，人类费尽周折所开创的生存境遇也是一半"华美"，一半"罪恶"。

人类将走向何处呢？在"现实的个人"的"整体实践"的视界中，人类社会是人与自然界的辩证的历史的统一。在逻辑关系上，人类是价值主体，然而在这一价值生成逻辑上是以自然界的客体性存在，以及其他人的客体性存在为前提的。这正是"因为人和自然界的实在性，即人对人来说作为自然界的存在以及自然界对人来说作为人的存在，已经成为实际的、可以通过感觉直观的"②。人类与自然界之间的"物质变换"，人与人之间的社会关系变换处于"共时性"的网络交往体系中，人类与自然界都是平等的主体性存在。整体实践观中内含的"主体—客体—主体"交往实践辩证法，为超越和扬弃"主体性危机"，以及后现代主义之"主体间性"把"客体底板"抽离的局限性，为人类对象性活动的辩证展开提供了必要的实践理性。

（二）人与人的和谐：语言与对话的辩证实践

马克思从来没有否认或轻视"语言"在人类历史发展中的重要地位。人们的交往活动总是借助于一定的"语言符号"来进行的，同时，语言和符号亦是人们在物质生产过程中基于情感交流、分工合作的"需要"而产生并不断发展的。语言范式或普遍语用学是哈贝马斯交往行动理论的基本范畴，是"重建"历史唯物主义的基本范式。他的贡献在于：把语言哲学运用到对资本主义社会的批判和建构中，凸显出"语言"和"对话"之于人们之间实现"有效沟通"和达成"相互理解"的重要地位，尤其是从微观层面上激活了历史唯物主义之"解释世界"和"改变世界"的生命力。

---

① ［日］幸德秋水：《社会主义神髓》，马采译，商务印书馆1963年版，第6页。
② 《马克思恩格斯文集》第1卷，人民出版社2009年版，第196页。

当然，语言及其对话中的"概念虚假性"需要在辩证的实践中予以扬弃，正如"自我异化的扬弃同自我异化走的是同一条道路"①一样，"扬弃的过程同时使得必须不断地同这种片面的、抽象性的和虚假的概念打交道"②，从而"在实践概念与理论之间建立起一种更清晰、更正确、更自然、更辩证的关系"③，旨在真实地表达作为社会交往主体的本质力量及其内在的真实需求。在马克思主义交往实践观的当代视野中，我们可以把历史唯物主义从宏观历史层面把握人类社会发展规律，与哈贝马斯从社会微观领域探析交往合理化的"积极因素"结合起来，通过"语言交流"和"协商对话"的合作性沟通机制，借助"主体—客体—主体"交往实践辩证法，可以有效化解人们社会交往中的诸多"认知分歧"和"利益冲突"。对于不可调和的利益冲突的问题，需要在基本面上进行"利益"和"立场"的矛盾分析。对于因认知差异和话语分歧而导致的"沟通理性"不足的问题，则需要通过"语言交流"和"协商对话"的合作性沟通机制来破解。这既是对以往过于拔高的"阶级斗争论"的辩证理解，也是科学共产主义在时代出场中构建和谐社会、和谐世界的"黄金法则"。

（三）人与社会的和谐：生产与交往的辩证实践

人类与自然界之间的矛盾，只有在人类对象化关系的合理化向度中才能得以有效化解与和解。马克思对此深刻地指出：

　　因为只有在社会中，自然界对人来说才是人与人联系的纽带，才是他为别人的存在和别人为他的存在，只有在社会中，自然界才是人自己的合乎人性的存在的基础，才是人的现实的生活要素。只有在社会中，人的自然的存在对他来说才是人的合乎人性的存在，并且自然界对他来说才成为人。因此，社会是人同自然界的完成了的本质的统一，是自然界的真正复活，

---

① 《马克思恩格斯文集》第1卷，人民出版社2009年版，第182页。
② ［匈］卢卡奇：《历史与阶级意识》，杜章智等译，商务印书馆1999年版，第46页。
③ 同上书，第29页。

是人的实现了的自然主义和自然界的实现了的人道主义。①

在生产与交往的交互作用和辩证实践中,"发展着自己的物质生产和物质交往的人们,在改变自己的这个现实的同时也改变着自己的思维和思维的产物"②。作为自由自觉的"现实的个人",拥有自视配得上高贵存在者的理性自觉,在化解"自我矛盾"的过程中调适人与人之间的不合理的对象化关系,在优化人与人之间的对象化关系的过程中实现"自我和谐"和"社会和谐"。

人们在彼此"生活世界"的对象性活动中认识自己和确证自己,同时也在认识他人和确证他人。正如"商品交换"一样,每个人都在自己的产品中,在他人对其产品的使用中确证了自己的存在,自己对他人的存在和他人对自己的存在。"在你享受或使用我的产品时,我直接享受到的是:既意识到我的劳动满足了人的需要,从而物化了人的本质,又创造了与另一个人的本质的需要相符合的物品。"③ 进而言之,"在我个人的生命表现中,我直接创造了你的生命表现,因而在我个人的活动中,我直接证实和实现了我的真正的本质,即我的人的本质,我的社会的本质"④。在马克思交往实践观视野中,人直接地是自然存在物,更是能动性的社会存在物,作为造就和贯通"人化自然"与"自然人化"的有机主体,因而是真正人类历史的"剧中人"和"剧作者"。"劳动为之服务和劳动产品供其享受的那个存在物,只能是人自身。"⑤ 这就是说,丰裕的物质生活为人的生存和发展提供必要的物质基础,良好的社会交往反过来为人们物质财富的再生产和合理共享,提供可持续而更合乎人性的"沟通理性",从而在更为扎实和鲜活的社会平台上奠定了人与社会和谐相处的根基。

---

① 《马克思恩格斯文集》第 1 卷,人民出版社 2009 年版,第 187 页。
② 同上书,第 525 页。
③ 《马克思恩格斯全集》第 42 卷,人民出版社 1979 年版,第 37 页。
④ 同上。
⑤ 《马克思恩格斯文集》第 1 卷,人民出版社 2009 年版,第 164—165 页。

三　理想的交往：真正的自由人的联合

科学共产主义是经典作家在批判资本主义生产方式和社会制度的基础上探索未来美好社会的发展指向。它是在积极扬弃资本主义私有制的过程中，使"现实的个人"，作为"一个完整的人"，并"以全面的方式"占有其本质和生活，意味着人与自然、人与人之间矛盾的真正和解。科学共产主义是在全面吸收包括资本主义在内的所有社会形态的"积极成果"之上开拓出来的。

资产阶级在创造出人类杰出的物质文明的同时，也由于资本主义生产方式之"资本逻辑"的增殖性导致人们交往关系的异化或物化，使"现实的个人"在摆脱"自然性压迫"的同时又牢牢戴上了"物役性"的枷锁——"我们本身的产物聚合为一种统治我们、不受我们控制、使我们的愿望不能实现并使我们的打算落空的物质力量"①。科学共产主义作为革命性的现实运动的旨趣，就是对资本主义中"物的力量"对"人"的压迫和奴役的"矫正"，是对那些包括"资本逻辑"在内的"异己力量"的重新"控制"和自觉"驾驭"。

> 随着私有制的消灭，随着对生产实现共产主义的调节以及这种调节所带来的人们对自己产品的异己关系的消灭，供求关系的威力也将消失，人们将使交换、生产及他们发生相互关系的方式重新受自己的支配。②

当然，要实现这一历史超越，单纯地以物质生产实践来超越资本主义的物役性（我们为自己创造出来的"物的力量"所驱使）以及在现代资本主义经济生活中现实发生的人的"主体性"的颠倒，是无济于事的。因为生产实践直接面对的是人与自然（物）之间的对象性活动，这本身属于社会生产力的范畴。资本主义生产方式对社会生产力的解放，对繁荣物质文明的历史性贡献，是科学共产主义应当合理汲取的部分要素。

---

① 《马克思恩格斯文集》第 1 卷，人民出版社 2009 年版，第 537 页。
② 同上书，第 539 页。

我们超越资本主义的"物役性"，从根本上要从资本主义生产关系（生产资料的私人占有与社会化大生产）入手，彻底改变人自己的"创造物"反过来对人类主体的"驱使"和"奴役"。另外，如果把资本主义社会中的"物役性"简单地归咎于资本主义私有制，那么也就如同"把孩子和洗脚水一块倒掉"一样，"知其一弊"而不知"择善而用之"。因此，对于资本主义私有制，马克思本人也不是要"消灭"之，而是辩证地"扬弃"之。确切地说，我们要改变的是资本主义的生产关系，即在物质生产中不合理的社会交往关系，通过革新和扬弃资本主义生产体系中的人与自然，人与人之间不合理的社会交往关系，进而以更合乎自然规律且合乎人性的方式——"联合起来的个人占有制"来克服"资本逻辑"潜在的"物役性"。

> 由社会全体成员组成的共同联合体来共同地和有计划地利用生产力；把生产发展到能够满足所有人的需要的规模；结束牺牲一些人的利益来满足另一些人的需要的状况；彻底消灭阶级和阶级对立；通过消除旧的分工，通过产业教育、变换工种、所有人共同享受大家创造出来的福利，通过城乡的融合，使社会全体成员的才能得到全面发展。①

综上所述，马克思整体实践观之于"交往异化"的扬弃，为人与自然、人与人、人与社会之间的对象性活动的辩证展开提供了实践理性，旨在实现人类的理想交往——自由人的联合。"现实的个人"在"主体—客体—主体"的辩证实践中不断促进社会分工、生产关系、社会关系的合理化，就如马克思恩格斯在《德意志意识形态》中提到的"诗意化"的图景：

> 在共产主义社会里，任何人都没有特殊的活动范围，而是都可以在任何部门内发展，社会调节着整个生产，因而使我有可能随自己的兴趣今天干这事，明天干那事，上午打猎，下午

---

① 《马克思恩格斯文集》第1卷，人民出版社2009年版，第689页。

捕鱼，傍晚从事畜牧，晚饭后从事批判，这样就不会使我老是
一个猎人、渔夫、牧人或批判者。①

如此，社会分工以"现实的个人"的个性发展为基点，人类、自然
界、社会三者在多元主体间进行着合乎规律的"物质变换"和合乎人性
的"关系互动"，使得一个人的发展取决于直接或间接进行交往的其他一
切人的发展成为可能，"片面的个人"在多维度的对象性活动中逐步转变
为"完整的个人"，并在多维度的对象性活动及其对象化关系中逐步实现
每个人的自由和全面发展。这种蕴涵着"乌托邦意向"的诗意生活，不
仅是可能的，也是必要的。

然而，人们总是对此有这样或那样的误解。如日本"新马克思主义
者"代表人物望月清司认为这种由"打猎""捕鱼"所组成的未来图景
是"一种逃避大工业、回归田园诗般的'地域性共产主义'的做法。严
格地说，这种'随自己的兴趣'的小世界实际上比地域共产主义还要落
后"②。事实上，并非如此。如青年马克思在《1844 年经济学哲学手稿》
中指出：

　　无神论、共产主义决不是人所创造的对象世界的消逝、舍
弃和丧失，决不是人的采取对象形式的本质力量的消逝、舍弃
和丧失，决不是返回到非自然的、不发达的简单状态去的贫困。
恰恰相反，无神论、共产主义才是人的本质的现实的生成，是
人的本质对人来说的真正的实现，或者说，是人的本质作为某
种现实的东西的实现。③

概言之，这种"诗意生活"的"现实性"，既取决于既定历史条件下
经济社会的发展水平，也取决于每个作为"历史创造者"的"现实的个

---

① 《马克思恩格斯文集》第 1 卷，人民出版社 2009 年版，第 537 页。

② ［日］望月清司：《马克思历史理论的研究》，韩立新译，北京师范大学出版社 2009 年
版，第 164 页。

③ 《马克思恩格斯文集》第 1 卷，人民出版社 2009 年版，第 217 页。

人"的自我觉解和辩证实践。

第三节 交往实践合理化与社会形态的动态发展

社会形态（社会制度）的变革和发展是在社会基本矛盾的运动中实现的。在现实性上，集中体现为"两大实践"与生产力、生产关系、交往关系、上层建筑之间的辩证关系。在人类整体实践活动中，生产与交往互为前提，相互依存。生产实践与交往实践的交互作用构成社会发展的核心动力机制，推动着民族国家的跨越发展和"世界历史"的形成。

一 "两大实践"是社会发展的核心动力机制

生产与交往是"现实的个人"的基本实践方式，直接构成社会分工、生产力保存和发展、生产关系的革新、经济基础与上层建筑之间良性互动的"枢机"。生产实践与交往实践的交互作用推动着社会矛盾的运动，推动人类社会发展和进步。

（一）物质生产与社会交往的交互动力机制

首先，社会交往是物质生产活动的内在前提。人类第一个历史活动就是为了满足衣食住等生活资料的物质生产活动，而"生产本身又是以个人彼此之间的交往［Verkehr］为前提的"①。马克思恩格斯在《德意志意识形态》中指出："一当人开始生产自己的生活资料，即迈出由他们的肉体组织所决定的这一步的时候，人本身就开始把自己和动物区别开来。"② 人们在生产自己的物质生活资料，同时间接地生产着自己物质生活本身，也是实现其本质力量对象化和自我确证的社会交往活动。物质生产活动展开的每个环节都是以人们的社会交往活动为"纽带"的。人的需要无限性与社会化确证有限性之间的矛盾，决定着人们只有共同活动并交换其活动成果才能实现确证彼此本质力量的多样化需要。人们通过广泛的社会交往，用彼此的多样性的"劳动产品"来满足对方的多种"需要"。事实上，"孤立的一个人在社会之外进行生产——这是罕见的

---

① 《马克思恩格斯文集》第 1 卷，人民出版社 2009 年版，第 520 页。
② 同上书，第 519 页。

事，在已经内在地具有社会力量的文明人偶然落到荒野时，可能会发生这种事情——就像许多个人不在一起生活或彼此交谈而竟有语言发展一样，是不可思议的"①。物质生产活动一开始就是社会性的生产活动，不是说先有了物质生产活动，尔后才有人们交往活动，而是说人们始终是在一定的交往关系中与自然界进行"物质变换"活动的。

其次，物质生产是社会交往活动的物质基础。尽管说物质生产本身是以个人彼此之间的交往为前提的，但"这种交往的形式又是由生产决定的"②。可以说，没有物质生产的基础，也就没有人们社会交往的物质保障。事实上，"人们之间一开始就有一种物质的联系。这种联系是由需要和生产方式决定的，它和人本身有同样长久的历史"③。适如"生命的生产，无论是通过劳动而生产自己的生命，还是通过生育而生产他人的生命，就立即表现为双重关系：一方面是自然关系，另一方面是社会关系"④。如果离开了物质生产活动，人们的社会交往活动就成为无源之水、无本之木。可见，二者相互依存、交互发展。物质生产活动在根本上决定着社会交往活动。人们在物质生产活动中进行社会交往的"中介物"——生产要素和劳动产品——直接决定着社会交往的深度和广度。一方面是以生产要素（包括劳动者和生产资料）为"中介"而发生的社会交往活动，生产资料分配和分工形式直接决定着人们交往关系的内容。另一方面是以劳动产品为"中介"而发生的人与人之间的社会交往活动，个人与劳动产品之间的分配关系直接决定着人与人之间的社会交往关系。在马克思看来，"在单个的个人面前，分配自然表现为一种社会规律，这种规律决定他在生产中的地位，他在这个地位上生产，因而分配先于生产"⑤，抑或说，"一定的生产决定一定的消费、分配、交换和这些不同要素相互间的一定关系。当然，生产就其单方面形式来说也决定于其他要素"⑥。可见，物质生产活动中的生产要素的组合关系、劳动产品的分配

① 《马克思恩格斯文集》第 8 卷，人民出版社 2009 年版，第 6 页。
② 《马克思恩格斯文集》第 1 卷，人民出版社 2009 年版，第 520 页。
③ 同上书，第 533 页。
④ 同上书，第 532 页。
⑤ 《马克思恩格斯文集》第 8 卷，人民出版社 2009 年版，第 19 页。
⑥ 同上书，第 23 页。

关系直接决定着社会交往的形式和内容。物质生产的发展、生产力的提高，社会分工的扩大又推动着社会交往形式和内容的纵深发展。归根结底，社会交往活动的诸要素是由物质生产活动本身决定的。

（二）"两大实践"与社会分工的合理化演进

社会分工是人类历史发展的必然产物。它与生产力的发展、人们的物质生产和社会交往有着密切联系。人类最初受自然界"起初是作为一种完全异己的、有无限威力的和不可制服的力量"的制约和支配，因而不得不"像牲畜一样慑服于自然界"①。随着社会生产力的发展，社会分工才逐步显现并进一步分化，"分工起初只是性行为方面的分工，后来是由于天赋（例如体力）、需要、偶然性等等才自发地或'自然地'形成的分工"②。在此基础上，"分工使精神活动和物质活动、享受和劳动、生产和消费由不同的个人来分担这种情况不仅成为可能，而且成为现实"③，直到"物质劳动和精神劳动分离的时候起才真正成为分工"④ 为止。

私有制和分工的出现，推动了社会生产力的发展。一方面，"分工的各个不同发展阶段，同时也就是所有制的各种不同形式。也就是说，分工的每一个阶段还决定个人在劳动资料、劳动工具和劳动产品方面的相互关系"⑤。另一方面，"一个民族的生产力发展的水平，最明显地表现于该民族分工的发展程度"，而且"任何新的生产力……都会引起分工的进一步发展"⑥。总体来看，不管是物质生产活动，还是社会分工，都是与人们社会交往活动相伴随的直接产物，生产和交往的交互作用推动着社会分工的合理化，进而推动社会生产力的不断发展。社会分工的合理化是人类社会发展进步的重要体现。它在生产发展中催生着物质劳动与精神劳动的分离以及城市与乡村的分离，这种"对立"是"随着野蛮向文明的过渡、部落制度向国家的过渡、地域局限性向民族的过渡而开始

---

① 《马克思恩格斯文集》第 1 卷，人民出版社 2009 年版，第 534 页。

② 同上。

③ 同上书，第 535 页。

④ 同上书，第 534 页。

⑤ 同上书，第 521 页。

⑥ 同上书，第 520 页。

的"①，也就是"仅仅以劳动和交换为基础的所有制的开始"②，这在一定程度上可以视为私有制和分工的进步意义。

然而，社会分工本身也并不是必然指向合理或进步的。在"人的依赖关系"和"物的依赖关系"为主要特征的社会发展阶段，"只要分工还不是出于自愿，而是自然形成的，那么人本身的活动对人来说就成为一种异己的、同他对立的力量，这种力量压迫着人，而不是人驾驭着这种力量"③。由于分工的不合理性所导致的"异化劳动"，同样是对物质生产和社会交往关系扭曲的反映，原本旨在确证"现实的个人"本质力量的对象性活动，却成为消解自我和自我异化的奴役活动。④ 正如"自我异化的扬弃同自我异化走的是同一条道路"⑤ 一样，扬弃"异化劳动"的"唯一出路"，只能是依靠"现实的个人"在既定的历史条件下通过物质生产和社会交往的辩证实践。可见，马克思所说的"消灭分工"，主要是通过"现实的个人"自由自觉的对象性活动来消除社会分工中的不合理要素，并以"整体实践"来革新与人类社会发展不相适应的交往形式。

（三）"两大实践"与既有生产力的保存和发展

生产力是人们综合应用能力的结果，这种能力本身决定于人们所处的历史条件，决定于先前已经获得的生产力。也就是说，"人们不能自由选择自己的生产力——这是他们的全部历史的基础，因为任何生产力都是一种既得的力量，是以往的活动的产物"⑥。物质生产与社会交往互为前提，二者既能促进社会生产力的发展及其保存，同时也要受到以往既有生产力发展水平的制约。

---

① 《马克思恩格斯文集》第 1 卷，人民出版社 2009 年版，第 556 页。

② 同上书，第 557 页。

③ 同上书，第 537 页。

④ 工人只能获得与"牲畜般的存在状态相适应的最低工资"，即作为"最低的和唯一必要的工资额就是工人在劳动期间的生活费用，再加上使工人能够养家糊口并使工人种族不致死绝的费用"（参见《马克思恩格斯文集》第 1 卷，人民出版社 2009 年版，第 115 页）。或者说，工人"只得到他不是作为人而是作为工人维持生存所必要的那一部分，只得到不是为繁衍人类而是为繁衍工人这个奴隶阶级所必要的那一部分"（参见《马克思恩格斯文集》第 1 卷，人民出版社 2009 年版，第 122 页）。

⑤ 《马克思恩格斯文集》第 1 卷，人民出版社 2009 年版，第 182 页。

⑥ 《马克思恩格斯文集》第 10 卷，人民出版社 2009 年版，第 43 页。

人们交往活动的纵深拓展推动着社会生产力的发展。交往活动和交往关系在物质生产活动中表现为自然与社会的双重关系。一方面，交往方式和内容的扩大不仅可以拓展其中的自然关系，而且也可以促进社会关系的良性互动，从而创造出"扩大了的"或"升级版的"社会生产力。社会分工的发展程度是衡量生产力发展水平的重要标志之一，而协作（交往）将分散的生产力要素组合成新的生产力，"受分工制约的不同个人的共同活动产生了一种社会力量，即成倍增长的生产力"①，因为"通过协作提高了个人生产力，而且是创造了一种生产力，这种生产力本身必然是集体力"②。另一方面，"各民族之间的相互关系取决于每一个民族的生产力、分工和内部交往的发展程度"③。社会交往的纵深拓展推动着各民族、各区域的相互联系与更大范围的社会分工合作，促进社会生产力的发展。

社会交往是既有生产力得以保存和发展的"纽带"。人，即"劳动者"，作为生产力要素中最为活跃的因素，在物质生产和社会交往的对象性活动中获得自我确证和个性的全面发展。适如"某一个地域创造出来的生产力，特别是发明，在往后的发展中是否会失传，完全取决于交往扩展的情况"④，同时，"只有当交往成了世界交往并且以大工业为基础的时候，只有当一切民族都卷入竞争斗争的时候，保持已创造出来的生产力才有了保障"⑤。要不然，"由于交往不发达和流通不充分而没有实现的可能，只好父传子，子传孙"⑥。"现实的个人"作为物质生产和社会交往的现实主体，是既有社会生产力的继承者和保存者。

社会交往是生产力成为真正力量的确证载体。马克思在《资本论》中明确指出："劳动资料不仅是人类劳动力发展的测量器，而且是劳动借以进行的社会关系的指示器。"⑦ 劳动者在物质生产中使用什么样的生产

---

① 《马克思恩格斯文集》第 1 卷，人民出版社 2009 年版，第 537—538 页。
② 《马克思恩格斯文集》第 5 卷，人民出版社 2009 年版，第 378 页。
③ 《马克思恩格斯文集》第 1 卷，人民出版社 2009 年版，第 520 页。
④ 同上书，第 559 页。
⑤ 同上书，第 560 页。
⑥ 同上书，第 558 页。
⑦ 《马克思恩格斯文集》第 5 卷，人民出版社 2009 年版，第 210 页。

工具，往往决定着其以什么样的形式进行社会交往。正如"生产力表现为一种完全不依赖于各个人并与他们分离的东西，表现为与各个人同时存在的特殊世界，其原因是，各个人——他们的力量就是生产力——是分散的和彼此对立的，而另一方面，这些力量只有在这些个人的交往和相互联系中才是真正的力量"①。可以说，不论是以自然产生的生产工具进行生产，还是以文明创造的生产工具进行生产，都是以物质生产活动中的普遍交往为前提的。这种普遍性交往是社会生产力成为真正力量的确证载体。

（四）"两大实践"与生产关系和上层建筑的有机互动

物质生产与社会交往是同一时空的"共在"，二者的交互作用不断地改造着旧的交往形式，促进人类交往形式与社会发展进度实现历史的统一。在马克思看来，只有"当物按人的方式同人发生关系时，我才能在实践上按人的方式同物发生关系"②。马克思通过对人类物质生产活动的考察，揭示了人类社会发展变化的基本规律。生产力与交往形式是人类社会的一对基础性矛盾——包括"不同阶级之间的冲突，意识的矛盾，思想斗争，政治斗争"③ 在内的"一切历史冲突都根源于生产力和交往形式之间的矛盾"④ ——"各个人借以进行生产的社会关系，即社会生产关系，是随着物质生产资料、生产力的变化和发展而变化和改变的"⑤。

生产实践与交往实践的交互作用，是促进社会生产力和交往形式辩证发展的内在机制。"随着新的生产力的获得，人们便改变自己的生产方式，而随着生产方式的改变，他们便改变所有不过是这一特定生产方式的必然关系的经济关系。"⑥ 基于生产方式的变革，进而引发各种交往形式的经济关系的历史性"变化"和"改变"——"已成为桎梏的旧交往形式被适应于比较发达的生产力，因而也适应于进步的个人自主活动方式的新交往形式所代替；新的交往形式又会成为桎梏，然后又为另一种

---

① 《马克思恩格斯文集》第 1 卷，人民出版社 2009 年版，第 580 页。

② 同上书，第 190 页。

③ 同上书，第 567 页。

④ 同上书，第 567—568 页。

⑤ 同上书，第 724 页。

⑥ 《马克思恩格斯文集》第 10 卷，人民出版社 2009 年版，第 44 页。

交往形式所代替"①。正是通过生产实践与交往实践的交互作用，推动交往形式的历史性变革，促进交往形式与同一时期的生产力的发展相适应。通过超越受"人的依赖关系"和"物的依赖关系"制约的历史阶段，最终实现"建立在个人全面发展和他们共同的、社会的生产能力成为从属于他们的社会财富这一基础上的自由个性"② 的自由自觉的理想交往。

二　交往实践促进民族国家的跨越发展

马克思尽管没有留下有关国家学说的专门论著，但在探索人类社会发展规律和创立历史唯物主义的过程中，以市民社会为中心对国家的本质及其发展规律作了深刻的剖析。马克思正是从物质生产实践入手探析了经济基础与上层建筑之间的辩证关系，从中揭示了民族国家的产生和发展趋势，以及演化为"社会共同体"的现实根由。交往实践的合理化展开是促进民族国家跨越发展的重要枢机。

（一）交往实践与民族国家的产生

在马克思之前的诸多理论家对国家的产生、形式、本质等作了多方面的探讨，但由于研究方式和立场的局限，相关研究无法对国家作出科学的阐释。恩格斯在1891年《法兰西内战》单行本的"导言"中指出：

> 按照哲学概念，国家是"观念的实现"，或是译成了哲学语言的尘世的上帝王国，也就是永恒的真理和正义所借以实现或应当借以实现的场所。由此就产生了对国家以及一切同国家有关的事物的盲目崇拜。尤其是人们从小就习惯于认为，全社会的公共事务和公共利益只能像迄今为止那样，由国家和国家的地位优越的官吏来处理和维护，所以这种崇拜就更容易产生。③

恩格斯的如上"解析"，有力地揭示了笼罩在国家之上的种种神秘因

---

① 《马克思恩格斯文集》第1卷，人民出版社2009年版，第575—576页。
② 《马克思恩格斯文集》第8卷，人民出版社2009年版，第52页。
③ 《马克思恩格斯文集》第3卷，人民出版社2009年版，第111页。

素，阐明"国家无非是一个阶级镇压另一个阶级的机器"①。正是这种神秘因素使人们对国家倍加崇拜，进而把国家"抽象"为一个自足的领域，忽略或遮蔽了国家赖以存在的现实基础和社会背景。马克思曾经也是黑格尔理性国家观的崇拜者，在这种国家观看来，国家是"伦理观念的现实"，是"绝对自在自为的理性东西"，"由于国家是客观精神，所以个人本身只有成为国家成员才具有客观性、真理性和伦理性"②。当马克思作为《莱茵报》主编时，面临物质利益的"纠缠"以及在《摩赛尔记者的辩护》一文中，觉察到在国家观念掩饰下的现实——"在研究国家生活现象时，很容易走入歧途，即忽视各种关系的客观本性，而用当事人的意志来解释一切"③。为此，马克思在《黑格尔法哲学批判》中揭示了市民社会与国家关系的内在矛盾，并明确指出：市民社会是国家的前提和基础，市民社会产生国家并决定国家，而不是相反。市民社会相对于国家具有优先性，剖析国家的本质应深入政治经济学，并以物质利益关系为切入点。

马克思恩格斯在《德意志意识形态》中进一步阐明客观的物质交换关系决定着国家的产生、本质及其存在方式。马克思在《〈政治经济学批判〉序言》中指出他曾研究得出的这样一个结果："法的关系正像国家的形式一样，既不能从它们本身来理解，也不能从所谓人类精神的一般发展来理解，相反，它们根源于物质的生活关系，这种物质的生活关系的总和"④，"那些决不依个人'意志'为转移的个人的物质生活，即他们的相互制约的生产方式和交往方式，是国家的现实基础"⑤。国家是区别于市民社会的共同体，其所代表利益的内在矛盾决定了国家只是虚假的共同体，而真正的共同体是"各个人的联合，是把个人的自由发展和运动的条件置于他们的控制之下的联合"⑥。国家尽管在本质上是作为共同

---

①　《马克思恩格斯文集》第 3 卷，人民出版社 2009 年版，第 111 页。

②　[德] 黑格尔：《法哲学原理》，范扬等译，商务印书馆 2017 年版，第 288—289 页。

③　《马克思恩格斯全集》第 1 卷，人民出版社 1956 年版，第 216 页。

④　《马克思恩格斯文集》第 2 卷，人民出版社 2009 年版，第 591 页。

⑤　《马克思恩格斯全集》第 3 卷，人民出版社 1960 年版，第 377 页。

⑥　[日] 广松涉：《文献学语境中的〈德意志意识形态〉》，南京大学出版社 2005 年版，第 128 页。

体的"冒充品"或阶级矛盾不可调和的历史产物，但在现实历史中，又是以源自社会并高于社会的"共同体形式"而存在。

马克思在这些探索的基础上对国家进行了科学阐释。这就是我们所熟悉的"经典表述"：国家是人类社会发展到一定阶段，社会分工的产物，是阶级矛盾不可调和的必然结果；统治阶级要维护自身的统治秩序是以法的形式将自己的意志上升为普遍意志，并通过行政机关和官僚机构予以保障；国家作为"虚假"共同体的存在，是通过履行必要的社会公共服务来实现阶级统治，以更好地维护统治秩序的合法性。这三个方面当中，无论哪一方面，都是以"现实的个人"的物质生产和社会交往的交互作用为基础的。正是"两大实践"之间的交互作用推动着社会基本矛盾的运演，由此构成国家产生、发展、消亡的"枢机"。

（二）交往实践与国家"二重性"的变奏

国家作为虚幻的共同体，一方面是以共同体的形象而存在，另一方面这种存在又具有虚幻性。国家不光是阶级矛盾不可调和的历史产物，即作为建构公共秩序或共同规则的内在需要，同时也是进行社会价值权威性分配的社会公共需要，这一点同样也是国家之所以产生和存在的重要根源。恩格斯在《论住宅问题》中指出：

> 在社会发展的某个很早的阶段，产生了这样一种需要：把每天重复着的产品生产、分配和交换用一个共同规则约束起来，借以使个人服从生产和交换的共同条件。这个规则首先表现为习惯，不久便成了法律。随着法律的产生，就必然产生出以维护法律为职责的机关——公共权力，即国家。①

马克思恩格斯以市民社会为支点考察国家的产生，并指出：国家管理者理应作为社会的公仆。然而，在事实上，由于阶级以及利益的"纠缠"，国家的管理者往往容易由社会的公仆"蜕化"为社会的"主人"。个中的原因，即"国家是统治阶级的各个人借以实现其共同利益的形式，

---

① 《马克思恩格斯文集》第3卷，人民出版社2009年版，第322页。

是该时代的整个市民社会获得集中表现的形式"①，至于作为资本主义的"国家政权不过是管理整个资产阶级的共同事务的委员会罢了"②。整体来看，国家在职能上既具有维护社会统治阶级利益的"阶级性"，也具有承担公共管理和社会服务的"公共性"，即国家的"二重性"。

国家的"二重性"是在生产实践和交往实践中体现出来的，是人类交往实践在既定历史条件下的客观反映。在广义交往实践观的视界中，国家不仅是阶级矛盾不可调和的结果，也是"冲突论"与"融合论"辩证统一的结果。"阶级性"也是在交往实践中发展起来的。交往实践促进社会分工和物质生产关系的历史性变革，原始"社会共同体"开始蜕变为阶级对立的"虚幻共同体"。统治阶级为了维护其统治地位，不得不在交往实践中行使其阶级统治职能：一是运用暴力组织对社会成员进行统治，镇压被统治阶级的反抗；二是以民主的方式动员和组织阶级内的成员，巩固统治阶级的根本利益；三是在经济基础和意识形态领域强化统治地位，维护国家秩序和保卫国家安全。国家在交往实践中履行阶级职能的同时，也承担着必要的社会管理职能。因为"只有为了社会的普遍权利，特殊阶级才能要求普遍统治"③，与此同时，"政治统治到处都是以执行某种社会职能为基础，而且政治统治只有在它执行了它的这种社会职能时才能持续下去"④。这些社会性的公共职能包括：建立国家机器，以免受外来侵犯；兴办公共设施，提供必要的社会公共服务；制定政策法律，保障经济和社会的可持续发展。

从马克思恩格斯对国家的产生及其本质的相关阐释中，可以发现："国家二重性"在很大程度上是源自国家与市民社会之间之于交往实践的双重变奏。在恩格斯看来，"在现代历史中，国家的意志总的说来是由市民社会的不断变化的需要，是由某个阶级的优势地位，归根到底，是由生产力和交换关系的发展决定的"⑤。具体来说，国家行使阶级统治和公共服务职能是以生产实践和交往实践为根基的。"两个职能"的履行都是

---

① 《马克思恩格斯文集》第1卷，人民出版社2009年版，第584页。
② 《马克思恩格斯文集》第2卷，人民出版社2009年版，第33页。
③ 《马克思恩格斯文集》第1卷，人民出版社2009年版，第14页。
④ 《马克思恩格斯文集》第9卷，人民出版社2009年版，第187页。
⑤ 《马克思恩格斯文集》第4卷，人民出版社2009年版，第306页。

在阶级内部和市民社会领域中展开的交往实践活动，这种活动中历史地内含着国家的"二重性"。国家这一共同体形式与市民社会之间的变革，归根结底，取决于交往实践的展开维度，表现为生产力与生产关系、经济基础与上层建筑之间的矛盾运动。国家的"消亡"最终依赖于人们交往实践的合理化及其质性提升，使得"在真正的共同体的条件下，各个人在自己的联合中并通过这种联合获得自己的自由"①。具体而言，一是在人类与自然之间获得和解的同时可持续地创造出丰富的物质生活资料，在人与人以及人与社会之间实现和谐统一。二是在自然主义与人道主义融通的基础上，使国家的"阶级性"逐步转化为"社会性"。三是在协同推进人的发展与社会进步之"一致性"的同时，在现实性上建构和生成"每个人的自由发展是一切人的自由发展的条件"② 的社会共同体。

三　交往实践促进"世界历史"的形成

交往实践不仅促进了民族国家的产生、发展、消亡，也内含着"历史"走向"世界历史"的生成逻辑。马克思恩格斯在《德意志意识形态》中阐释了作为科学共产主义时代出场的"世界历史"理论。

> 各民族之间的相互关系取决于每一个民族的生产力、分工和内部交往的发展程度。这个原理是公认的。然而不仅一个民族与其他民族的关系，而且这个民族本身的整个内部结构也取决于自己的生产以及自己内部和外部的交往的发展程度。③

马克思把人类历史看作一个由"历史"走向"世界历史"的过程，而实现这种转变的重要动力之一，就是在社会生产力发展基础上的各民族交往的普遍发展。

> 历史向世界历史的转变，不是"自我意识"、世界精神或者

---

① 《马克思恩格斯文集》第 1 卷，人民出版社 2009 年版，第 571 页。
② 《马克思恩格斯文集》第 2 卷，人民出版社 2009 年版，第 53 页。
③ 《马克思恩格斯文集》第 1 卷，人民出版社 2009 年版，第 520 页。

某个形而上学幽灵的某种纯粹的抽象行动，而是完全物质的、可以通过经验证明的行动，每一个过着实际生活的、需要吃、喝、穿的个人都可以证明这种行动。①

马克思所说的"世界历史"不同于以往受地域限制、闭关自守、孤立发展的"民族历史"。它是指各国、各民族之间在多个领域中相互依赖、相互影响、相互制约、交互作用，形成的共同发展的历史，是生产与交往协同发展到一定阶段的产物。质言之，"对于社会主义的人来说，整个所谓世界历史不外是人通过人的劳动而诞生的过程，是自然界对人来说的生成过程"②。同样，也可以如此表述——对于共产主义的人来说，整个所谓世界历史不外是人通过人的交往而诞生的过程——成为"各个人的世界历史性的存在，也就是与世界历史直接相联系的各个人的存在"③ ——是人类社会对人来说的生成过程。

> 各个相互影响的活动范围在这个发展进程中越是扩大，各民族的原始封闭状态由于日益完善的生产方式、交往以及因交往而自然形成的不同民族之间的分工消灭得越是彻底，历史也就越是成为世界历史。④

从"世界历史"的生成进度来看，人类交往活动的纵深拓展在现实性上推动着社会生产力的发展，世界各民族以物质生产和社会交往为"纽带"形成的普遍的世界交往，促进"历史"走向"世界历史"，曾经"狭隘的个人"将被"世界历史性的个人"所代替。另外，"世界历史"并不是原本就存在的，而是人们物质生产与社会交往活动发展到一定阶段的产物——"世界史不是过去一直存在的；作为世界史的历史是结果"⑤。资本主义大工业的出现成为一个重要的历史转折点，它把自然力

---

① 《马克思恩格斯文集》第 1 卷，人民出版社 2009 年版，第 541 页。
② 同上书，第 196 页。
③ 同上书，第 539 页。
④ 同上书，第 540—541 页。
⑤ 《马克思恩格斯文集》第 8 卷，人民出版社 2009 年版，第 34 页。

用于工业目的，采用机器生产及实行最广泛的分工，这也引起交往形式的革命性发展，发达的交通工具和通信手段的产生，使得曾经闭关自守状态下的局部的物质交往渐渐发展成为世界范围的普遍性交往活动。

在资本主义社会，在工业生产尚未取得一定的地位和影响之前，土地所有制处于支配地位，自然联系处于优势，人们之间的交往活动很难突破地域的狭隘性。随着社会生产力的发展，分工和交往的扩大，当商业从工业生产中独立出来时，特殊的商人阶级与附近地区以外的地区建立贸易联系，交往才冲破了地域界限，各个民族在彼此的交往中建立了广泛的普遍联系。资本主义"大工业创造了交通工具和现代的世界市场"，"首次开创了世界历史，因为它使每个文明国家以及这些国家中的每一个人的需要的满足都依赖于整个世界，因为它消灭了各国以往自然形成的闭关自守的状态"[1]。作为历史进程中具有一定革命性的资产阶级"造成以全人类互相依赖为基础的普遍交往，以及进行这种交往的工具"[2]，为"历史"向"世界历史"的转变创造了可能的物质基础条件。可以说，"交往"向"普遍交往"的拓展，是"历史"逐步走向"世界历史"的重要枢机。这一过程中，作为"社会体系及构成这一体系的所有建制，包括现代世界的主权国家，是包罗广泛的各种社会集团在相互交往，共同谋划，尤其是彼此冲突中的场所"[3]。不可回避且不容否认的是，资本主义制度的根本性质决定了由它的内在逻辑——"资本逻辑"——所开启的"普遍交往"的"世界历史"是一部充满血和泪的"历史"。

历史地看，"世界历史"的生成并不止于资本主义这一社会形态。资本主义社会固有的社会矛盾内在地催生着新的更高级别的交往形式，而代表着人类社会前进方向的新的交往形式也必然孕育着新的社会形态。马克思恩格斯在《德意志意识形态》中明确指出：

> 已成为桎梏的旧交往形式被适应于比较发达的生产力，因

---

① 《马克思恩格斯文集》第1卷，人民出版社2009年版，第566页。
② 《马克思恩格斯文集》第2卷，人民出版社2009年版，第691页。
③ ［美］伊曼纽尔·沃勒斯坦：《现代世界体系》第1卷，尤来寅等译，高等教育出版社1998年版，第8页。

而也适应于进步的个人自主活动方式的新交往形式所代替；新
的交往形式又会成为桎梏，然后又为另一种交往形式所代替。
由于这些条件在历史发展的每一阶段都是与同一时期的生产力
的发展相适应的，所以它们的历史同时也是发展着的、由每一
个新的一代承受下来的生产力的历史，从而也是个人本身力量
发展的历史。①

人们的交往活动范围日益扩大，正像幸德秋水在解读"社会主义的
神髓"中指出："蜘蛛网般的铁路与航线，把世界缩小了几千里；像人的
神经系统般的电线，把世界各国联成一体。"②

第四节 交往实践合理化与人的全面发展

马克思在《资本论》中指出：共产主义社会是"一个更高级的、以
每一个个人的全面而自由的发展为基本原则的社会形式"③。科学共产主
义语境中的人的全面发展，就集中体现为人的类特性、社会特性在个人
那里得到自由而全面的发展和敞显。然而，"个人的全面发展，只有到了
外部世界对个人才能的实际发展所起的推动作用为个人本身所驾驭的时
候，才不再是理想、职责等等，这也正是共产主义者所向往的"④。这在
交往实践合理化过程中具体表现为"现实的个人"主体力量的成长和自
我实现、社会关系的全面性、个性解放的全面性。

一 交往实践促进"现实的个人"的成长和自我实现

如前文所述，"现实的个人"是直接的自然存在物，是在自然界场域
进行一定的物质生产和社会交往的具有"自我意识"的能动性的存在者，
是处于"人化自然"的社会场域中具有一定的物质关系和社会关系的存

① 《马克思恩格斯文集》第1卷，人民出版社2009年版，第575—576页。
② ［日］幸德秋水：《社会主义神髓》，马采译，商务印书馆1963年版，第4页。
③ 《马克思恩格斯文集》第5卷，人民出版社2009年版，第683页。
④ 《马克思恩格斯全集》第3卷，人民出版社1960年版，第330页。

在者。马克思交往实践思想从整体实践维度确证了"现实的个人"的本质力量对象化的现实基础，同时也为其进行多维度自我确证和自我实现提供了现实路径及其感性的生活载体。

物质生产和社会交往是"现实的个人"进行自由自觉的创造性活动的基本方式，它是人的本质力量对象化诉求的充分证明和全面体现。"现实的个人"的自由自觉的创造性活动的多维展开，集中体现为其主体性和本质力量的充分敞显。这种自由自觉的创造性活动，不是狭隘的或被迫的"异化劳动"——"劳动所生产的对象，即劳动的产品，作为一种异己的存在物，作为不依赖于生产者的力量，同劳动相对立"①——及其"悖论"——"物的世界的增值同人的世界的贬值成正比"②。因为在"异化劳动"条件下，人的对象性活动的丰富性、完整性、可变性，既要受到"似自然性"的规律约束，又要受到"物役性"的他者化遮蔽。

青年马克思在《1844年经济学哲学手稿》中集中论述了人类在对象性活动中生发的"四重异化"——"人同自己的劳动产品、自己的生命活动、自己的类本质相异化的直接结果就是人同人相异化"③及其后果所引发的深层次的结构性的"交往异化"，并明确指出：只有通过"随着联合起来的个人对全部生产力的占有，私有制也就终结了"④，才能逐步克服和超越"资本逻辑"潜在的"物役性"——"共产主义并不剥夺任何人占有社会产品的权力，它只剥夺利用这种占有去奴役他人劳动的权力"⑤。马克思在这里所指的"私有制"是特指资本主义的私有制——"共产主义的特征并不是要废除一般的所有制，而是要废除资产阶级的所有制"⑥。这里的"废除"，重在意指"消灭"所有制形式中的导致"资本"作为一种"奴役他人劳动的权力"之"使人不成其为人"的消极因素。也就是说，需要通过物质生产和社会交往的合理化来"扬弃"资本主义的所有制形式，重建有益于实现每个人自由而全面发展的"个人所

---

① 《马克思恩格斯文集》第1卷，人民出版社2009年版，第156页。
② 同上。
③ 同上书，第163页。
④ 同上书，第582页。
⑤ 《马克思恩格斯文集》第2卷，人民出版社2009年版，第47页。
⑥ 同上书，第45页。

有制"。

需要强调的是，这将是一个漫长而艰难的历史过程——因为"资本家没有工人能比工人没有资本家活得长久。资本家的联合是常见的和有效的，工人的联合则遭到禁止并会给他们招来恶果"①。这不是对资本主义私有制进行简单的"否定之否定"，而是"在土地和靠劳动本身生产的生产资料的社会所有制的基础上重新建立"② 个人所有制。也就是说，以个人自己劳动为基础的分散的私有制的丧钟早已经被资本主义生产方式敲响过了，"正像以往小生产由于自身的发展而必然造成消灭自身，即剥夺小私有者的条件一样，现在资本主义生产方式也自己造成使自己必然走向灭亡的物质条件"③。这是一个历史的过程，是一个充满自我革命的辩证的过程。

青年马克思就曾深刻地指出："自我异化的扬弃同自我异化走的是同一条道路。"④ 这其中的意义指向有二：一是表明"异化"从哪里缘起，"扬弃异化"就要从哪里着手，因为作为"扬弃是把外化收回到自身的、对象性活动"⑤，这是一种现实的自觉的态度；二是表明"异化"和"扬弃异化"共处于同一个历史实践过程中，作为"扬弃异化"的自由自觉的创造性活动，就是在改变私有财产和"异化劳动"境遇下的人的对象性活动的非对象性和不合理性，进而把确证人的本质力量的积极因素历史地积累起来。

如前文所述，"异化劳动"直接产生于"生产"活动环节，即在资本主义私有制条件下"劳动者"与"生产资料"的被迫分离，"劳动者"被"降格"为生产要素之一抑或生产力中的最活跃的要素，使得"劳动力"成为社会化大生产的"商品"，在与生产资料的"结合"中创造出社会价值，尤其是"超额剩余价值"。工人在生产中创造的劳动产品的分配（享有），不是依据内含在其中的"活劳动"，而是依据生产要素中的生产资料所有者。在这种境域下，工人在对象性活动中创造的"劳动产

---

① 《马克思恩格斯文集》第 1 卷，人民出版社 2009 年版，第 115 页。
② 《马克思恩格斯文集》第 9 卷，人民出版社 2009 年版，第 138 页。
③ 同上书，第 141 页。
④ 《马克思恩格斯文集》第 1 卷，人民出版社 2009 年版，第 182 页。
⑤ 同上书，第 216 页。

品"首先成为其对立面，接着工人"像逃避瘟疫一样逃避劳动"，进而使得人与人之间的"对象化关系"走向"交往异化"。通过剥离其中的层层迷雾，马克思看到"异化劳动"的根源在于资本主义所有制之"生产关系"的不合理性。相应地，"解决办法在于消灭资本主义生产方式，由工人阶级自己占有全部生活资料和劳动资料"①。这也就是说，革新既定生产关系中的不合理性，仅仅依靠变革"生产实践"是无济于事的，因为它仅仅关涉着"劳动者"与"生产资料"之间的对象性活动，其核心是"人"与"自然物"之间的对象化关系。"异化劳动"或资本主义生产关系的不合理性，在根本上是这种所有制关系基础上的"人"与"人"之间关系的不合理性。要彻底扬弃这种"异化关系"，在根本上要革新人们在物质生产活动中的不合理的社会交往关系。

二 交往实践促进"现实的个人"社会关系的全面性

人的本质力量及其自我确证是通过对象化的社会关系具体表现出来的。人的社会关系的发展集中体现在有利于实现人的自我确证的社会关系的全面性上。所谓"个人的全面性不是想象的或设想的全面性，而是他的现实联系和观念联系的全面性"②。可以说，"现实的个人"的社会关系的全面性就集中体现为"现实联系"和"观念联系"的全面性。实现这一全面性意味着：人们将摆脱个体、分工、地域、民族的狭隘性和局限性，形成确证其本质力量的诸多方面、领域、层次的对象化社会关系，由此促进对感性的物质生活、社会生活、政治生活、精神生活的占有的饱满性和有机性。

交往实践促进社会分工的合理化，通过扬弃分工的两重性——"分工提高劳动的生产力，增加社会的财富，促使社会精美完善，同时却使工人陷于贫困直到变为机器"③——让工人成为"人"应有的社会关系。具体而言，一是实现人与自然界关系的良性互动。通过自由自觉的对象性活动来实现对真实物质生活需要的满足，在人与自然界之间形成可持

---

① 《马克思恩格斯文集》第 3 卷，人民出版社 2009 年版，第 307 页。
② 《马克思恩格斯文集》第 8 卷，人民出版社 2009 年版，第 172 页。
③ 《马克思恩格斯文集》第 1 卷，人民出版社 2009 年版，第 123 页。

续的"物质变换"机制。自然界作为人的无机身体，既是"现实的个人"
本质力量自我确证的客体世界，同时也是其社会关系全面性展开的客观
的先在者。人在认识和改造客观世界的同时，也在改造着主观世界及自
我认知。"现实的个人"在拓展其与自然界关系的全面性的同时，也在丰
富着其社会关系的全面性。二是实现人对社会关系的全面占有。"现实的
个人"正是通过作为有机的对象性活动的"整体实践"来扬弃多重"劳
动异化"和"交往异化"，主要是针对被压迫的、被强制的、被压抑的社
会关系状态。实现人对社会关系的全面占有，就需要彰显和确证其在展
开物质生活的生产实践之上发生的人与人之间的社会交往关系的"自主
性"，集中表现为自觉的、自为的、自主的社会关系状态。

在科学共产主义社会中，个人的自由和全面发展不仅是人的"类本
质"向个人的回归，而且表现为对人的"社会特性"的重新占有，即
"现实的个人"的社会关系发展的全面性。通过普遍的社会交往，使得
"现实的个人"成为"世界历史性的存在，也就是与世界历史直接相联系
的各个人的存在"①。因为"只有在共同体中，个人才能获得全面发展其
才能的手段，也就是说，只有在共同体中才可能有个人自由"②，进而言
之，"在真正的共同体的条件下，各个人在自己的联合中并通过这种联合
获得自己的自由"③。其中意指科学共产主义社会作为人类社会未来指向
的"真正的共同体"，为人的全面发展提供了更为彻底的前提和基础，但
并不是说作为"单个人"的全面发展在共产主义社会之外就不可能。基
于广义交往实践的整体实践观，为科学共产主义的时代出场提供一种动
态"视界"，同时也把"现实的个人"的全面发展纳入从"不够全面"
到趋向"全面"的动态实践和境界提升的过程当中。

整体而言，社会关系和社会制度在一定历史条件下形成以后就具有
相对稳定性，先进的社会关系和社会制度有利于促进人的发展的全面性，
反之则抑制、消解、阻碍。面对已经不适应社会发展需要的交往形
式——社会关系和社会制度，就需要通过自觉的交往实践来变革旧的社

---

① 《马克思恩格斯文集》第 1 卷，人民出版社 2009 年版，第 539 页。

② 同上书，第 571 页。

③ 同上。

会关系和社会制度，为实现人的社会关系的全面性提供新的社会空间和制度平台。

三　交往实践促进"现实的个人"个性解放的全面性

实现人的自由和全面发展，是科学共产主义的理论旨趣所在，集中表现为"现实的个人"的"两大实践"的合理化向度和享有"四大生活"的饱满程度，即"现实的个人"作为"一个完整的人"，并"以全面的方式"占有自己的本质和生活之自然历史过程。

> 人以一种全面的方式，就是说，作为一个完整的人，占有自己的全面的本质。人对世界的任何一种人的关系——视觉、听觉、嗅觉、味觉、触觉、思维、直观、情感、愿望、活动、爱，——总之，他的个体的一切器官，正像在形式上直接是社会的器官的那些器官一样，是通过自己的对象性关系，即通过自己同对象的关系而对对象的占有，对人的现实的占有。①

马克思恩格斯在《共产党宣言》中指出："代替那存在着阶级和阶级对立的资产阶级旧社会的，将是这样一个联合体，在那里，每个人的自由发展是一切人的自由发展的条件。"② 在马克思的视野中，"每一个人的发展"与"一切人的发展"是辩证统一的，人的自由和全面发展集中体现为"现实的个人"在对"社会特性"重新占有的基础上，获得"个性"的充分发展，同时这种"个性"的充分发展，只有当其作为"社会特性"存在的前提条件时方有可能。交往实践促进人的社会关系的全面性，就集中体现在"现实的个人"在社会关系中的"自主性"，即个体的自主发展上。在马克思看来，由于剥削阶级统治而使人丧失了政治自由和个体的自主性，由于资本的物化逻辑遮蔽了人的独立性和个性——"在资产阶级社会里，资本具有独立性和个性，而活动着的个人却没有独

---

① 《马克思恩格斯文集》第 1 卷，人民出版社 2009 年版，第 189 页。
② 《马克思恩格斯文集》第 2 卷，人民出版社 2009 年版，第 53 页。

立性和个性"①，进而成为"偶然的个人"。人的全面发展在很大程度上就是逐步以"有个性的个人"代替"偶然的个人"，因为"现实的个人"在社会生活以及社会关系中的"自主性"的充分发展，就是其自由和全面发展的最高体现，同时也是科学共产主义的理论逻辑和价值旨趣所在。

> 生产力——财富一般——从趋势和可能性来看的普遍发展成了基础，同样，交往的普遍性，从而使世界市场成了基础。这种基础是个人全面发展的可能性，而个人从这个基础出发的实际发展是对这一发展的限制的不断扬弃，这种限制被意识到是限制，而不是被当做神圣的界限。个人的全面性不是想象的或设想的全面性，而是他的现实联系和观念联系的全面性。②

合理化的社会交往使人的主体意识和"主体性"得到充分发展。人们在多维度的对象化与自我确证中彰显其主体意识，实现其"主体性"的理性自觉，即自己的本质力量的敞显。与此同时，人们主体意识的自觉，有助于从社会性上认知属于自己的本质力量，在现实的对象性活动中革新那些掣肘其自由发展的不合理的对象化关系。人的"主体性"的自觉，在根本上依赖于多元主体在生产实践和交往实践的交互发展。物质生产能力——"物质生活的生产方式"水平的不断进步，既可以超越人们对"物的依赖关系"，也可以不断地冲破束缚着人们自由和全面发展的人身依附关系或旧的交往形式。马克思恩格斯在《共产党宣言》中明确肯定了"资产阶级"在历史上曾经起过非常革命的作用：

> 资产阶级在它已经取得了统治的地方把一切封建的、宗法的和田园诗般的关系都破坏了。它无情地斩断了把人们束缚于天然尊长的形形色色的封建羁绊，它使人和人之间除了赤裸裸的利害关系，除了冷酷无情的"现金交易"，就再也没有任何别的联系了。……总而言之，它用公开的、无耻的、直接的、露

---

① 《马克思恩格斯文集》第2卷，人民出版社2009年版，第46页。
② 《马克思恩格斯文集》第8卷，人民出版社2009年版，第171—172页。

骨的剥削代替了由宗教幻想和政治幻想掩盖着的剥削。①

　　"现实的个人"只有通过普遍的交往才能在社会生活和社会关系中发掘自身的价值，并进行合理化的自我确证。作为通向人的解放的社会共同体，只有为"现实的个人"的广泛的社会交往及其自我实现提供优良的公共秩序和制度环境，每个人的能动性和创造性方能自由自觉地敞显。

　　个人解放的全面性是在生产实践和交往实践趋于合理化的历史过程中实现的，即逐步扬弃和规避对象性活动中的诸多"异化"因素，缩短或减少"现实的个人"为了基本生存需要所耗费的精力和时间。自由时间，即"不论是闲暇时间还是从事较高级活动的时间"②，都是实现个性解放之全面性的必要条件和重要表征。事实上，"现实的个人"只有拥有充裕的自由时间和闲暇时间，才能在"四大生活"的多维展开中实现其个性发展的全面性。这就要求在既有的历史条件下尽可能地增加劳动者的自由时间和闲暇时间，"使他们的绝对劳动时间能够由于劳动时间内所使用的不变资本的数量和效率而得到缩短"③。因为从整体上看，"节约劳动时间等于增加自由时间，即增加使个人得到充分发展的时间"④。

　　个人闲暇时间的宽裕或充裕，实质上是对人类自身动物性生存的超越，是实现个性全面发展潜能的有机空间和基本前提。科学共产主义的时代出场，旨在使"现实的个人"的个性得到自由发展，"并不是为了获得剩余劳动而缩减必要劳动时间，而是直接把社会必要劳动缩减到最低限度，那时，与此相适应，由于给所有的人腾出了时间和创造了手段，个人会在艺术、科学等等方面得到发展"⑤。在马克思看来，"自由王国只有建立在必然王国的基础上，才能繁荣起来。工作日的缩短是根本条件"⑥。"现实的个人"在"两大实践"中逐步占有"四大生活"，并在确证其本质的进程中逐步打破人与人之间的血缘、地域的局限，在置身于

---

① 《马克思恩格斯文集》第 2 卷，人民出版社 2009 年版，第 33—34 页。
② 《马克思恩格斯文集》第 8 卷，人民出版社 2009 年版，第 204 页。
③ 《马克思恩格斯文集》第 7 卷，人民出版社 2009 年版，第 287 页。
④ 《马克思恩格斯文集》第 8 卷，人民出版社 2009 年版，第 203 页。
⑤ 同上书，第 197 页。
⑥ 《马克思恩格斯文集》第 7 卷，人民出版社 2009 年版，第 929 页。

"社会群体"并不断超越对群体依赖的过程中，实现"每个人的自由发展是一切人的自由发展的条件"① 的联合体。换言之，旨在通过整体实践超越"人的依赖关系"和"物的依赖关系"，来实现"建立在个人全面发展和他们共同的、社会的生产能力成为从属于他们的社会财富这一基础上的自由个性"② 的自由自觉的交往。

综上所述，马克思交往实践思想在逻辑上内在地统一于马克思主义的理论旨趣——实现人的自由和全面发展，因而具有浓重的人文关怀。马克思思想视域中的人文关怀，既不是黑格尔对自我精神的"抽象思辨"，也不是费尔巴哈人本主义的"道德游说"，而是把"人只有作为自己本身的产物和结果才能成为前提"③ 的逻辑彻底性，融入到"通过人并且为了人而对人的本质的真正占有"④ 的辩证实践当中。

---

① 《马克思恩格斯文集》第 2 卷，人民出版社 2009 年版，第 53 页。
② 《马克思恩格斯文集》第 8 卷，人民出版社 2009 年版，第 52 页。
③ 《马克思恩格斯全集》第 35 卷，人民出版社 2013 年版，第 350—351 页。
④ 《马克思恩格斯文集》第 1 卷，人民出版社 2009 年版，第 185 页。

第 六 章

三个面对:探索中国发展道路的
主体向度

本章导读

　　发展道路的选择关乎国家前途、民族命运、人民幸福。邓小平在社会主义建设初期提出面对实际、面对人民、面对生产力，作为其历史辩证法思想的重要原则，一以贯之构成探索和发展中国特色社会主义道路的主体向度。一是坚持"面对实际"，提出社会主义初级阶段的国情论，是对科学共产主义时代出场的规律遵循。二是"面对人民"，坚持社会主义改革事业的人民本位，是对科学共产主义价值在场的实践展开。三是"面对生产力"，以此夯实建设社会主义的物质基础，是实现科学共产主义超越"物役性"的物质准备。坚持"三个面对"的道路探索，不仅体现了中国社会主义建设与改革的内在逻辑，也蕴含着中国特色社会主义的生成和发展理路。

　　发展道路的选择直接关涉着当代中国社会主义的命运。作为中国革命、社会主义建设和改革中的"实事求是派"，邓小平始终把马克思的历史辩证法置于社会发展的具体层面来探索中国的发展道路。新中国成立初期（1951 年），他就曾明确指出："共产党就是为发展社会生产力的，否则就违背了马克思主义理论。"① 在社会主义改造完成后（1957 年）进一步指出，我们在生产和建设方面的指导思想，应该是"面对国家的现实。我们不要脱离国家的现实"②，之所以要这样，是因为"我们的国家很穷，很困难，任何时候不要忽略这个问题"③。"面对群众的需要"，就是"我们的建设工作应该面对群众，发现问题，解决问题"④。这三个方面作为邓小平历史辩证法具体实现中的重要原则，可以概括为"面对实际、面对人民、面对生产力"⑤（简称"三个面对"）。重温邓小平坚持"三个面对"探索中国发展道路的实践历程和价值蕴涵，对于从整体性上坚持和发展中国特色社会主义具有重要意义。

第一节 坚持"三个面对"的中国发展道路探索

社会发展道路的探索和选择，关乎国家前途、民族命运、人民幸福。以毛泽东为核心的中国共产党人带领中国人民，彻底结束了旧中国半殖民地半封建社会的历史，创造性地完成了由新民主主义革命向社会主义革命的转变，使中国这个占世界近 1/4 人口的东方大国进入了社会主义社会，成功实现了中国历史上最深刻最伟大的社会变革。新民主主义革命的胜利，社会主义基本制度的确立，为当代中国的发展进步奠定了根本政治前提和制度基础。作为第一代领导集体的重要成员，邓小平在社会主义建设中所秉持的"三个面对"的主体向度，是在中共十一届三中全会以后围绕"什么是社会主义，如何建设社会主义"，探索"建设有中国特色的社会主义"的思想先导。

一 面对实际，提出社会主义初级阶段的国情论

国情认知是对一个国家的基本情况及其所处环境和历史方位的切实把握。坚持面对实际，有助于科学研判国情实际和制定发展战略。毛泽

① 《邓小平文选》第 1 卷，人民出版社 1994 年版，第 148 页。
② 同上书，第 267 页。
③ 同上书，第 268 页。
④ 同上。
⑤ 张一兵：《马克思历史辩证法的主体向度》，武汉大学出版社 2010 年版，第 426 页。

东在探索中国革命和建设道路时质问道："中国人不懂中国情况，这怎么行？"① 切实把握近代中国所处的时代境遇，既是"解决中国革命问题的最基本的依据"②，也是探索中国发展道路的基本依据。这期间的历史实践一再表明：什么时候我们对国情的把握逼近实际，什么时候我们的工作就要顺利一些。在邓小平看来：

> 普遍规律是大同，否认大同就是修正主义；否认自己的特点和实际，就是否认小异，就是教条主义。犯修正主义错误，我们建不成社会主义；犯教条主义错误，我们的事情同样会遭受失败。③

中国建设社会主义，要把尊重马克思主义的共同原则和普遍规律之"大同"与中国自己的特点和实际之"小异"结合起来，"只有认清自己的特点、自己的实际，才能把革命搞好，才能把建设搞好"④。1950 年1 月 29 日，邓小平在《团结起来，战胜困难》的讲话中指出，"我们将来要实行社会主义，但要在一个相当长的时间之后，条件准备成熟了，才能实行社会主义"⑤。1957 年 3 月 18 日，他在一次报告中强调："如果脱离实际……将来一定要栽大跟头。"⑥ 1958 年 7 月 19 日，他在一次军委扩大会议上指出，"我们国家的特点是一穷二白。穷要干革命，白好写更好的文章、好画最美的图画，这是个好条件"⑦。无论是中国的革命，还是中国的社会主义建设，都必须从中国的实际国情出发，"按照中国的情况写中国的文章"⑧。后来在中国社会主义建设中出现的诸多挫折，在很大程度上就是因为脱离当时的国情实际，导致或超前或滞后的实践波折。

社会主义建设是一项全新的事业，需要新的探索。正是因为"社会

---

① 《毛泽东文集》第 8 卷，人民出版社 1999 年版，第 339 页。

② 《毛泽东文选》第 2 卷，人民出版社 1991 年版，第 646 页。

③ 《邓小平文集（1949—1974）》中，人民出版社 2014 年版，第 391 页。

④ 同上。

⑤ 《邓小平文集（1949—1974）》上，人民出版社 2014 年版，第 32 页。

⑥ 《邓小平文集（1949—1974）》中，人民出版社 2014 年版，第 306 页。

⑦ 同上书，第 390 页。

⑧ 同上书，第 391 页。

主义谁也没有干过,没有先学会社会主义的具体政策而后搞社会主义的"①,所以邓小平在探索建设中国特色社会主义的过程中,既没有囿于马克思主义的"本本",也没有拘泥于他国既有模式,而是坚持"走出一条中国式的现代化道路"②。在他看来,走好这一道路至少有两个重要特点是必须看到的,"一个是底子薄……第二条是人口多,耕地少"③。1973年7月17日,他在会见外宾时谈道:"中国这样大,但也可以说不大。大,是说我们的地方大,人口多;不大,就是很不发达。"④ 正是诸如"薄""多""少""大"等特点,一起构成中国的基本国情,决定了中国是"正在发展中的不发达国家"⑤。这是邓小平在毛泽东关于中国属于"第三世界"国家判断的基础上,对中国基本国情的深刻把握。

中国建设社会主义之所以在"事实上不够格"⑥,就是因为社会主义本身是共产主义的初级阶段,而中国又处在社会主义的初级阶段。这一阶段是生产力落后、商品经济不发达的国家建设社会主义必然要经历的特定阶段。中国在确立社会主义制度以后,"还需要一个很长的历史阶段"⑦ 来巩固和发展它。邓小平坚持面对实际,切实把握当代中国所处的历史方位和时代场域,在此基础上制定了社会主义初级阶段的基本路线和"三步走"的发展战略,作为建设中国特色社会主义的基本依据。

二 面对人民,坚持社会主义改革事业的人民本位

邓小平是一代伟人,但始终把自己作为"普通人中的先进分子"⑧。他戎马一生,身体力行,凡是于人民有利的事情,无不尽力提倡和践行。

1950年7月31日,他在一次讲话中指出:"我们所做的一切事情,都必须符合人民的利益,对于损害人民利益的事情就应该加以反对,加

① 《毛泽东文集》第 8 卷,人民出版社 1999 年版,第 276 页。
② 《邓小平文选》第 2 卷,人民出版社 1994 年版,第 163 页。
③ 同上书,第 163—164 页。
④ 《邓小平文集(1949—1974)》下,人民出版社 2014 年版,第 309 页。
⑤ 同上书,第 357 页。
⑥ 《邓小平文选》第 3 卷,人民出版社 1993 年版,第 225 页。
⑦ 同上书,第 379 页。
⑧ 《邓小平文选》第 1 卷,人民出版社 1994 年版,第 258 页。

以纠正。"① 依靠人民群众是取得民主革命胜利的最可靠基础,在他看来,离开了这一基础,"革命胜利就好似建立在沙滩上,是会垮台的"②。社会主义同样也是人民群众的事业,中国建设社会主义也必须"用坚定的信念把人民团结起来,为人民自己的利益而奋斗"③。一方面,要"永远站在人民群众方面"④,要真正为人民着想,关心群众生活。另一方面,要"始终如一地联系群众,虚心向群众学习"⑤。只有这样,"才能广泛地集中群众的意见,并使党的各种政策变成为群众自己的行动"⑥,才能更好地应对和克服社会主义建设中的诸多复杂问题。

邓小平坚持"为人民事业忠贞不屈高度负责"⑦ 的作风,始终把人民群众作为社会主义改革事业的决定力量和依靠力量。在他看来,包括社会主义在内的"任何新生的事业都是在前进中发展的"⑧,而改革是社会主义制度的自我完善,是决定中国命运的关键一招。既有的经验表明:"越是困难的时候,越关心群众"⑨,越是在改革的关键时候,越要相信并尊重人民群众的创造性智慧,坚持同人民一起商量办事。开拓和发展社会主义改革事业,重在于对人民群众利益的维护、对人民群众智慧的尊重。他始终面对人民,认为"无论革命、建设,都要贯彻群众路线"⑩,并作为群众路线的最忠实的践行者。习近平在纪念邓小平同志诞辰110周年座谈会上的讲话中指出:"我们纪念邓小平同志,就要学习他对人民无比热爱的伟大情怀。热爱人民,是邓小平同志一生最深厚的情感寄托,也永远是中国共产党人应该坚守的力量源泉。"⑪

中国改革开放的实践证明:农村家庭联产承包责任制的形成和推广、

---

① 《邓小平文集(1949—1974)》上,人民出版社2014年版,第114页。
② 同上书,第117页。
③ 《邓小平文选》第3卷,人民出版社1993年版,第190页。
④ 《邓小平文集(1949—1974)》上,人民出版社2014年版,第139页。
⑤ 同上书,第131页。
⑥ 《邓小平文集(1949—1974)》中,人民出版社2014年版,第226页。
⑦ 《邓小平文集(1949—1974)》上,人民出版社2014年版,第274页。
⑧ 同上书,第184页。
⑨ 《邓小平文选》第2卷,人民出版社1994年版,第228页。
⑩ 《邓小平文集(1949—1974)》下,人民出版社2014年版,第56页。
⑪ 《习近平谈治国理政》第2卷,外文出版社2017年版,第5页。

乡镇企业的发展、深圳特区的开辟等，都是人民群众在改革开放的实践中提出来的。他尽管被誉为中国改革开放实践的"总设计师"，但没有以英雄姿态自居，而是心怀"对于人民的事业无限忠诚"①，牢牢坚持社会主义改革事业的人民本位，带领中国人民创造性地开创了中国特色社会主义道路。

三　面对生产力，夯实建设社会主义的物质基础

高度发达的生产力，是建设社会主义的题中之义，是实现人的自由和全面发展的基础条件。邓小平在探索中国发展道路的过程中，始终高度重视发展生产力。1950 年 1 月 4 日，他在一次讲话中指出，"发展生产的思想……才是有前途的思想"，"我们应该把盈余放在发展生产方面……使国家迅速发展成为工业国，迅速进入社会主义阶段"②。1952 年 11 月 14 日，他在审改中共中央《关于调整商业的指示》的文稿时写道："只有在正确的经济政策之下，才能导致国家经济的发展和人民生活的改善，也才能引导我们稳步地走向社会主义。"③ 1959 年 5 月 28 日，他在听取工业生产情况的汇报时针对"以钢为纲"失衡问题明确指出，人民生活问题必须解决——"日用生活必需品是关系六亿人民的生活问题，比一千八百万吨钢还重要"④。遗憾的是，"多少年来我们吃了一个大亏，社会主义改造基本完成了，还是'以阶级斗争为纲'，忽视发展生产力"⑤。在他看来，人民群众是最讲实际的，"人民对于政府的信赖，不是靠它的口号，而是看它的实际"⑥，所以应该诚心实意地发展生产力，给人民群众的物质生活提供实实在在的东西。

发展生产力，是实现民族独立和国家富强的基础，因为"经济不独立，国家再大也没有用"⑦。发展生产力，也是解决民族问题的基础，因

---

① 《邓小平文集（1949—1974）》上，人民出版社 2014 年版，第 120 页。
② 同上书，第 14 页。
③ 《邓小平文集（1949—1974）》中，人民出版社 2014 年版，第 24 页。
④ 《邓小平文集（1949—1974）》下，人民出版社 2014 年版，第 35 页。
⑤ 《邓小平文选》第 3 卷，人民出版社 1993 年版，第 141 页。
⑥ 《邓小平文集（1949—1974）》上，人民出版社 2014 年版，第 26 页。
⑦ 《邓小平文集（1949—1974）》下，人民出版社 2014 年版，第 70 页。

为除了"实行民族平等……从政治上去解决问题"之外，更为重要的是，"从经济上去帮助他们，使各兄弟民族人民的生活一天天好起来"①。在"拨乱反正"初期，邓小平指出，"我们的生产力发展水平很低，远远不能满足人民和国家的需要"②，"不发展生产力，不提高人民的生活水平，不能说是符合社会主义要求的"③。总之，只有面对和发展生产力，夯实建设社会主义的物质基础，才能不断满足人民群众日益增长的物质文化需要，尤其是全面满足人们日益增长的美好生活需要。

高度发达的生产力是实现共同富裕，体现社会主义本质及其优越性的基础条件。社会主义作为一种更高级的制度形态，是建立在充分汲取以往社会形态的一切积极成果之上的。中国建立了这一先进的制度后，还有很多工作要做，才能体现出社会主义制度的优越性。发展生产力是建设社会主义的根本任务，"只有不断发展社会生产力，国家才能一步步富强起来，人民生活才能一步步改善"④。社会条件下发展生产力的最终目的是实现共同富裕，实现每个人的自由和全面发展，因为"社会主义财富属于人民，社会主义的致富是全民共同致富"⑤。为此，他反复强调，社会主义有两个非常重要的方面：一是以公有制为主体，二是不搞两极分化。只有坚定不移地走共同富裕的道路才能体现出社会主义制度的优越性，也"只有这条路才是通往富裕和繁荣之路"⑥。

实现共同富裕，既是社会主义制度属性使然，也是我们的目标所向，但不能一蹴而就。我们的任务，就是要从社会主义初级阶段的基本国情出发，坚持把计划和市场都作为发展经济的手段，通过兼顾"两个大局"⑦，实施"三步走"战略——解决温饱→实现小康→到21世纪中叶达到中等发达国家的水平——来不断逼近这一目标。由此而言，邓小平在"南方谈话"中关于社会主义本质的经典阐释，即是他坚持"三个面对"

---

① 《邓小平文集（1949—1974）》上，人民出版社2014年版，第349页。
② 《邓小平文选》第2卷，人民出版社1994年版，第182页。
③ 《邓小平文选》第3卷，人民出版社1993年版，第116页。
④ 同上书，第328页。
⑤ 同上书，第172页。
⑥ 同上书，第150页。
⑦ 同上书，第277—278页。

探索和总结社会主义建设经验得失之上的科学洞见。

第二节 坚持"三个面对"的时代价值蕴涵

科学理论引领下的实践创新，孕育着新的理论创新。邓小平坚持"三个面对"主体向度的中国特色社会主义道路探索，不仅是"摸着石头过河"的规律探索和实用理性，而且在"顶层设计"意义上蕴含着中国建设和发展社会主义的思想路线、实践标准和目标指向。

一 丰富并发展了"实事求是"的思想路线

实事求是作为"无产阶级世界观的基础，是马克思主义的思想基础"①。作为中国共产党的思想路线，实事求是是在批判以往唯心主义和形而上学认识路线的基础上形成的，是马克思主义中国化理论成果的精髓。1938 年，毛泽东在中共六届六中全会提出"马克思主义中国化"的任务时借用这一传统资源，作为实现马克思主义与中国实际相结合的科学态度。1941 年，毛泽东在《改造我们的学习》的报告中对此进行了马克思主义的经典阐释。② 中国共产党人坚持实事求是，把马克思主义基本原理与中国革命具体实际相结合，取得新民主主义革命和社会主义革命的伟大胜利。

然而，要做到实事求是，其实并不容易。在邓小平看来，不仅需要通过调查研究"真正了解实际情况"③，把客观规律掌握好，而且需要开动脑筋，解放思想。因为"人的脑筋如果没打通，任何事情也办不通"④，"把我们自己的手捆起来，把我们的嘴巴封起来，把我们的脑袋僵化起来，是要犯大错误的"⑤。1957 年 1 月 12 日，针对当时社会主义建设中的激进做法和浮夸情绪，他指出，"把一个东西夸张到不恰当的地步，那就不是马克思主义者"，实事求是的做法，应当是"正确的要坚持，错误的

---

① 《邓小平文选》第 2 卷，人民出版社 1994 年版，第 143 页。

② 《毛泽东选集》第 3 卷，人民出版社 1991 年版，第 801 页。

③ 《邓小平文集（1949—1974）》下，人民出版社 2014 年版，第 81 页。

④ 《邓小平文集（1949—1974）》上，人民出版社 2014 年版，第 189 页。

⑤ 《邓小平文集（1949—1974）》下，人民出版社 2014 年版，第 19 页。

要纠正，不完善的要补足"①。所以说，坚持实事求是，就是坚持马克思主义的真精神，就是"根据它的基本原则和基本方法，不断结合变化着的实际，探索解决新问题的答案"②，就是"一切从实际出发，理论联系实际，坚持实践是检验真理的标准"③。

做到实事求是，既要靠辩证的实践，也离不开解放思想。在中国改革开放和社会主义现代化建设中，邓小平重申了毛泽东提倡的实事求是的思想路线，并把"开动脑筋"之解放思想作为实事求是的内在要素。解放思想就是为了做到"思想对头"——"打破迷信，从中国自己的实际情况出发，去想问题、解决问题。这就是尊重唯物论，尊重辩证法"④。在推进改革开放的关键时期，他更加强调解放思想对于抓住机遇的重要性——"不敢解放思想，不敢放开手脚，结果是丧失时机，犹如逆水行舟，不进则退"⑤。他坚持解放思想、实事求是，提出"三个有利于"标准，从根本上解决了姓"资"姓"社"问题对发展社会主义市场经济的长期困扰。这一创举不但打破了马克思主义阵营中的教条主义观念，也打破了资本主义国家思想中的教条主义观念，提出了新的社会主义内涵，大大改变了研究社会主义和资本主义的方法。⑥

中国发展实践证明：中国改革开放的成功，靠的不是本本和教条，"而是靠实践，靠实事求是"⑦。他后来总结道："我们是走一步看一步，有不妥当的地方，改过来就是了。总之，遵循一个原则，就是实事求是。"⑧ 中国革命的成功靠的是实事求是，中国社会主义建设和改革同样离不开实事求是。邓小平作为其中的亲历者，因此而自诩为"实事求是派"。这个非同一般的"派别"称号，以朴素的方式表达着共产党人的精神品格和马克思主义者的科学精神。习近平在纪念邓小平同志诞辰110周年座谈会上的讲话中指出："我们纪念邓小平同志，就要学习他始终坚持

---

① 《邓小平文集（1949—1974）》中，人民出版社2014年版，第272页。
② 《邓小平文选》第3卷，人民出版社1993年版，第146页。
③ 《邓小平文选》第2卷，人民出版社1994年版，第278页。
④ 《邓小平文集（1949—1974）》中，人民出版社2014年版，第389页。
⑤ 《邓小平文选》第3卷，人民出版社1993年版，第377页。
⑥ 马启民：《国外邓小平理论研究评析》，山东人民出版社1999年版，第252页。
⑦ 《邓小平文选》第3卷，人民出版社1993年版，第382页。
⑧ 同上书，第78页。

实事求是的理论品质。实事求是，是邓小平同志一生最重要的思想特点，也永远是中国共产党人应该遵循的思想方法。"[1]

二　孕育着"三个有利于"的实践标准观

选择一条适合中国实际的发展道路需要卓越的政治智慧，走好这一道路同样离不开科学的评价标准。1957 年 1 月 12 日，邓小平在清华大学师生大会上的报告中指出："我们的社会主义制度究竟好不好？……决定于是否能够促进生产力的发展。"[2] 1961 年 1 月 24 日，他在会见外宾时指出："如何搞社会主义主要看两条，一群众满意，二发展生产力。群众是否满意、支持是判断事物好坏的标准。"[3] 1964 年 1 月 11 日，他在全军政治工作会议上的报告中指出，"衡量我们工作做得好不好，要看我们能不能发展生产力，能不能比较快地实现四个现代化"[4]。从中可以看出，邓小平在"南方谈话"中集中阐释的"三个有利于"[5] 标准观，即是在坚持"三个面对"的基础上逐步凝练而来的。

坚持"三个面对"体现了历史尺度与价值尺度的辩证统一。从历史尺度来看，解放和发展社会生产力是社会主义初级阶段的根本任务，是评价改革取向和政策选择的重要标准。从价值尺度来看，实践是检验真理的唯一标准，而实践的主体是人民群众，"只有人们的社会实践，才是人们对于外界认识的真理性的标准"[6]。在此略举两例：

一是坚持"三个面对"提出了用人上的政治标准。1978 年 12 月 13 日，邓小平在《解放思想，实事求是，团结一致向前看》的报告中指出："用人的政治标准是什么？为人民造福，为发展生产力、为社会主义事业作出积极贡献，这就是主要的政治标准。"[7] 从中可以看出，用人上的面对现实，就是广大劳动者"为社会主义事业作出积极贡献"，这是社会主

① 《习近平谈治国理政》第 2 卷，外文出版社 2017 年版，第 6 页。

② 《邓小平文集（1949—1974）》中，人民出版社 2014 年版，第 272 页。

③ 《邓小平文集（1949—1974）》下，人民出版社 2014 年版，第 75 页。

④ 同上书，第 174 页。

⑤ 《邓小平文选》第 3 卷，人民出版社 1993 年版，第 372 页。

⑥ 《毛泽东选集》第 1 卷，人民出版社 1991 年版，第 284 页。

⑦ 《邓小平文选》第 2 卷，人民出版社 1994 年版，第 151 页。

义条件下劳动者的基本价值定位；用人上的面对人民，就是让广大劳动者用自己的聪明才智来"为人民造福"；用人上的面对生产力，就是让广大劳动者"为发展生产力作出积极贡献"。

二是坚持"三个面对"阐释了评价国家政治体制的核心标准。1987年3月27日，邓小平在会见喀麦隆总统比亚时指出："我们评价一个国家的政治体制、政治结构和政策是否正确，关键看三条：第一是看国家的政局是否稳定；第二是看能否增进人民的团结，改善人民的生活；第三是看生产力能否得到持续发展。"① 面对实际，就是看相应的政治体制是否适应国家的现实，有利于政局的稳定；面对人民，就是看相应的政治体制是否增进人民的团结，改善人民的生活；面对生产力，就是看作为政治上层建筑的政治体制是否与一国的经济基础相协调，能否更好地促进生产力的持续和健康发展。

总体来看，坚持"三个面对"与"三个有利于"是一脉相承的。面对实际是基本前提和立足点，面对人民是出发点和价值旨归，面对生产力是手段和路径。明确前提，匡正本末，旨在把既有条件下的手段与阶段性的目标统一起来，以更好地实现最终目的。

三 承载着实现民族振兴的"中国梦"

近代以来，中华民族面临着两大历史任务：一是求得民族独立和人民解放，一是实现国家繁荣富强和人民共同富裕。百余年来，孙中山领导的辛亥革命开创了近代中国的民族民主革命，借以"振兴中华"，但没有从根本上改变中国半殖民地半封建的社会性质和中国人民的悲惨命运。以毛泽东为代表的中国共产党人在完成第一大历史任务的同时，也为第二大历史任务奠定了根本政治前提和制度基础。

邓小平在旅欧勤工俭学期间就矢志探索救国复兴之路，并把自己的一生献给了中国的革命和发展事业。新中国的成立，标志着中国人民从此站起来了。在邓小平看来，"对于中国人来说，是站起来呢，还是又倒下去？不愿再倒下去，就只能自己想办法"②，"对我们的国家要爱，要让

---

① 《邓小平文选》第3卷，人民出版社1993年版，第213页。
② 《邓小平文集（1949—1974）》上，人民出版社2014年版，第28页。

我们的国家发达起来"①。同样,"没有大家庭幸福,就没有小家庭幸福,没有大家庭独立,小家庭也不可能有独立"②,"只有中华人民共和国站起来了,各民族人民才站得起来"③。在这里,邓小平从国家富强、民族独立、人民幸福的方面表达了让中国人民真正"站起来""富起来""强起来"的"中国梦"。他的女儿毛毛后来总结说:"他的信念,就是要让中国人民富裕起来,要让中国强盛起来。"④

面对国内经济社会发展滞后的困境,邓小平指出,"经济工作是当前最大的政治"⑤,并把"一个中心,两个基本点"作为中国社会主义初级阶段的基本路线。面对冷战后的国际形势,他高屋建瓴地指出,和平与发展是时代的主题,并阐明中国"是主张和平的社会主义"⑥。无论是中国国际地位的提升,还是"祖国统一的实现,归根到底还是要我们把自己的事情搞好"⑦。中国作为最大的发展中国家强盛起来,是维护世界"和平"之"东西问题"和推动世界"发展"之"南北问题"⑧的重要力量。"如果我们国家发展了,更加兴旺发达了"⑨,相应地,"我们实现统一的力量就不同了"⑩。正是由于中国综合国力的增强和国际地位的显著提升,香港和澳门以"一国两制"的方式在新世纪前夕顺利回归祖国。

为了更好地实现社会主义现代化的目标,邓小平坚持"三个面对",在既有成就基础上把原来的"两步走"战略调整为"三步走"战略。经过改革开放40年的创造性实践,中国提前实现了"前两步"的目标,正在朝着"第三步"的目标努力奋进。可以说,"三步走"战略是"两个一百年"奋斗目标的基本雏形和历史奠基,承载着实现社会主义现代化和中华民族伟大复兴的"中国梦"。

---

① 《邓小平文选》第3卷,人民出版社1993年版,第378页。
② 《邓小平文集(1949—1974)》上,人民出版社2014年版,第347页。
③ 同上书,第346页。
④ 毛毛:《我的父亲邓小平》上,中央文献出版社1993年版,第651页。
⑤ 《邓小平文选》第2卷,人民出版社1994年版,第194页。
⑥ 《邓小平文选》第3卷,人民出版社1993年版,第328页。
⑦ 《邓小平文选》第2卷,人民出版社1994年版,第240页。
⑧ 《邓小平文选》第3卷,人民出版社1993年版,第105页。
⑨ 《邓小平文选》第2卷,人民出版社1994年版,第240页。
⑩ 同上。

第三节　坚持"三个面对"的未来实践指向

建设和发展中国特色社会主义是一项敞开的伟大事业，只有进行时没有完成时。新时期，重温邓小平坚持"三个面对"探索中国发展道路的实践历程和价值蕴涵，不仅让我们管窥中国社会主义建设与改革的内在逻辑，而且让我们从中寻觅到发展中国特色社会主义的基本理路——作为立足"总依据"、着眼"总布局"、落实"总任务"的思想资源和展开向度。

一　立足总依据，贯彻社会主义初级阶段的基本路线

在世情、国情、党情继续发生深刻变化的大背景下，坚持和发展中国特色社会主义，实现社会主义现代化和中华民族伟大复兴绝非易事。理清其中"变"与"不变"之间的"国情实际"，是我们抓住发展机遇和规避风险挑战的道路自觉。

一是牢牢把握"三个没有变"的国情实际。1981 年，《关于建国以来党的若干历史问题的决议》指出："我们的社会主义制度还是处于初级的阶段。"[①] 从中共十二大开始，历次党的代表大会都强调或重申这一论断。中共十八大报告再次强调：我国仍处于并将长期处于社会主义初级阶段的基本国情没有变。中共十九大报告进一步指出，中国特色社会主义进入新时代，我国社会主要矛盾已经转化为人民日益增长的美好生活需要和不平衡不充分的发展之间的矛盾。尽管说社会矛盾的重心发生转变，但中国是世界上最大发展中国家的国际地位没有变。"三个没有变"是当代中国的最大国情、最大实际、最大特征，是建设和发展中国特色社会主义的"总依据"的具体指向。因此，在任何情况下，都要牢牢把握这个最大的国情，全面深化改革要牢牢立足这个最大的实际，制定治国理政的长远规划都要紧扣这个最大的特征。这是我们理性地看待既有历史成就，面对未来的机遇和挑战，更好地发展中国特色社会主义事业的基本前提和立足点。

[①] 《十一届三中全会以来重要文献选读》上，人民出版社 1987 年版，第 344 页。

二是贯彻社会主义初级阶段的基本路线。社会主义初级阶段的国情论是坚持和发展中国特色社会主义的理论自觉。之所以"强调认清社会主义初级阶段基本国情,不是要妄自菲薄、自甘落后,也不是要脱离实际、急于求成,而是要坚持把它作为推进改革、谋划发展的根本依据"①。中国特色社会主义道路是以基本国情为根本依据,中国特色社会主义理论体系是以基本国情为逻辑起点,中国特色社会主义制度是以基本国情为社会基础。在全面建成小康社会、加快实现社会主义现代化和中华民族伟大复兴的重要历史时期,既不能偏离"一个中心",也不能偏废"两个基本点"。牢牢抓住"经济建设"这个中心不动摇,是由社会主义初级阶段的主要矛盾所决定的,也是实现科学发展的内在要求。毫不动摇地坚持"四项基本原则"这个立国之本,是发展中国特色社会主义的政治保障。始终坚持走改革开放的强国之路,是决定当代中国命运的关键抉择,是发展中国特色社会主义的必由之路。

中共十九大报告对新时期中国社会主要矛盾的转化予以整体研判,就协同实现"两个一百年"奋斗目标的任务进行了阶段划分。第一个阶段,从 2020 年到 2035 年,在全面建成小康社会的基础上,再奋斗十五年,基本实现社会主义现代化。第二个阶段,从 2035 年到本世纪中叶(2050 年),在基本实现现代化的基础上,再奋斗十五年,把我国建成富强民主文明和谐美丽的社会主义现代化强国。立足"总依据",继续坚持一切从社会主义初级阶段的基本国情出发,有助于科学制定与社会基本矛盾变化相适应的发展规划,面对成绩时不妄自尊大、盲目乐观,面对挑战时不妄自菲薄、丧失信心。

二　围绕美好生活,推进科学发展和全面发展的总布局

面对人民对美好生活的向往,坚持发展为了人民、发展依靠人民、发展成果由人民共享,是新时期坚持社会主义事业人民本位的集中体现,是坚持科学发展观推进"五位一体"和"四个全面"的价值旨归。

一是把人民群众对美好生活的向往作为治国理政之本。建设和发展中国特色社会主义是一项长期而艰巨的历史任务,是依靠人民群众为了

---

① 《胡锦涛文选》第 2 卷,人民出版社 2016 年版,第 623 页。

人民群众的伟大实践。诚如"中国的事情能不能办好，社会主义和改革开放能不能坚持……从一定意义上说，关键在人"①。中共十九大报告明确指出，发展不平衡不充分的问题已经成为满足人民日益增长的美好生活需要的主要制约因素。人民群众对美好生活的向往，就是我们的责任。以改革创新的时代精神推进社会主义现代化事业，实现国家富强、民族振兴、人民幸福的中国梦，只有扎根于人民群众，与人民群众同呼吸、共命运，才能激发群众智慧、凝聚正能量，同心协力，攻坚克难。中共十八大把"五位一体"作为中国特色社会主义事业的总体布局，既坚持以经济建设为中心，又强调经济建设要同政治建设、文化建设、社会建设、生态文明建设相互配合。在推进"五位一体"的进程中，新一届中央领导集体将全面建成小康社会、全面深化改革、全面推进依法治国、全面从严治党作为治国理政的战略布局。"五位一体"和"四个全面"的战略布局是实现中国梦的"路线图"，是创造人民群众美好生活的施政纲要。

二是坚持科学发展观和"四个全面"统领"五位一体"协调发展。问题是时代的声音，也是社会发展中的常态。当前中国正处于全面建设小康社会的关键时期和全面深化改革开放的攻坚时期，针对改革发展中出现的问题，只能靠科学的发展的方式动态地去解决。坚持"五位一体"的总布局，旨在实现经济富强、政治民主、精神文明、社会和谐、生态文明的协调发展。这也就要求把以人民为中心的发展思想贯彻到社会主义现代化建设的全过程，自觉把推动经济社会发展作为实现科学发展的第一要义，自觉把全面协调可持续作为经济建设、政治建设、文化建设、社会建设、生态文明建设的基本要求。坚持"四个全面"，旨在为推动"五位一体"协调发展提供战略导引、动力机制和制度保障。全面建成小康社会是实现社会主义现代化目标的关键一步，是通过"五位一体"彰显社会主义制度优越性的动态体现。全面深化改革是推进"五位一体"的动力机制。坚持不懈地把改革创新精神贯彻到治国理政的各个环节，继续推进经济体制、政治体制、文化体制、社会体制的改革创新，加快重要领域和关键环节的改革步伐，促进社会主义现代化建设各个环节、各个方面相协调。全面推进依法治国的总目标是建设中国特色社会主义

---

① 《邓小平文选》第3卷，人民出版社1993年版，第380页。

法治体系，为全面深化改革和"五位一体"顺利进行提供制度保障。全面从严治党是坚持党的领导、人民当家作主、依法治国相统一的内在要求。通过切实转变作风，全面治理腐败重塑政党形象，继续保持党的纯洁性和先进性，完成党的执政使命。坚持科学发展观和"四个全面"统领"五位一体"协调发展，重在通过完善中国特色社会主义制度，推进国家治理体系和治理能力的现代化，不断实现科学发展、和谐发展。

三　面对生产力，整体推进中国特色社会主义现代化

如果说"生产力是人们应用能力的结果"①，那么"一切生产力即物质生产力和精神生产力"②，体现为生产物质财富的能力和生产精神财富的能力。实现社会主义现代化和中华民族伟大复兴的中国梦，归根到底，就是要面对和发展这两大生产力，"逐步改善、提高人民的物质生活和精神生活"③，因为"中国特色社会主义是物质文明和精神文明全面发展的社会主义"④。

其一，坚持发展物质生产力，全面建成小康社会。小康社会一直是中华民族孜孜以求的社会理想，是实现社会主义现代化过程中关键的阶段性目标。邓小平提出的"先富带后富"和"两个大局"战略，旨在20世纪末"在中国建立一个小康社会。这个小康社会，叫做中国式的现代化"⑤。中共十二大首次把"小康水平"作为从1981年到20世纪末我国经济和社会发展的奋斗目标。中共十三大正式将实现小康列为"三步走"发展战略的第二步目标。中共十三届七中全会对小康的内涵作了较为详细的阐述，赋予其更多的民生指向。中共十六大指出，我国在20世纪末已达到的小康"还是低水平的、不全面的、发展很不平衡的小康"⑥，进一步提出要在21世纪的头20年"全面建设惠及十几亿人口的更高水平

---

① 《马克思恩格斯文集》第10卷，人民出版社2009年版，第43页。
② 《马克思恩格斯全集》第46卷（上），人民出版社1979年版，第173页。
③ 《邓小平文选》第2卷，人民出版社1994年版，第251页。
④ 《习近平谈治国理政》，外文出版社2014年版，第52页。
⑤ 《邓小平文选》第3卷，人民出版社1993年版，第54页。
⑥ 《江泽民文选》第3卷，人民出版社2006年版，第416页。

的小康社会"①。经过 10 年的发展和积累，中共十八大将十七大提出的
"全面建设小康社会"调整为"全面建成小康社会"。中共十九大要求按
照十六大、十七大、十八大提出的全面建成小康社会各项要求，紧扣我
国社会主要矛盾变化，决胜全面建成小康社会，开启全面建设社会主义
现代化国家新征程。回溯这一历程可见，小康社会目标是贯穿改革开放
40 年的主线，全面建成小康社会是实现民族振兴的第一个"百年目标"。
一字之变，一方面体现了当代中国发展的良好势头和坚定信心，另一方
面也表明实现这一目标的紧迫性和艰巨性。面对这一任务，重在以科学
发展观为统领，坚持发展物质生产力，筑牢国家繁荣富强、人民幸福安
康、社会和谐稳定的物质基础，努力实现更高水平的、全面性、平衡性
的小康社会。全面建成小康社会作为新时期治国理政的战略目标，全面
深化改革、全面推进依法治国、全面从严治党三大战略举措，为全面建
成小康社会提供了更为强劲的动力机制和制度保障。

其二，坚持发展精神生产力，共建共享精神家园。人是具有自我意
识的存在物，并"以其需要的无限性和广泛性区别于其他一切动物"②。
生产的全面性就是为了满足人的需要的多样性，其中人类自身的生产是
为了保证种的繁衍，物质生产是为了满足人物质生活资料的需要，精神
生产是为了人的本质力量展开中满足精神生活的需求。精神生活是人的
本质力量在精神层面的对象化和自我确证，精神家园是通过有意识的精
神生活进行安身立命的精神容器。实现社会主义现代化不仅是器物和制
度层面的现代化，更体现为人的精神的现代化；实现中华民族的伟大复
兴，不仅需要经济方面的硬实力，也需要文化方面的软实力。为此，就
要"在建设高度物质文明的同时……建设高度的社会主义精神文明"③，
使"经济硬实力"与"文化软实力"相互支撑，形成民族振兴的协同合
力。尽管传统中国的灿烂文明曾经为世界作出了巨大贡献，"但是我们祖
先的成就，只能用来坚定我们赶超世界先进水平的信心，而不能用来安

---

① 《江泽民文选》第 3 卷，人民出版社 2006 年版，第 543 页。
② 《马克思恩格斯全集》第 49 卷，人民出版社 1982 年版，第 130 页。
③ 《邓小平文选》第 2 卷，人民出版社 1994 年版，第 208 页。

慰我们现实的落后"①。为此，我们既不能做文化上的"啃老族"，也不应该把厚重的传统当作精神包袱，而应该以开放包容的胸怀把马克思主义真精神、传统优秀文化、世界先进文化融入中国特色社会主义道路的实践中，从中萃取出支撑民族振兴的中国精神。通过构建社会主义核心价值体系，着力培育和践行社会主义核心价值观，共建共享人民美好生活的精神家园。

综上所述，一个文明而伟大的民族，会依靠勤劳和智慧来掌握自己的命运；一个拥有历史感的民族，会特别珍惜自己艰辛探寻出来的发展道路和实践智慧。邓小平在社会主义建设初期提出"三个面对"及其历史辩证法的展开原则，不光是对中国发展道路的现实考虑，更是对中华民族伟大复兴之路的战略思考。这其中所蕴含的一以贯之的精神理路，是我们理解中国特色社会主义"始于毛，成于邓"的重要理据，是发展中国特色社会主义之立足"总依据"、着眼"总布局"、实现"总任务"的源头活水。

---

① 《邓小平文选》第 2 卷，人民出版社 1994 年版，第 90 页。

第 七 章

辩证否定思维与中国特色
社会主义的时代出场[*]

本章导读

辩证法的批判本性是社会主义成为"科学"、科学社会主义成为"现实"的内在逻辑。马克思辩证否定观是认识和建设社会主义的重要方法论。中国特色社会主义作为对既有社会主义模式的辩证否定，在道路、理论、制度、文化维度上承载着社会主义的核心价值，是科学社会主义理论逻辑与中国社会发展历史逻辑的辩证统一，是社会主义价值自觉的中国个案。以辩证否定思维来认识和发展中国特色社会主义，需要在本质论上坚持"共同富裕"与"全面发展"的价值统一，在阶段论上坚持"全面小康"与"民族振兴"的目标统一，在特色论上坚持"中国本位"与"世界视野"的内涵统一，在动力论上坚持"动态改革"与"科学发展"的路径统一。

马克思的辩证法是关于自然界、人类社会和思维的运动和发展的普

---

　　* 拙文《从马克思辩证否定观看社会主义价值自觉》，《教学与研究》2014 年第 4 期。收入时作了内容补充。

遍规律的科学。辩证法的批判本性是社会主义成为"科学"、科学社会主义成为"现实"的内在逻辑。从辩证否定观的方法论视界来认识和发展社会主义，重在把辩证法当作那种"最完备最深刻最无片面性的关于发展的学说"①，通过整体把握马克思辩证法的批判本性，在变革的时代实践中增强社会主义价值自觉。当代中国社会主义的价值自觉，就是对"什么是社会主义，怎样建设社会主义"做到自知之明，以辩证否定思维来认识和发展中国特色社会主义，推动中国特色社会主义的时代出场。

第一节　辩证法的批判本性与科学社会主义的理论逻辑

　　辩证法（dialectics）一词源于古希腊文，意指进行谈话的艺术，即抓住人们谈话中违反形式逻辑同一律的要求，并解决谈话中自相矛盾的方法。辩证法思想不是马克思的首创，之前有柏拉图的辩证法、基尔克果的辩证法、黑格尔的辩证法等。1868 年 5 月 9 日，马克思在《致约瑟夫·狄慈根》的信中写道："一旦我卸下经济负担，我就要写《辩证法》。辩证法的真正规律在黑格尔那里已经有了，当然是具有神秘的形式。必须去除这种形式……"② 为此，马克思赋予之以新的历史内涵和批判精神，从这种形式中解放出来，使之成为关于"发展"的科学。

一　辩证法的辩证理解及其精神实质
　　长期以来，马克思所创造的充满生命活力、富有反思精神的辩证法理论，竟然被庸俗化、教条化和公式化为束缚手脚的理论教条和独断性权力话语，一种本来意在引导人走向自由、充满解放旨趣的思想学说，居然被中国老百姓反讽式地称为充满机心和乡愿的"变戏法"③。也就是说，作为蕴含着"时代精神之精华"的辩证法，在理论基础和精神实质上却遭到了不该有的遮蔽和遗忘。

---

①　《列宁专题文集·论马克思主义》，人民出版社 2009 年版，第 68 页。
②　《马克思恩格斯文集》第 10 卷，人民出版社 2009 年版，第 288 页。
③　贺来：《辩证法的生存论基础》，中国人民大学出版社 2004 年版，第 4—5 页。

针对黑格尔发现"辩证法的一般运动形式"的合理内核，以及把辩证法"神秘化"的局限，马克思在《资本论》第二版的"跋"中指出：

> 辩证法，在其神秘形式上，成了德国的时髦东西，因为它似乎使现存事物显得光彩。辩证法，在其合理形态上，引起资产阶级及其空论主义的代言人的恼怒和恐怖，因为辩证法在对现存事物的肯定的理解中同时包含对现存事物的否定的理解，即对现存事物的必然灭亡的理解；辩证法对每一种既成的形式都是从不断的运动中，因而也是从它的暂时性方面去理解；辩证法不崇拜任何东西，按其本质来说，它是批判的和革命的。①

这是马克思关于"辩证法"的经典论述，其中集中阐明辩证法的合理形态及其本质。当然，我们理解马克思辩证法的批判本性及其精神实质，依然需要以辩证的方式来整体把握。

二 辩证法的科学性及其"批判本性"

马克思辩证法是关于事物运动和发展的普遍规律的科学。辩证法作为马克思哲学的核心范畴，是科学社会主义成为"人的解放学"的重要支柱。在马克思看来，辩证法并不是"一团混乱和各种观念的杂乱交织"②，而是"关于自然界、人类社会和思维的运动和发展的普遍规律的科学"③。这种辩证法以"批判的本性"澄清了自然界、人类社会、思维领域的本来，以"革命的本性"指明了人类社会发展的未来方向和实现路径，本质上是关于人的解放的科学（人的解放学）。它是以马克思的科学世界观（即辩证的、历史的、实践的唯物主义）为理论根基，以批判的革命的实践为现实基础的"发展的科学"。我们说，马克思主义之所以是"科学"，在很大程度上源于马克思的科学辩证法。

马克思辩证法中的"否定之否定"不是简单地"说不"。在马克思看

---

① 《马克思恩格斯文集》第 5 卷，人民出版社 2009 年版，第 22 页。
② 《马克思恩格斯文集》第 9 卷，人民出版社 2009 年版，第 141 页。
③ 同上书，第 149 页。

来，否定之否定是"自然界、历史和思维的一个极其普遍的，因而极其广泛地起作用的、重要的发展规律"①。辩证法中的"否定不是简单地说不，或宣布某一事物不存在，或用随便一种方法把它毁掉"②。作为"否定的方式"，在这里"首先取决于过程的一般性质，其次取决于过程的特殊性质。我不仅应当否定，而且还应当再扬弃这个否定"③。也就是说，辩证的"否定"，作为事物的自我否定和自我完善，不是单纯地"否定"或是完全"抛弃"，而是在"否定"中包含着"肯定"，因而在本质上是一种基于"扬弃"的发展，即新事物代替旧事物的过程。

　　马克思辩证法是"解释世界"与"改变世界"相统一的实践辩证法。科学理论的意义不仅在于能够解释自然界、人类社会、思维领域的诸种现象，而且在于让"理论掌握群众"，并通过革命的实践把人的关系还给人自身，让人成其为人。马克思的辩证法不再是对一种抽象力量的逻辑运演，而是基于理论的彻底性和实践的革命性相统一的"实践科学"。马克思之所以说"我只知道我自己不是马克思主义者"④，就是因为他并不认为那些所谓的"马克思主义者"能秉持辩证法的科学精神，做到科学"解释世界"与辩证"改变世界"的实践统一，其结果可能就是他所担心的——"我播下的是龙种，而收获的却是跳蚤"⑤。马克思之所以强调以往的"哲学家们只是用不同的方式解释世界"⑥，就在于他们没有抓住辩证法的批判本性和精神实质。马克思没有拘泥于此，而是作为"实践的唯物主义者即共产主义者来说，全部问题都在于使现存世界革命化，实际地反对并改变现存的事物"⑦。因为对每一种既成理论的"去神秘化"终究要依靠人们革命的实践，让发展的理论掌握群众进而转变为物质力量亦是如此。所以说，马克思的辩证法是实现了"解释世界"与"改变世界"的历史统一，是马克思哲学精神的精华所在，铭刻于伦敦海格特

---

① 《马克思恩格斯文集》第 9 卷，人民出版社 2009 年版，第 148 页。
② 同上书，第 149 页。
③ 同上。
④ 《马克思恩格斯文集》第 10 卷，人民出版社 2009 年版，第 590 页。
⑤ 同上书，第 590 页。
⑥ 《马克思恩格斯文集》第 1 卷，人民出版社 2009 年版，第 502 页。
⑦ 同上书，第 527 页。

公墓中的马克思墓碑的那段话，即是如此。

以上三点作为马克思辩证法的精神实质和批判本性，构成马克思辩证否定观的核心内容，是我们认识和建设社会主义的重要方法论。

三 从辩证法视野理解科学共产主义

恩格斯曾指出："社会主义自从成为科学以来，就要求人们把它当做科学来对待，就是说，要求人们去研究它。必须以高度的热情把由此获得的日益明确的意识传播到工人群众中去……"①事实上，实现社会主义的"科学化"，不光是一个理论命题，更是一个朝向未来的实践命题，本质上是一个批判的革命的价值选择和价值重构过程。

从托马斯·莫尔的《乌托邦》（空想社会主义）到马克思恩格斯的《共产党宣言》（科学社会主义），再到中国特色社会主义，"社会主义已经不再是马克思恩格斯在书本上所论说的理论，也不再是在实践中徘徊的'幽灵'，而是活生生的现实"②。毋庸置疑，发展中的中国特色社会主义作为"活生生的现实"，是社会主义价值自觉的中国出场和中国个案。可以说，对社会主义本身的价值自觉，是搞清楚什么是社会主义，更好地建设社会主义的根本前提和实践逻辑。

搞清楚"什么是社会主义"这一根本问题，是社会主义价值自觉的首要问题。然而，直到改革开放前，中国人对"社会主义"的理解，主要是苏联模式的"社会主义"（经济文化相对不发达国家建设社会主义的个案），抑或是经典作家的"社会主义"（科学共产主义的理论范型）。为此，邓小平经常说的一句话，就是"什么叫社会主义，什么叫马克思主义？我们过去对这个问题的认识不是完全清醒的"③。正是基于对这一根本问题的重视，邓小平反思并总结了相关国家（苏联、中国以及一些非洲国家等）社会主义建设的经验教训。

整体来看，大致可以归纳为三方面：一是社会主义制度并不等于建设社会主义的"具体做法"，搞社会主义必须根据中国的实际，必须发展

---

① 《马克思恩格斯文集》第2卷，人民出版社2009年版，第219页。
② 张一兵：《马克思历史辩证法的主体向度》，武汉大学出版社2010年版，第402页。
③ 《邓小平文选》第3卷，人民出版社1993年版，第63页。

社会生产力，因为贫穷不是社会主义。二是从总体上看，中国过去的社会主义体制是"学苏联的"，其问题在于，社会主义究竟是个什么样子，怎样搞社会主义，苏联"也并没有完全搞清楚"，而且"后来苏联的模式僵化了"①。三是"好多非洲国家搞社会主义越搞越穷"，为此，"确定走社会主义道路的方向是可以的，但首先要了解什么叫社会主义，贫穷绝不是社会主义。要讲社会主义，也只能是讲符合莫桑比克实际情况的社会主义"②。从这些经验性总结来看，邓小平在这里所说的"不是完全清楚"，并不是说我们在"经典文本"上搞不清楚，而是说如何让社会主义有效破解"中国问题"的具体实践上没有完全"搞清楚"。

　　社会主义本身是一个多极化、多元化、多派化、多样化的范畴。就其本义而言，"社会主义"和"社会主义者"是从"社会的"这一词派生而来，意味着人类天生就是一种社会的、善于结成社会联系的存在。社会主义并不是一种确定的经济制度和政治制度，而是自愿地联合起来的人们为了争取社会正义而进行的集体努力。就其理论形态而言，当前具有重大影响的社会主义理论学说，有科学社会主义、民主社会主义、生态社会主义、托派社会主义、欧洲共产主义、市场社会主义，等等。③这些学说无不自称其是最近乎社会主义本真样态，甚至以科学社会主义的"正统"自居。总体来看，在社会主义思想史上，人们对"社会主义"有两种不同的理解传统：一是"科学的"社会主义，如考茨基、阿尔都塞等人把社会主义实证化和制度化，难免会忽视并否认社会主义的价值因素；二是"伦理的"社会主义，如伯恩斯坦、社会民主党以及一些西方马克思主义者把社会主义伦理化和价值化。这两种理解范式各执一端，即没有坚持科学原则和价值原则的统一，致使社会主义价值被悬设乃至物化和淹没的倾向④，社会主义的"科学性"和"价值性"总是在这样的敞显中，又受到了那样的遮蔽。

　　从马克思辩证否定观来看，科学社会主义既是"科学的"，也是"伦

---

① 《邓小平文选》第 3 卷，人民出版社 1993 年版，第 139 页。

② 同上书，第 261 页。

③ 参见轩传树《社会主义本质再追问》，《中国特色社会主义研究》2013 年第 4 期。

④ 吴向东：《重构现代性：当代社会主义价值观研究》，北京师范大学出版社 2009 年版，第 5 页。

理的"，本质上是实践的，是价值选择、现实运动、社会制度的有机统一。首先，就价值而言，科学社会主义是关于人的解放的学说，旨在实现"现实的个人"的自由和全面发展。人是主义之本，这一根本价值就蕴含并体现在社会主义运动发展和制度建构当中。我们不能孤立地把它理解为一种仅有宗教意向的"乌托邦精神"，或是抽象人道主义的"道德说教"。其次，就运动而言，科学社会主义是用实际手段来追求实际目的的最实际的运动，是为实现人的解放而展开的辩证实践。因为"共产主义对我们来说不是应当确立的状况，不是现实应当与之相适应的理想。我们所称为共产主义的是那种消灭现存状况的现实的运动"①。我们不应当简单地把它理解为一种"阶级对立"极端化的社会运动，或是"毕其功于一役"的革命活动。其三，就制度而言，科学社会主义是建构人类美好社会的高级制度形态。与以往其他各种社会形态一样，社会主义也必然要经历一个由低级到高级、由不成熟到比较成熟、由不完善到比较完善的发展过程。它"不是一种一成不变的东西，而应当和任何其他社会制度一样，把它看成是经常变化和改革的社会"②。它的展开和实现是一个辩证的历史的实践过程，旨在通过对人与人、人与社会、人与自然之间的矛盾的辩证超越，逐步过渡到"一个更高级的、以每一个个人的全面而自由的发展为基本原则的社会形式"③ ——科学共产主义社会。

简言之，基于马克思科学辩证法的社会主义，即科学共产主义或科学社会主义，是关于实现人类解放的"科学"，作为对"历史之谜的解答"④，旨在让"现实的个人"作为"一个完整的人"，并以"全面的方式"占有自己的本质和生活。

第二节　辩证否定思维与中国特色
社会主义的实践探索

在中国改革开放前夕，面对内忧外困的复杂局面，邓小平创造性地

---

① 《马克思恩格斯文集》第1卷，人民出版社2009年版，第539页。
② 《马克思恩格斯文集》第10卷，人民出版社2009年版，第588页。
③ 《马克思恩格斯文集》第5卷，人民出版社2009年版，第683页。
④ 《马克思恩格斯文集》第1卷，人民出版社2009年版，第185页。

运用辩证否定思维，通过"拨乱反正"，带领中国人民开启了改革开放的历史征程，以开放包容的姿态坚定走中国自己的发展道路，着力探索建设有中国特色的社会主义。

一　辩证否定思维与解放思想

解放思想是为了更好地做到实事求是。认识社会主义需要解放思想，建设中国特色社会主义更需要解放思想。这就要求自觉树立马克思主义辩证否定思维看待既有的思想成果，看待时代实践对理论发展的内生性诉求，看待科学社会主义在不同时空境遇下的出场方式。

20世纪可谓是社会主义"学说"在"运动"中生成"制度"的伟大时代。它尽管开启了人类社会历史的新征程，但更多的是作为地域性的社会主义价值自觉。如有的论者指出，"十月革命之后发生的社会主义革命，更多地是与落后地区和民族的反对外来奴役和压迫的争取民族独立和解放的斗争结合在一起的！这是一个现实的社会主义实践的特殊性"①。近代中国几代仁人志士的艰辛探索，并没有找到实现民族解放和国家富强的可行之路，可以说，"中国人民接受中国共产党的领导，走上由新民主主义到社会主义的道路，是他们郑重作出的历史性选择，具有历史的必然性"②。新中国成立后，参照"苏联社会主义模式"通过"三大改造"走上了社会主义道路，这是以"制度变革"之维度来理解的"社会主义"。此后的人民公社化和大跃进运动，是以"现实运动"之维度来理解的"社会主义"。总的来看，就是依据斯大林组织编写的《政治经济学教科书》所概括的社会主义制度的三个基本特征，即公有制、计划经济、按劳分配，来进行社会主义革命和建设。遗憾的是，我们在参照"这一既成形式"的同时并没有及时"从它的暂时性方面"去理解、去发展，因而在遮蔽辩证法之批判本性的同时，致使中国在建设社会主义的过程中出现了诸多挫折。

回顾邓小平首次提出"建设有中国特色的社会主义"以来的历史，我们不难发现：他作为"建设有中国特色社会主义"的发明人，并没有

---

① 张一兵：《马克思历史辩证法的主体向度》，武汉大学出版社2010年版，第415页。
② 胡绳主编：《中国共产党的七十年》，中共党史出版社1991年版，第259页。

从正面对社会主义给出一个明确的定义。譬如，他在不同的场合反复强调：贫穷不是社会主义，发展太慢不是社会主义；平均主义不是社会主义、两极分化不是社会主义；僵化封闭不能发展社会主义，照搬国外也不能发展社会主义；不重视物质文明搞不好社会主义，不重视精神文明也搞不好社会主义，等等。概括起来，就是三个"不是"——不是资本主义，不是苏联模式的社会主义，也不完全是经典作家所设想的社会主义。从中可以看出，邓小平是从辩证否定思维来思考"什么是社会主义，怎样建设社会主义"，意在"先用否定的方法首先排除各种对社会主义错误解释的内容"，进而来消除"那些长期附加在社会主义身上的各种错误的认识"①。正是这种"不是"或"不能"等否定性话语，为我们认识社会主义"提供了一个有待于实践充实、而不是预先给出定义的叙事框架"②。因为"每一种事物都有它的特殊的否定方式，经过这样的否定，它同时就获得发展，每一种观念和概念也是如此"③。邓小平对社会主义本质的科学揭示，尤其是"中国特色社会主义"这一命题的提出，亦是如此。

正是坚持了这一理念，邓小平提出进一步解放思想，以辩证否定思维来认识社会主义，以创造性思维引导中国人民在"摸着石头过河"的实践中，探索中国特色社会主义建设道路。以此展开，实现了从"以阶级斗争为纲"转向"以经济建设为中心"，从传统的计划经济体制逐步转向社会主义市场经济体制，从封闭半封闭的社会逐步走向世界，逐步走出一条适合中国国情的社会主义发展道路。

二　辩证否定思维与对内改革

社会存在决定社会意识，社会意识又通过一定的"中介环节"反作用于社会存在。社会矛盾是客观存在的，社会矛盾只能"调节"和"化解"，而不能够直接"消除"。社会问题是社会矛盾运行之动态失衡的体现，解决社会问题，需要直面产生社会问题的社会矛盾根源，通过遵循

---

① 程美东、沈湘平：《邓小平的思维世界》，四川人民出版社 2004 年版，第 103 页。

② 杨学功：《如何认识"中国特色社会主义"》，《北京行政学院学报》2012 年第 3 期。

③ 《马克思恩格斯文集》第 9 卷，人民出版社 2009 年版，第 149 页。

社会发展中的规律约束和条件约束，来化解不同时空片段上的社会问题。也就是说，中国的对内改革战略是基于对中国经济社会发展矛盾的局部"调节"和"化解"，是对中国阶段性社会问题的制度性破解。

社会矛盾是始终存在的，社会问题也在不断衍生。如何牢牢把握基本社会矛盾，"牵住"解决诸多社会问题的"牛鼻子"，就需要自觉树立辩证思维，整体看待中国社会主义建设过程中的"变"与"不变"，整体看待社会矛盾存在的"不变"与社会问题凸显的"变"，全面看待坚持中国特色社会主义制度的"不变"和具体实现机制的"变"，以动态改革的方式来建构和优化科学共产主义在中国的出场方式。

一是坚持马克思主义辩证否定观，实事求是地评价了毛泽东的历史功过，确立了"毛泽东思想"的历史地位。面对"两个凡是"以及彻底否定毛泽东历史功绩等极端思潮，邓小平坚定地指出："我们共产党人是彻底的唯物主义者，只能实事求是地肯定应当肯定的东西，否定应当否定的东西。……因为他的功绩而讳言他的错误，这不是唯物主义的态度。因为他的错误而否定他的功绩，同样不是唯物主义的态度。"① 我们"提倡实事求是决不能离开马列主义、毛泽东思想的基本原理，决不能忽视毛泽东同志在这个问题上的伟大功绩"②。他坚持以辩证的否定思维对毛泽东历史功过的中肯评价，为我们在探索社会主义建设的关键历史时期坚持和发展毛泽东思想奠定了坚实的政治和思想基础。从辩证否定观来看，毛泽东等老一辈革命家的艰辛探索，为开拓中国特色社会主义奠定了政治前提和制度基础。正是于此，我们说，中国特色社会主义"始于毛，成于邓"。

二是坚持马克思主义辩证否定观，认为改革是社会主义制度的自我完善，开启了对内改革的战略部署。从辩证否定观来看，社会主义社会是经常变化和改革的社会，对待"每一种既成的形式"的社会主义模式，都应该从不断的运动中，因而也是从它的暂时性方面去理解、去发展。同样，建设和发展社会主义并不意味着只有"革命"这一条路径（方式）。改革是社会主义制度的自我完善，当然"在一定的范围内也发生了

---

① 《邓小平文选》第 2 卷，人民出版社 1994 年版，第 333—334 页。

② 同上书，第 278—279 页。

某种程度的革命性变革"①。作为一种渐进式的"革命",改革本身就是秉持着"对现存事物的肯定的理解中同时包含对现存事物的否定的理解"的历史实践。我们通过深化改革来发展社会主义,就是对社会主义的价值自觉和自我否定。这种"否定"是在坚持社会主义本质的前提下,不断地"否定"那些与社会生产力不相适应的具体制度,从而进一步完善社会主义的根本制度,来彰显社会主义的科学性和优越性。正是于此,我们说,中国特色社会主义是对科学社会主义的基本遵循和辩证发展。

三　辩证否定思维与对外开放

如前文所述,科学共产主义是实现全人类解放的事业,是以"世界历史"的形成为基本前提的。一个国家可以建立区域性的社会主义制度,但不能以"地域性"的特殊性来代替"世界历史"的普遍性。科学社会主义作为更为高级的人类社会制度,是建立在吸收和保存以往所有制度形态的积极成果的基础之上,因而需要以开放和包容的视界看待"世界历史"形成中的所有"地域性"社会制度蕴含的人类文明的精华元素。

中国的对内改革与对外开放是同时进行的,以马克思主义辩证否定思维,实施对外开放的战略方针,就是为了把中国特色社会主义置于"世界历史"的广阔平台中,充分吸收和借鉴世界各国的文明成果。从辩证的否定观来看,"资产阶级的灭亡和无产阶级的胜利是同样不可避免的"②,在人类社会制度形态的更迭和演进中,既有否定的"基因"也包含着继承的"元素"。社会主义制度在东方国家的建立,尽管跨越了资本主义所有制的"卡夫丁峡谷",但没有充分汲取资本主义社会的一切肯定成果,依然是"不够格"的社会主义。在邓小平看来,"社会主义要赢得与资本主义相比较的优势,就必须大胆吸收和借鉴人类社会创造的一切文明成果"③。社会主义作为对资本主义的辩证否定,是对资本主义所创造的文明成果的"保持"和"继承",这种"否定"是辩证地"否定"、批判地"继承"、历史地"超越"。正是于此,我们说,中国特色社会主

---

① 《邓小平文选》第3卷,人民出版社1993年版,第142页。
② 《马克思恩格斯文集》第2卷,人民出版社2009年版,第43页。
③ 《邓小平文选》第3卷,人民出版社1993年版,第373页。

义既是科学社会主义的中国出场，同时也承载着社会主义"世界历史"的内在规定性。

邓小平在对内改革和对外开放的过程中一直强调："社会主义与资本主义不同的特点就是共同富裕"①，"社会主义最大的优越性就是共同富裕，这是体现社会主义本质的一个东西"②。于是在"建设有中国特色的社会主义"命题提出（1982）十年后的"南方谈话"（1992）中集中阐明："社会主义的本质，是解放生产力，发展生产力，消灭剥削，消除两极分化，最终达到共同富裕。"③ 这一命题经过改革开放的创造性实践，中共十八大报告（2012）从正面阐明中国特色社会主义的内涵和内容，即中国特色社会主义道路、理论体系和制度的统一体。从整体维度看，发展中的中国特色社会主义，在道路、理论、制度、文化维度上承载着科学社会主义的本质内涵和核心价值，是"科学社会主义理论逻辑与中国社会发展历史逻辑的辩证统一"④。从中国视角来看，发展中的中国特色社会主义，"是根植于中国大地、反映中国人民意愿、适应中国和时代发展进步要求的科学社会主义，是全面建成小康社会、加快推进社会主义现代化、实现中华民族伟大复兴的必由之路"⑤。它以"地域性"社会主义的姿态孕育着作为"世界历史"的社会主义之未来。

中国特色社会主义发展道路的探索过程，本身就是以"辩证否定思维"审视"什么是社会主义，怎样建设社会主义"的实践过程。这其中又以"地方性知识"的实践自觉蕴含着科学社会主义出场的方法论意涵。从思想认识的维度看，我们在动态把握中国国情实际的基础上，对社会主义的认识经历了一个从"否定"到"肯定"的过程，即从"不是"到"是"，又从"是"到"是什么"的深化过程。对社会主义认识的不断深入，本质上是社会主义价值自觉的思维范式的革新过程。从实践结合的维度看，中国特色社会主义在一定程度上可以理解为"社会主义的中国化"，是社会主义与中国个案的辩证合题。在"社会主义"前面冠之以

---

① 《邓小平文选》第3卷，人民出版社1993年版，第123页。
② 同上书，第364页。
③ 同上书，第373页。
④ 《习近平谈治国理政》，外文出版社2014年版，第21页。
⑤ 同上书，第21页。

"中国特色"的限定词，作为一种不可或缺的修饰语，一方面说明了社会主义本身的复杂性，另一方面预示着中国特色社会主义是科学社会主义在中国出场中的特殊性。正如"理性一旦把自己设定为正题，这个正题、这个与自己相对立的思想就会分为两个互相矛盾的思想，即肯定和否定，'是'和'否'。这两个包含在反题中的对抗因素的斗争，形成辩证运动。'是'转化为'否'，'否'转化为'是'。'是'同时成为'是'和'否'，'否'同时成为'否'和'是'，对立面互相均衡，互相中和，互相抵消。这两个彼此矛盾的思想的融合，就形成一个新的思想，即它们的合题"①。如果把科学社会主义作为破解"中国问题"、实现民族复兴伟业的"正题"，那么中国特色社会主义就是"是"和"否"之间互相均衡、互相中和、彼此转化、辩证超越的"合题"，并以不断凸显的制度优越性承载着社会主义从"地域性"走向"世界历史"的价值自觉。

正是本着这样的原则，我们逐步从正面或肯定的维度来认识和建设社会主义。中国共产党九十多年的艰苦探索，改革开放 40 年的最大成就，就是开辟了中国特色社会主义道路，形成了中国特色社会主义理论体系，确立了中国特色社会主义制度，生成了中国特色社会主义文化。

第三节　辩证否定思维与中国特色社会主义的时代出场

社会主义道路千差万别，其关键在于将马克思主义基本原理与各国的具体实际结合起来。这其中必须"搞清楚"的核心问题有三：一是如何认识科学社会主义的本来，二是如何把握当代中国的实际，三是如何实现"二者"的有机结合。中国特色社会主义本身作为一种价值，是"价值基础上思潮、运动和制度的统一"②，是对社会主义内涵的实践丰富，对社会主义本质的时代敞显。对中国特色社会主义作出正面或肯定的解答，并不意味着我们的任务已经完成。作为"从它的暂时性方面"所窥见的历史原像，依然需要坚持辩证否定思维，从本质论、阶段论、

---

① 《马克思恩格斯文集》第 1 卷，人民出版社 2009 年版，第 601 页。

② 胡振良：《中国特色社会主义首先是一种价值》，《探索与争鸣》2013 年第 8 期。

特色论、动力论上彰显社会主义的本质,以辩证否定思维推动中国特色社会主义的时代出场。

一　本质之维:"共同富裕"与"全面发展"的价值统一

马克思主义理论从来不是僵化的教条,而是行动的指南。科学共产主义学说也不是"为未来的食堂开出的调味单"①,而是基于人类历史发展的规律性和可预期性,为实现人类解放提供的参照系或坐标点。社会主义本身不是目的,而是实现"人的解放"和"社会进步"的共同体形式。人类不是为了实现共产主义而去实现共产主义——"共产主义是最近将来的必然的形态和有效的原则,但是,这样的共产主义并不是人类发展的目标,并不是人类社会的形态"②,而是实现人类能力的发展或者人类全部力量的发展,旨在通过辩证的对象性活动实现对人的本质和社会关系的全面占有。

科学共产主义作为否定的否定之肯定,"它是人的解放和复原的一个现实的、对下一段历史发展来说是必然的环节"③。发展生产力是社会主义初级阶段的根本任务,固然动摇不得;共同富裕是社会主义的本质要求,同样不可偏离。没有生产力的普遍发展,就改变不了"贫穷不是社会主义"的现实;没有共同富裕的发展目标,就不利于体现社会主义的本质,彰显社会主义制度的优越性。二者是共时性的价值统一。共享物质文明是发展社会主义的题中之义,是以实现人的自由和全面发展为旨归。科学社会主义所追求的,不仅是实现公有制(共有制)基础上的共同富裕,还要实现全人类的自由和全面发展,让每一个劳动者过上有尊严的幸福生活。

从辩证否定观来看社会主义的本质,"共同富裕论"更多是基于社会主义初级阶段的时代特征,侧重于从经济(物质文明)层面作出的暂时性界定。因为共同富裕、公平正义的价值追求,最终要落实到实现人的自由全面发展上。江泽民曾在庆祝中国共产党成立八十周年大会上的讲

---

① 《马克思恩格斯文集》第 5 卷,人民出版社 2009 年版,第 19 页。
② 《马克思恩格斯文集》第 1 卷,人民出版社 2009 年版,第 197 页。
③ 同上。

话中明确阐释："共产主义社会，将是物质财富极大丰富，人民精神境界极大提高，每个人自由而全面发展的社会。"① 所以，有必要将共同富裕、公平正义和人的自由全面发展，一并作为社会主义本质的内涵之要。可以说，这是在新的历史条件下对中国特色社会主义本质内涵的再确认。新时期的文化建设和文化强国战略的实施，就是对"贫穷不是社会主义"的否定之否定，是实现从"物质富有"到"精神富有"的辩证发展。习近平在中共十九大报告中强调指出：中国特色社会主义进入新时代，中国社会主要矛盾已经转化为人民日益增长的美好生活需要和不平衡不充分的发展之间的矛盾。从"日益增长的物质文化需要"到"日益增长的美好生活需要"的价值定位，体现对实现人的自由和全面发展的内涵拓展。这是在新的历史条件下，对社会主义本质论的内涵丰富和价值自觉。

二　阶段之维："全面小康"与"民族振兴"的目标统一

中国处于并将长期处于社会主义初级阶段，是当代中国的最大国情、最大实际，是发展中国特色社会主义的"总依据"。我们不能超越这个阶段，必须从这个实际出发，必须始终坚持"一个中心、两个基本点"一百年不动摇。

邓小平指出："马克思讲的共产主义是物质产品极大丰富的社会。共产主义的第一阶段是社会主义，社会主义就是要发展生产力，这是一个很长的历史阶段。"② 当代中国，"我们坚持社会主义，要建设对资本主义具有优越性的社会主义，……只有到了下世纪中叶，达到了中等发达国家的水平，才能说真的搞了社会主义，才能理直气壮地说社会主义优于资本主义。现在我们正在向这个路上走"③。我们说，所谓"这个路"，就是中国特色社会主义道路，因为在当代中国，坚持中国特色社会主义道路，就是真正坚持科学社会主义。"社会主义初级阶段，是整个建设有中国特色社会主义的很长历史过程中的初始阶段。"④ 所谓"正在走"，

---

① 《江泽民文选》第3卷，人民出版社2006年版，第293页。
② 《邓小平文选》第3卷，人民出版社1993年版，第228页。
③ 同上书，第225页。
④ 同上书，第293页。

就是坚持中共十三大提出的"三步走"战略，就是坚持"两个一百年"奋斗目标（"在中国共产党成立一百年时全面建成小康社会"，"在新中国成立一百年时建成富强民主文明和谐的社会主义现代化国家"），就是坚持实现国家富强、民族振兴、人民幸福的"中国梦"。

从辩证否定观来看建设中国特色社会主义的历史方位和空间定位，有助于更好地彰显科学社会主义在当代中国的价值出场，让先进社会制度的福祉惠及中国人民对美好社会生活的期待当中。但也必须认识到："我们现在的努力以及将来多少代的持续努力，都是朝着实现共产主义这个最终目标前进的。同时必须认识到，实现共产主义是一个非常漫长的历史过程，我国现在仍处于并将长期处于社会主义初级阶段。我们必须从这个实际出发确定现阶段的奋斗目标，脚踏实地地推进我们的事业。"①在改革开放新的历史起点上，中国政府立足国情实际并不等于把初级阶段论"永恒化"，而是把坚持"全面建成小康社会"与"民族复兴伟业"的目标统一起来。这是在新的历史条件下，对社会主义阶段论的目标定位和行动部署。

三 特色之维："中国本位"与"世界视野"的内涵统一

社会主义不是一种地域性的现象，而只能是一种世界历史的存在。马克思设想的共产主义社会只能是以整个地球为场所，"无产阶级只有在世界历史意义上才能存在，就像共产主义——它的事业——只有作为'世界历史性的'存在才有可能实现"②，因为"对于社会主义的人来说，整个所谓世界历史不外是人通过人的劳动而诞生的过程，是自然界对人来说的生成过程"③。通过普遍的社会交往，使得"现实的个人"成为"世界历史性的存在，也就是与世界历史直接相联系的各个人的存在"④。所以说，生产和交往普遍发展是科学共产主义的内在要求，是"世界历史"形成的重要前提。

---

① 《十六大以来重要文献选编》中，中央文献出版社2006年版，第622页。
② 《马克思恩格斯文集》第1卷，人民出版社2009年版，第539页。
③ 同上书，第196页。
④ 同上书，第539页。

从辩证否定观来看，中国特色社会主义既是"中国的"也是"世界的"。之所以是"中国的"，因为它是社会主义价值自觉的中国个案。正如列宁指出："一切民族都将走向社会主义，这是不可避免的，但是一切民族的走法却不会完全一样……每个民族都会有自己的特点。"① 之所以是"世界的"，因为它是科学社会主义的题中之义。因此，发展中国特色社会主义，要坚持"中国本位"与"世界视野"的内涵统一。一方面，继续推进马克思主义中国化、大众化、时代化，在回应和破解"中国问题"的过程中生成中国话语，不断彰显中国特色社会主义的世界意义。另一方面，在坚持"中国本位"发展中国特色社会主义的过程中，以"世界视野"充分借鉴和吸收人类文明成果，不断丰富中国特色社会主义的"世界历史"内涵。这是在新的历史条件下，对社会主义"特色论"的内涵定位和价值提升。

四 动力之维："动态改革"与"科学发展"的路径统一

改革是对社会主义制度的自我完善和自我发展，是发展中国特色社会主义的直接动力和重要方式。从中共十一届三中全会作出改革开放的历史抉择以来，中国社会主义现代化建设的成就举世瞩目。改革只有进行时没有完成时。面对新时期发展中的诸多问题，比如生产的相对过剩、贫富差距的逐渐扩大、社会突发事件的急剧增多、消极腐败现象的蔓延等，依然要通过发展的方式来解决。为此，我们继续把"改革"作为当代中国最鲜明的时代特征，中共十八届三中全会把"完善和发展中国特色社会主义制度，推进国家治理体系和治理能力的现代化"② 作为全面深化改革的总目标，坚持顶层设计与"摸着石头过河"相结合，通过"动态改革"来破解既有的"老问题"，解决改革发展过程中不断出现的"新问题"。

社会主义改革不等于"改向"，始终要把"三个有利于"和科学发展观作为判断新时期全面深化改革的根本标准。"三个有利于"是判断改革成败和实现科学发展的根本标准，而科学发展观是马克思主义同当代中

---

① 《列宁专题文集·论社会主义》，人民出版社 2009 年版，第 398 页。
② 《习近平谈治国理政》，外文出版社 2014 年版，第 90 页。

国实际和时代特征相结合的产物，是对"三大规律"（共产党执政规律、社会主义建设规律、人类社会发展规律）的科学认识，是正确处理改革、发展和稳定的指导思想。这就要求在发展中国特色社会主义的过程中坚持科学发展观，通过立足"总依据"（社会主义初级阶段）、着眼"总布局"（五位一体）、面向"总任务"（实现社会主义现代化和中华民族的伟大复兴），把"动态改革"与"科学发展"共同作为发展中国特色社会主义的根本动力。这是在新的历史条件下，对社会主义动力论的方式创新和路径拓展。

总之，重温马克思辩证法的精神实质和批判本性，从辩证否定观来看，社会主义从"空想"到"科学"，从"学说"到"制度"，从"中国个案"到"世界意义"的展开，是一个基于实践的批判的价值自觉过程。早在 20 世纪前夕（1899 年），列宁在批判伯恩施坦及其追随者的文章《我们的纲领》中曾明确指出：

> ［马克思的理论］第一次把社会主义从空想变成科学，给这个科学奠定了巩固的基础，指出了继续发展和详细研究这个科学所应遵循的道路。……我们决不把马克思的理论看做某种一成不变的和神圣不可侵犯的东西；恰恰相反，我们深信：它只是给一种科学奠定了基础，社会党人如果不愿落后于实际生活，就应当在各方面把这门科学推向前进。①

列宁在百余年前对待社会主义的这种科学态度，依然值得我们参鉴。当代中国社会主义的价值自觉，不仅要继续将这门科学推向前进，而且要通过变革的实践使中国特色社会主义更好地承载中国人民的福祉，让发展中的中国特色社会主义孕育成真正的"世界历史"。

---

① 《列宁专题文集·论马克思主义》，人民出版社 2009 年版，第 94—96 页。

第八章

社会工程思维与中国特色
社会主义的辩证实践[*]

本章导读

　　科学社会主义的价值在场和时代出场，不仅需要将马克思主义基本原理与变化的具体实际相结合，而且需要明确科学社会主义理论逻辑之"理论思维"与科学社会主义实践逻辑之"工程思维"的不同功能及其作用边界，以防止理论与实践的互相戕害。社会工程思维将理论思维的内部非价值性和普遍性与工程思维的价值性和具体性结合起来，在"科学理论指导实践"和"实践检验科学理论"的具体模式中，更能彰显科学社会主义整体性的特点和优势。从社会工程思维的视角探析"四个全面"战略思想的出场逻辑，通过意义建构、关系建构、状态建构、符号建构来促进中国特色社会主义的辩证实践，增强发展中国特色社会主义的话语自觉和理论自信。

　　社会主义自成为"科学"以来，不仅要求人们当做"科学"去研究

---

　　* 拙文《社会工程思维与中国特色社会主义的辩证实践》，《教学与研究》2016 年第 2 期。收入时作了内容补充。

它，还需要从科学理论的整体性上去实践它。长久以来，人们习惯于以"理论科学 = 实践有效"的线性思维来看待科学社会主义的实践。然而，自"巴黎公社"实践以来的历史事实证明远非如此。科学社会主义的实践出场总是在"既定的"历史前提下进行的，因而受到一定历史条件的制约以及诸多人为因素的影响。如何实现二者之间的有机过渡和无缝对接，不仅需要对发展社会主义的理论思维及其作用边界做到自知之明，还需要在变革的实践中运用社会工程思维来构建具体化的实践模式。

第一节　理论思维与工程思维的相互僭越和边界自觉

在科学社会主义的时代出场中，一些由于理论思维与实践思维的相互僭越而导致不必要的实践曲折或挫折。这在一定程度上影响了人们对"科学社会主义"的本真认知和坚定信念，并给新的历史条件下建设和发展社会主义带来了诸多不利因素。为了防范理论思维与工程思维的相互僭越，有必要在澄清二者逻辑差异的基础上进行合理的划界。

一　理论思维与工程思维的逻辑差异

思维是人脑特有的功能，是敞显和确证人的本质力量的枢机。思维方式是指人脑以理性处理信息的操作系统和应用程序。恩格斯在《反杜林论》中指出："关于思维的科学，也和其他各门科学一样，是一种历史的科学，是关于人的思维的历史发展的科学。这一点对于思维在经验领域中的实际运用也是重要的。"[1] 徐长福在《理论思维与工程思维——两种思维方式的僭越与划界》中认为，虚体思维和实体思维作为两类可能的思维方式，还只是抽象的规定，依然需要进一步引入工程因素，让思维方式由"可能"变成"现实"。从中得到两种现实的重要思维方式，就是工程思维和理论思维。[2] 一般而论，理论思维以认知"虚体"为要务，重在发现真实之理，是最能发现客观规律性的思维方式。工程思维则重在以筹划和构建理想性"实体"来满足主体的现实需要，是最能张扬人

---

① 《马克思恩格斯文集》第9卷，人民出版社2009年版，第436页。

② 徐长福：《理论思维与工程思维》，重庆出版社2013年版，第57页。

的主体性的思维方式。

从思维程序的价值导向来看，理论思维在认知的程序内容上是去价值化的（尽管"价值中立"在实践中很难做到），认为越是坚持"非价值化"或"去价值化"越能认知虚体。恩格斯曾深刻地指出，"一个民族要想站在科学的最高峰，就一刻也不能没有理论思维"①。工程思维在程序内容上是价值化的，认为越是有价值导向越能创造实体价值。理论思维是相对于"科学发现"而言的（如"科学思维"），它本身是没有目的的，而技术是对科学原理的具体应用（如"工程技术"），直接指向目的本身。

从思维程序的逻辑基点来看，工程思维是以实践的有效性为宗旨，因而必须从具体性和普遍性出发进行工程设计，而理论思维则以"理念"为中心，要求从抽象性和普遍性出发考虑概念的要求。

从思维程序的逻辑展开来看，进行理论思维的个体因为执于"求真"（"是什么"）而不关涉"至善"（"如何做"），往往不愿意向下"延展"思维链条。与此相对应的"工程思维是工程设计之思维潜能的实现形式"②，进行工程思维的个体则因为急于实现预期目标而往往不愿意向上"回溯"思维链条。这样，思维的逻辑重点往往将二者搁置于两端，使得"理论联系实践"与"实践反思理论"面临着一条无形的鸿沟。因为"只有基于对现实的正确反映，实践才能使理论得到实现并成为它的检验标准"③，正如"实事求是"这一时代精神的精华，说起来容易，做起来甚难——"坚持实事求是不是一劳永逸的，在一个时间一个地点做到了实事求是，并不等于在另外的时间另外的地点也能做到实事求是，在一个时间一个地点坚持实事求是得出的结论、取得的经验，并不等于在变化了的另外的时间另外的地点也能够适用"④。所以，要通过对思维逻辑的本身的把握来坚定实事求是的信念、增强实事求是的本领，时时处处把实事求是牢记于心、付诸于行。

① 《马克思恩格斯文集》第9卷，人民出版社2009年版，第437页。
② 徐长福：《理论思维与工程思维》，重庆出版社2013年版，第137页。
③ ［匈］卢卡奇：《历史与阶级意识》，杜章智等译，商务印书馆1999年版，第21页。
④ 《习近平谈治国理政》，外文出版社2014年版，第26页。

二　理论思维与工程思维的相互僭越

从思维程序的过程环节来看，理论思维与工程思维本身是人类理性认识过程中的两个前后相继的阶段。尽管说理论思维的"内部非价值性"是对工程思维"内部价值性"的支持和成全（即科学理论有助于"指导"具体实践），但只有将理论思维上升到具体的工程思维才能实现这种"成全"。如果企图用理论思维直接服务于具体实践，那么就往往容易"帮倒忙"，要么是无法形成整体性的实践方案，要么是由于理论模式与实践条件的无法契合而存在"水土不服"。

首先，纯粹的理论思维会"僭越"具体的工程设计。以柏拉图的"理想国"为例，"用理论思维只能设计出理念的国家，而理念的国家不具有工程的可实施性"[①]。这种不具有实践性的理论思维，不能直接提供具体的人所需要的"人工物品"。因为追求理念的统一性而刻意求得一种乌托邦性质的理想状态，反而容易招致"双面工程"的尴尬——"用理论思维设计的工程要么不可实施要么一实施就变态"[②]。也就是说，单纯在理论思维上的"善念"往往不能达成具体实践中的"善果"。

其次，以庸俗的实用主义工程思维来研究理论，同样会导致对理论本身的"扭曲"。如果因为看到理论思维对工程设计的僭越，进而认为理论只有按照工程设计的需要来构造才有"用"，那么，这种庸俗的实用主义理论观念则引发了思维方式的另一种僭越：以工程思维取代理论思维直接来构造理论体系。这种因为具有"问题意识"而一味地以工程设计的特殊性来"构造"理论，"虽然可以满足主体的某种主观嗜好，但对工程的实施却有百害而无一利"[③]。这也使得以理论思维为主的理论研究丧失了"一以贯之的品格"，以致出现"出尔反尔"的家常便饭，而工程设计却要求不能有虚假瑕疵。所以说，单纯地"以工程思维研究理论，是造成假冒伪劣理论的思维根源"[④]。

[①]　徐长福：《理论思维与工程思维》，重庆出版社 2013 年版，第 11 页。

[②]　同上书，第 13 页。

[③]　同上书，第 14 页。

[④]　同上。

三　理论思维与工程思维的合理划界和实践自觉

理论思维固然重要，然而"每一个时代的理论思维，包括我们这个时代的理论思维，都是一种历史的产物，它在不同的时代具有完全不同的形式，同时具有完全不同的内容"①。在探索社会发展理论时，我们必须对不同思维方式可能发生的相互僭越趋向保持应有的警觉，并通过对两种思维的边界自觉，来探索二者之间如何实现有机"过渡"的机制和辅助条件。

人们在针对科学理论的"彻底性"向实践转变之过程要素的分析中，往往拘泥于"理论建构"与"实践模式"两个极端。具体来说，要么是以科学理论直接"指导"实践，由于忽视整体实践的前提和条件而导致具体实践中的偏差及其弊端，故而直接"质疑"理论本身的科学性；要么是以基于具象场域的单一的实践模式来检验科学真理，进而"否认"其他体现普遍真理的实践模式（"地方性知识"）存在的意义和价值。这种执于两端的思维模式，不仅会引发理论对实践的僭越，也会形成以实践个案"绑架"普遍真理的庸俗检验观。

就科学社会主义理论与实践而言，一方面，理论模式的科学性可以通过多种不同的实践模式来检验和确证，而不必拘泥于某一既定范型而遮蔽了科学理论本身的开放性和实践逻辑展开的多样性。另一方面，以工程思维进行具体实践所形成的"地方性知识"，反过来也可以作为科学理论时代化出场的个案要素。在列宁看来，"世界历史发展的一般规律，不仅丝毫不排斥个别发展阶段在发展的形式或顺序上表现出特殊性，反而是以此为前提的"②。质言之，科学社会主义的真理性是普遍的、客观的，而运用科学社会主义原理来指导某一国家社会主义建设的实践，则是具体的、有条件的。建设和发展社会主义的某一实践模式的失败或弊病，仅仅是表明：由发展社会主义的"工程思维"所主导的某一实践模式存在问题或瑕疵，我们不能直接或简单地以此来"否认"或"质疑"

---

① 《马克思恩格斯文集》第 9 卷，人民出版社 2009 年版，第 436 页。
② 《列宁专题文集·论社会主义》，人民出版社 2009 年版，第 357—358 页。

科学社会主义基本原理的真理性。这样，通过对理论思维与工程思维的合理划界和实践自觉，有助于更好地把握真理的客观性、绝对性、相对性。

于此而言，俄国"十月革命"后所建立的社会主义是确证科学社会主义的实践形态之一，而关于"苏联模式"在后期实践和改革中的失败，并不意味着整个社会主义制度形态的"终结"。中国在总结正反两方面经验的基础上，坚持走改革发展道路，着力探索建设有中国特色的社会主义。正在发展中的中国特色社会主义，作为社会主义价值自觉和实践自觉的中国个案，是科学社会主义理论逻辑和中国社会发展历史逻辑的辩证统一。在这个意义上说，我们既不能以"中国个案"去证明"苏联模式"的某些错误，也没有必要拿"苏联模式"的某些弊端来佐证"中国个案"的成功。

第二节　运用社会工程思维发展社会主义的比较优势

科学社会主义是关于无产阶级和人类解放条件的科学。科学社会主义的"科学性"体现为理论思维对人类社会发展规律这一"虚体"的科学发现。科学社会主义的解放旨趣体现为工程思维对实现无产阶级和人类解放的这一"实体"的价值确证。作为一种总体性思维范式的社会工程思维，正是将理论思维的"内部非价值性"和普遍性与工程思维的"价值性"和具体性结合起来，在社会发展领域的集中体现和综合运用。运用社会工程思维来发展社会主义，更能体现出科学社会主义整体性的特点和优势。

一　坚持"问题导向"与"价值定位"的辩证统一

科学社会主义作为对以往社会形态所有积极成果的扬弃和发展，必须经历一个不断"自我革新"的辩证实践过程。社会工程活动是推动社会发展的重要方式，也是实现科学社会主义有机发展和辩证实践的具体形式。早在改革开放初期，钱学森就把"组织管理社会主义建设的技术叫做社会工程"①。随着时代的发展和人们认知的深化，社会工程日渐被作为马克思主义理论社会应用的实践形式，是组织管理社会主义建设的有机活动。

社会工程研究坚持问题导向和价值定位，社会工程思维体现着问题意识和价值诉求。社会工程研究尽管具有"实证科学"的特质，但并不秉持所谓的"价值中立"，而恰恰是坚持"问题导向"与"价值定位"的实践统一。问题是时代的声音，也是社会工程活动和模式研究的逻辑起点。所谓问题导向，就是以人们改造客观世界中的理论模式和实践模式的问题为着力点，着重探析如何运用社会工程思维实现"理论模式"向"实践模式"的有机过渡和无缝对接。

这些问题主要包括：一是进入政府议程的公共问题，即具有代表性、社会性、普遍性、重要性、紧迫性的社会问题。二是现行政策体系的问题，即政策法规分析与政策法规设计的问题。三是政策执行中的问题，即执行过程中出现的问题以及涉及社会系统运行的基本规则问题。②

社会工程之所以为"工程"，就在于它能够为人们的生存和发展"造就"有效需求的"人工物品"，因而具有天然的价值定位。所谓价值定位，就是以实现满足个人和群体的"真实需要"为着力点，通过寻求最优方案的模式设计和优化，来降低制度内耗和社会成本，"造就"实现人的发展和社会进步所需要的"人工世界"和社会生态。社会工程作为马克思主义理论具体应用的中介形式和实践方式，为建设和发展社会主义提供了新的思维范式。我们运用社会工程思维来发展社会主义，重在将科学社会主义的价值目标有机地体现在相应理论模式及其实践模式的具体建构当中。

二 倡导"综合集成"的社会系统工程设计方法论

社会工程是新兴的综合性知识应用活动，具有"综合集成"的方法论特点和优势。当人们用"工程"一词来表述或描述某一事物时，就内

---

① 钱学森、乌家培：《组织管理社会主义建设的技术》，《经济管理》1979 年第 1 期。

② 王宏波、杨建科：《社会工程问题的界定与分析》，《西安交通大学学报》（社会科学版）2007 年第 6 期。

涵式地表明该事物的复杂性、系统性、综合性。

　　钱学森认为，组织建设社会主义的社会工程是"系统工程范畴的技术，但是范围和复杂程度是一般系统工程所没有的。这不只是大系统，而是'巨系统'，是包括整个社会的系统"①。他还进一步指出，面对"开放的复杂巨系统"等复杂性问题，唯一有效的方法就是综合集成法。②综合集成法是系统的方法，包括知识体系、工具体系和专家体系构成高度智能化的人机结合体系。它是以唯物辩证法为指导，以开放复杂巨系统的复杂性问题为对象，通过"还原论与整体论结合、定性描述与定量描述结合、局部描述与整体描述结合、确定性描述与不确定性描述、系统分析与系统综合结合"③ 而形成的系统方法论。

　　社会工程研究的"综合性"主要体现为：

　　　　把自然科学的理念和方法与社会科学的理念和方法结合起来，把社会关系的模式设计和相应的数据调查、分析、预测相结合，把数据的收集和分析与新设计的社会模式结构联系起来进行综合的、动态的分析，预测其期望的结果与社会发展所需求的状态之间的关系，进而调整人们的社会行为，制定合理的社会政策与社会规则体系，促进社会良性运行和协调发展。④

　　社会主义改革是一项极其复杂的系统工程，不光是经济系统工程，还包括涵盖政治系统工程、社会系统工程、文化系统工程、生态系统工程等在内的"大社会"系统工程。因而需要运用"综合集成"的方法，进行总体分析、总体设计、总体协调、总体规划来发挥这一系统的整体效能和综合优势。新时期中国政府坚持"顶层设计"与"摸着石头过河"相结合、"整体推进"与"重点突破"相结合的社会主义改革思维，就集中体现了这一方法论。社会工程作为组织和管理社会主义建设的系统科

---

　　① 钱学森、乌家培：《组织管理社会主义建设的技术》，《经济管理》1979 年第 1 期。

　　② 钱学森、于景元、戴汝为：《一个科学新领域》，《自然杂志》1990 年第 1 期。

　　③ 黄顺基、涂序彦、钟义信：《从工程管理到社会管理》，科学出版社 2012 年版，第148 页。

　　④ 王宏波：《社会工程研究的综合性特点及意义》，《教学与研究》2010 年第 8 期。

学，通过系统分析、系统综合、系统优化，来体现科学社会主义内涵的
整体性，为人们在不同的历史阶段探索和选择最优方案及其实践模式提
供了实践工具。

三 倡导"立字当头，破在其中"的社会改革思维

理论思维意在"认识世界"的本来，而工程思维重在实现"改造世
界"的目的。在马克思看来，"人的思维是否具有客观的真理性，这不是
一个理论的问题，而是一个实践的问题。人应该在实践中证明自己思维
的真理性，即自己思维的现实性和力量，自己思维的此岸性"①。建设和
发展社会主义是一项"扬弃开新"的系统工程，既需要革除某些不合时
宜的环节和要素，也需要适时创建新的体制和机制。就基本路径而言，
社会革命和社会运动是以往特殊历史时期的实践形式，而社会改革是新
时期发展社会主义的核心策略和常态方式。

从社会工程活动的视角来看，改革是通过人们自觉发现和建构新的
社会关系形式来替代旧的社会关系形式，从而促进社会可持续发展的一
种社会活动。改革作为完善和发展社会主义的重要方式，不同于以往的
社会革命和社会运动。王宏波认为，在改革开放的新时期，如果从社会
发展形式上来考察，可以说是摒弃了社会革命与社会运动形式，把改革
作为社会工程活动的基本形式，选择了社会工程活动的社会发展形式。
比较而言，社会革命与社会运动的思维是先"破"后"立"，而社会工程
思维是"不立不破"，强调"立字当头，破在其中"②。也就是说，改革
的核心就是通过新方案和新模式的设计（优化）来革新（代替）旧的方
案（结构）。其中蕴涵的"价值选择"和"预先建构"的实践品质，有
助于确保社会主义改革的人民性和科学性。

社会工程思维体现了"认识世界"和"改造世界"的主体自觉，有
助于人们更好地把握科学理论的整体性及其实践转化的条件性。这一点
恰是马克思所秉持的"新的哲学家"的品格——"解释世界"与"改变

---

① 《马克思恩格斯文集》第 1 卷，人民出版社 2009 年版，第 500 页。
② 王宏波：《推进国家治理体系和治理能力现代化》，《中国社会科学报》2014 年 3 月
19 日。

世界"的实践统一。在当代中国,运用社会工程思维来建设和发展社会主义,重在于从马克思主义的"原生态"和中国发展实际的"现时态",来理解和把握科学社会主义的整体性,并通过"理论思维→理论模式→工程思维→实践模式"之多环节的实践路径,来推进中国特色社会主义的辩证发展和内涵提升。

回溯中国改革开放和现代化建设的实践历程,可以发现其中的实践不同程度地蕴含着社会工程思维。全面建成小康社会、全面深化改革、全面推进依法治国、全面从严治党作为中国特色社会主义理论体系的既有内容,在新时期"全面性"的战略布局中体现着遵循社会主义建设规律,运用社会工程思维发展中国特色社会主义的新思路和新境界。

第三节　中国特色社会主义的 "四个全面"辩证实践

在发展中国特色社会主义的战略机遇期,中国政府提出"全面建成小康社会""全面深化改革""全面依法治国""全面从严治党"的战略布局,与横向层面的"五位一体"总布局一起构成交互促进的"立体式"的发展格局。"四个全面"战略布局的理论模式确立后,如何进一步运用相应的实践模式予以具体展开,依然需要运用社会工程思维对发展社会主义的理论模式和实践模式进行多维建构,在增强"中国理论"自觉的同时展开整体性的辩证实践。

一　"四个全面"战略目标的意义建构

全面建成小康社会作为"四个全面"的战略目标,通过对人的自由和全面发展的意义建构,体现了科学社会主义的价值旨归和实践逻辑。科学社会主义是马克思恩格斯基于无产阶级受压迫和受奴役的历史事实,尤其是通过批判资本主义的历史局限和空想社会主义的实践局限而指出人类社会发展的未来学方向。这种未来社会是"一个更高级的、以每一个个人的全面而自由的发展为基本原则的社会形式"①,旨在让"现实的

———————

① 《马克思恩格斯文集》第 5 卷,人民出版社 2009 年版,第 683 页。

个人"，作为一个完整的人，以全面的方式占有自己的本质和生活，过上有尊严的幸福生活。这一承载着建构人类命运共同体的主义之"本"，正是我们选择和发展科学社会主义的基本价值定位。

社会理想的意义在于以价值共识引领时代实践，让人们过上有尊严的幸福生活。"四个全面"战略目标蕴含着对"全面"的整体性要求，饱含着对"自由"的内涵式追求。全面建成小康社会的目标覆盖了经济、政治、文化、社会和生态五大方面，以"五位一体"的总体布局来实现经济社会发展的全面性。"'小康'讲的是发展水平，'全面'讲的是发展的平衡性、协调性、可持续性"①。实现两个"翻两番"的新目标，体现了对"共同富裕""社会和谐""民族振兴""人民幸福"等发展目标的具体建构和不断逼近。全面深化改革的总目标是"完善和发展中国特色社会主义制度，推进国家治理体系和治理能力的现代化"②。全面深化改革重在依靠人民群众，尊重人民主体地位，发挥群众首创精神，着力实现"让一切劳动、知识、技术、管理、资本的活力竞相迸发，让一切创造社会财富的源泉充分涌流"③，让发展成果更多更公平惠及全体人民。全面依法治国着重推进"法治国家、法治政府、法治社会一体建设"④，作为对当代中国治国理政方略的新要求，是对全面深化改革实现全面建成小康社会的规则建构和制度保障。解决中国的问题，关键在党。所谓"关键在党，就要确保党在发展中国特色社会主义历史进程中始终成为坚强领导核心"⑤。全面从严治党作为党要管党的内在要求，是党实现执政使命的历史要求。

总体来看，"四个全面"战略目标通过对每个人的自由和全面发展的意义建构，从现实性上阐释了"人是主义之本"的政道逻辑——坚持以人民为中心的发展思想，把增进人民福祉、促进人的全面发展作为发展社会主义的出发点和落脚点。这些让每一个"现实的个人"能看得见、摸得着的发展目标，既是对科学共产主义远大理想目标的当代意义建构，

---

① 《习近平谈治国理政》第 2 卷，外文出版社 2017 年版，第 78 页。
② 《习近平谈治国理政》，外文出版社 2014 年版，第 90 页。
③ 同上书，第 93 页。
④ 同上书，第 144 页。
⑤ 同上书，第 411 页。

也是社会主义"科学性"和"人民性"的当代价值出场。

二　"四个全面"协调推进的关系建构

在新的时代条件下建设社会主义没有明确的"调味单"来直接操作，也没有固定的实践模式来直接搬用。作为不断发展论者，不仅要处理好基本原理与具体实践的关系，更要基于对科学社会主义内涵的整体性把握，通过对战略目标、发展动力、制度保障、政治保障的关系建构，实现中国特色社会主义的内涵式发展。

"四个全面"战略布局是一个由多个子系统构成的整体系统。其中蕴含的"预先建构"社会工程思维，是基于当代中国国情实际和发展目标的整体规划。

全面建成小康社会是核心战略目标。全面建成小康社会在内容上覆盖了中共十八大提出的经济、政治、文化、社会、生态之"五位一体"。这是为了矫正以往过于注重某一方面的发展而导致社会主义建设的不平衡、不协调、不可持续的偏差。从"建设"到"建成"，意味着要对"五位一体"的各个子系统中存在不协调、不可持续的实践模式进行"预先建构"和"不断优化"，对"全面建设"的举措与进度进行过程机制的整体规划，并通过建构"系统完备、科学规范、运行有效的制度体系，使各方面制度更加成熟更加定型"①。这些设计和规划需要通过全面深化改革的系统性和协同性来保障"五位一体"的协调发展。

全面深化改革是主要发展动力。改革作为社会工程活动的重要方式，是实现社会发展的动力机制。全面深化改革的总体方案、路线图、时间表的实践生成，需要现代化的国家治理体系的保障和护航。支撑这一体系的政治逻辑是党的领导、人民当家作主和依法治国的有机统一。

全面依法治国是基本制度保障。全面依法治国的总目标是建设中国特色社会主义法治体系，具体包括完备的法律规范体系、高效的法治实施体系、严密的法治监督体系、有力的法治保障体系、完善的党内法规体系等。通过全面推进和关系建构，实现"三个法治"的一体建设，形成国家法律建设与党内法规建设的协同机制，筑造良法与善治互成的国

---

① 《习近平谈治国理政》，外文出版社 2014 年版，第 70—71 页。

家治理生态。

全面从严治党是根本政治保证。党的建设在中国革命、建设和改革中发挥着关键作用，毛泽东曾将"党的建设"作为中国革命取得成功的"三大法宝"之一，并将它比作一项"伟大的工程"①。新形势下推进党的建设伟大工程，必须从严治党，既要靠教育，也要靠制度，二者一柔一刚，要同向发力、同时发力。这项系统工程具体包括党的思想建设、组织建设、作风建设、制度建设、反腐倡廉建设在内的党建总体布局。总体来看，"四个全面"中的每一个"全面"内部都是整体与局部的统一、长期性与阶段性的统一。这些要素与系统之间相辅相成，相得益彰，共同构成发展中国特色社会主义的有机整体。

三 "四个全面"动态模式的状态建构

科学共产主义事业属于全人类，并以"世界历史"的形成为基本前提。"中国特色社会主义"作为社会主义价值自觉的中国个案，既是中国的，也是世界的。"四个全面"的战略目标不是一项僵化的"指标"，而是实现既定发展目标的动态实践模式。它的全面展开体现了发展科学社会主义的新常态，作为对社会主义制度优越性的状态建构，意在展现中国特色社会主义的"世界历史"意涵。

一是通过"四个全面"动态模式形成体现社会主义优越性的政治逻辑。在当代中国，这种政治逻辑就是坚持党的领导、人民当家作主和依法治国有机统一。"四个全面"的战略布局通过意义建构和关系建构呈现出发展中国特色社会主义的整体状态，集中体现在党的领导、人民当家作主、依法治国的有机统一当中。坚持人民主体地位，依靠人民群众，实现人民当家作主，是社会主义的政道使然。通过全面建成小康社会，实现人民群众对美好生活的向往。全面深化改革依靠人民群众，是为了更好地发挥人民群众的创造性和积极性，实现人民当家作主。全面依法治国是党领导人民治理国家的基本方略，是实现人民当家作主的制度保障。全面从严治党是坚持党的领导的内在要求，是实现人民当家作主的政治保证。中国共产党在宪法和法律范围

---

① 《毛泽东选集》第 2 卷，人民出版社 1991 年版，第 602 页。

内依法执政、执政为民，本身就是对规避和超越"历史周期率"的执政自觉。在"四个全面"动态模式中实现这三者的有机统一，从根本上理顺了改革、发展、稳定的辩证关系，从本质上澄清了"什么是社会主义，如何建设社会主义"的实践逻辑。由此形成当代中国治国理政的基本方略和治理新常态。

二是通过"四个全面"动态模式形成体现社会主义优越性的实践逻辑。在当代中国，集中体现为遵循人类社会发展规律来实现中国特色社会主义的科学发展。历史唯物主义认为，生产力与生产关系、经济基础与上层建筑这两对社会基本矛盾，贯穿于人类社会发展过程之始终，是人类社会发展的基本规律。社会主义的本质蕴涵并体现在"生产力"—"生产关系"—"经济基础"—"上层建筑"的辩证关系当中。"四个全面"动态模式内嵌于人类社会发展的"三层楼"结构，实现整个经济社会的可持续发展，体现了"物质生活的生产方式制约着整个社会生活、政治生活和精神生活的过程"①。全面建成小康社会重在通过大力发展生产力构建充裕的物质生活，并为其他生活的展开奠定了物质基础。全面深化改革重在革新和优化束缚生产力发展的体制和机制，通过调节生产关系和经济基础层面不合时宜的体制和机制，规避其对人们充分享有物质生活和精神生活的消解和阻滞。全面依法治国和全面从严治党是全面深化改革在政治建设领域的集中体现，重在从上层建筑层面调节政治生活的制度安排和精神生活的价值取向，促进人们物质生活和社会生活的健康发展。由此形成"发展为了人民、发展依靠人民、发展成果由人民共享"的政道图式和发展新常态。

四　"四个全面"理论创新的符号建构

改革开放之初，中国特色社会主义曾作为一个有待实践充实的"话语"进入了人们的视野。经过 40 年的创造性实践，赋予了体现科学社会主义理论逻辑和中国社会发展历史逻辑相统一的时代内涵，可以视为马克思主义有机性在当代中国的生动呈现。这些成就一度被西方人士称为"中国模式"，并进行了"他者化"的多维解读。

---

① 《马克思恩格斯文集》第 2 卷，人民出版社 2009 年版，第 591 页。

　　作为在"中国道路"上创造"中国奇迹"的在场的"中国人",应当有足够的理论自觉总结中国之所以成功的奥秘,也应当有足够的理论自信向世界讲好"中国故事",传播好"中国声音",让世界听之"中国话语"而得知"中国理论"的实质内涵和时代精神。

　　中国在社会主义改革和建设中立足历史条件的"中国性"而走出了一条中国特色社会主义道路,形成了中国特色社会主义理论体系、制度和文化。习近平指出,"中国特色社会主义特就特在其道路、理论体系、制度上,特就特在其实现路径、行动指南、根本保障的内在联系上,特就特在这三者统一于中国特色社会主义伟大实践上"①。中国之"特色"本身即是一种社会主义价值自觉的中国个案,体现了对社会主义话语影响力的中国符号建构。中国特色社会主义是科学社会主义理论逻辑和中国社会发展历史逻辑的辩证统一,因为根植于中国大地而蕴含着"中国精神",因为秉持社会主义的基本原则而蕴含着"社会主义精神"。"四个全面"的理论创新,作为对中国特色社会主义理论的新发展,通过对社会主义话语影响力的符号建构,孕育并生成体现"社会主义精神"与"中国精神"的文化软实力。

　　话语权的符号意义来自内涵式发展中的文明积淀和时代感召力。社会主义精神与中国精神的符号建构,根植于中国理论回应时代问题的物质实践。"一个国家实行什么样的主义,关键要看这个主义能否解决这个国家面临的历史性课题。"② 社会主义的优越性,归根结底,在于解决一个国家的发展问题,让人民过上有尊严的幸福生活。全面建成小康社会重在从整体上解决民生问题,让人们过上富裕的幸福生活,体现了实现"共同富裕"的社会主义优越性。全面深化改革是完善社会主义制度的动力机制,重在实现国家治理体系和治理能力的现代化,体现了社会主义制度自我完善的优越性。全面依法治国是发展社会主义的制度保障,重在建设社会主义法治国家,体现了中国政府治国方略的优越性。全面从严治党是党要管党的内在要求,重在实现党的建设的科学化,体现了中国共产党治国理政的优越性。这些基于中国实践的理论创

---

　　① 《习近平谈治国理政》,外文出版社2014年版,第9页。
　　② 同上书,第22页。

新，彰显着中国特色社会主义的优越性和话语影响力。如果说文化是形成人的关系、力量、能力和需要的全部总和，其最高价值就在于实现真善美高度统一的自由境界，那么，推动中国特色社会主义内涵式发展的每一个进步，必然伴随着"社会主义精神"和"中国精神"的时代出场。

　　综上所述，当代中国处在社会主义的初级阶段，从不同维度来发展中国特色社会主义，是需要不断探索的理论命题和实践课题。通过理论反思和经验总结，探析运用社会工程思维发展社会主义的比较优势，本身就是彰显中国特色社会主义优越性的方法论自觉。"四个全面"战略思想内蕴着马克思主义的立场、观点、方法，体现着遵循社会主义建设规律运用社会工程思维发展中国特色社会主义的辩证实践。这种从中观层面通过实践创新不断予以充实的"中国模式"，不仅是社会主义价值自觉的中国个案，而且为走向"世界历史"的科学社会主义提供可持续发展的理论话语和实践空间。

结 语

新时代建构美好生活的中国方案

　　时代在进步，社会在发展，科学共产主义的辩证实践需要新的出场方案。"尽管我们所处的时代同马克思所处的时代相比发生了巨大而深刻的变化，但从世界社会主义 500 年的大视野来看，我们依然处在马克思主义所指明的历史时代。"① 科学理论的意义在于：以扎根"现实"又高于"现实"的思想力量来引领时代前行，促进人的自由发展和社会的全面进步。这就要求我们在社会主义 500 年的基点上，以更加宽广的"视界"看待经典马克思主义的时代意义，以马克思主义"真理之光"开启此岸确证理想社会和创造美好生活的"中国方案"。

　　一　时代前行中的"真理之光"②

　　在马克思看来，"问题就是公开的、无畏的、左右一切个人的时代声音。问题就是时代的口号，是它表现自己精神状态的最实际的呼声"③，因而也是产生理论和孕育思想的"场所"。社会矛盾的客观性，需要人们历史地把握和辩证地分析。当今时代问题的复杂性，往往超出人们既有的认知和研判。2017 年 1 月 18 日，习近平在联合国日内瓦总部的演讲《共同构建人类命运共同体》中指出："当今世界充满不确定性，人们对未来既寄予期待又感到困惑。世界怎么了、我们怎么办？这是整个世界都在思考的问题，也是我一直在思考的问题。""回答这个问题，首先要

---

① 《习近平谈治国理政》第 2 卷，外文出版社 2017 年版，第 66 页。
② 参见拙文《真理之光引领时代前行》，《中国纪检监察报》2016 年 7 月 15 日第 5 版。
③ 《马克思恩格斯全集》第 40 卷，人民出版社 1982 年版，第 289—290 页。

弄清楚一个最基本的问题,就是我们从哪里来、现在在哪里、将到哪里去?"①

当代中国所面临的问题,不再是以往单一文明时代的局域性问题,而是在"古今中外"高度聚合场域下的综合性问题和结构性问题。对于这样的问题,西方的"现代化理论"可以解答一部分,传统中国的"古典智慧"也可以化解一部分,但难以全面观照并给出整体性的破解思路和实践方案。理论上不彻底,就难以服人。对科学理论在理解上的不彻底,同样也难以彰显理论的应有魅力。习近平为此忧虑并指出:

> 社会上也存在一些模糊甚至错误的认识。有的认为马克思主义已经过时,中国现在搞的不是马克思主义;有的说马克思主义只是一种意识形态说教,没有学术上的学理性和系统性。实际工作中,在有的领域中马克思主义被边缘化、空泛化、标签化,在一些学科中"失语"、教材中"失踪"、论坛上"失声"。这种状况必须引起我们高度重视。②

对于诸如此类的误解和曲解,我们应当以清醒的理论自觉、坚定的政治信念、科学的思维方法去理解经典马克思主义,以开放和创新的姿态去发展 21 世纪马克思主义。

事实上,只要我们静下心来深入阅读和理解经典文献,就会深刻体会到:"马克思主义是很朴实的东西,很朴实的道理。"③ 作为产生于现代工业文明时代的经典马克思主义,以理论的"彻底性"和实践的"革命性"指明了人类社会发展的未来学方向。马克思"剩余价值理论(学说)"的创立,"使社会主义者早先像资产阶级经济学者一样在深沉的黑暗中摸索的经济领域,得到了明亮的阳光的照耀。科学的社会主义就是从此开始,以此为中心发展起来的"④。马克思正是在"两大科学发现"

---

① 《习近平谈治国理政》第 2 卷,外文出版社 2017 年版,第 537 页。
② 同上书,第 329 页。
③ 《邓小平文选》第 3 卷,人民出版社 1993 年版,第 382 页。
④ 《马克思恩格斯全集》第 20 卷,人民出版社 1971 年版,第 222 页。

的基础上，深刻揭示并把握资本主义社会的运动规律及其发展趋势。也就是说，马克思主义理论的"彻底性"是以其"科学性"为基本前提的。1967 年，卢卡奇在《历史与阶级意识》（1919—1922）的"新版序言"中指出："由于今天对应该如何理解马克思主义的本质的和持久的内容和永久性的方法还极不确定，理智的诚实要求我明确说明这一点。"① 作为在"中国道路"上不断创造"中国奇迹"的"中国人"，最有理由用"中国话语"来说明这一点。只要回到经典文献进行深度耕犁，便能体会到这一理论的思想魅力和可贵之处。从形而上之"科学"的视角看，马克思主义深刻揭示了自然界、人类社会、人类思维发展的普遍规律，是实现人的自由发展和社会全面进步的科学，用高放的话来说，即"人的解放学"。从形而下之"实践"的视角看，马克思主义旨在让依靠辛勤和智慧的"劳动者"过上有尊严的幸福生活，用孙熙国的话来说，即"让老百姓过上好日子的学问"。切实解答当代中国面临的时代问题，需要借助和运用马克思主义这一理论武器，重在坚持"以人为本"的价值观和"实事求是"的方法论。以此来把握马克思主义的真精神，就可以找到合理运用这一思想武器的"密钥"。

理解马克思主义的真理性，固然要看实践。针对社会主义实践中的挫折，有人简单地认为是马克思主义的"失败"，科学共产主义的"终结"。回想 1989 年，日裔美籍学者弗兰西斯·福山的"历史终结说（论）"，以西方霸权主义的立场宣称西方文明是世界上唯一理想的文明形式。20 年后，他则在《日本要直面中国世纪》的专访中，以一种谦逊而富有远见的格调"修正"了当年的论断："随着中国崛起，所谓'历史终结论'有待进一步推敲和完善。人类思想宝库需为中国留有一席之地。"福山对自己"历史终结论"的"终结"，以一种别样的方式表明：任何以非实事求是的方式对待历史的论断都将受到实事求是的历史校正。如有的论者指出：

> 马克思把共产主义看作否定社会生活所有异化和对抗形式的一个历史过程，根本没有把它同某种绝对的、更加完备的社

---

① ［匈］卢卡奇：《历史与阶级意识》，杜章智等译，商务印书馆 1999 年版，第 1 页。

会发展体制联系在一起。而过去和现在的很多空想家们的缺点恰恰就反映在这一点上。①

马克思主义真理性的时代出场和实践敞显，是以科学解答时代问题为前提的。在当今普遍追求现代性的过程中，人类面临着超出既有预料的深层次冲突和结构性危机。概括而看，一是人与自然的冲突所引发的生态危机，使全人类直接面临着生存与毁灭的危机；二是人与社会的冲突所引发的社会危机，使人类面临着重新建构优良公共秩序的考验；三是人与人的冲突所引发的道德危机，使人类面临着免于道德堕落而成其为人本身的挑战；四是人的心灵的冲突所引发的精神危机，使人类面临着超越物化并重建精神家园的重任；五是不同文明之间的冲突所引发的价值危机，使人类面临着比物质利益冲突更大的观念冲突。这些典型问题具有高度的"时空聚合"特征——"各种风险往往不是孤立出现的，很可能是相互交织并形成一个风险综合体"②，直接关系着全人类以至每一个人的生存状态和发展权利。在"时代问题"倒逼"时代思想"的境遇下，人们再度想到了马克思，希望从马克思主义那里寻找可能的答案。

2015 年 10 月 10 日，首届世界马克思主义大会在北京大学召开。近 20 个国家的 400 多名马克思主义研究学者围绕"马克思主义与人类发展"这一主题，共同探讨解决当今国际社会面临的共同问题和人类发展中的重大问题，并普遍认为：马克思主义是世界性的大学问，是人类文明发展的产物。2018 年 5 月 5 日，第二届世界马克思主义大会在北京大学举行。来自世界五大洲的 100 多位国际学者以及国内的 700 多位学者就"马克思主义与人类命运共同体"这一主题展开研讨。就目前召开的两次"世马会"的主题来看，都聚焦于人类社会发展中的重大课题。整体而言，"人"是贯穿如上重大时代问题的主线——人的发展问题和人的行为方式问题——在如何"为了人"的价值诉求和"通过人"的实现方式上，

---

① ［俄］鲍·斯拉文：《被无知侮辱的思想》，孙凌齐译，中央编译出版社 2006 年版，第 50 页。

② 《习近平谈治国理政》第 2 卷，外文出版社 2017 年版，第 82 页。

树立人类命运共同体理念和包容性的发展思维是解答时代问题的重要"枢机"。

时代在辩证否定中不断进步，社会主义事业没有终结，也不会终结。既有实践中的挫折，只不过是以辩证否定的方式调适着科学社会主义的出场方式，因而可以作为推动其不断前进的历史基石。理论上的曲解和误解，只不过是人类不断走进历史来把握现实和未来的思想调适，因而可以在变革的时代实践中得到合理的澄清。社会主义建设是一项全新的事业，需要通过"科学理论"与"创新实践"的双向构建来敞显其科学性和生命力。习近平就此指出：

> 在人类思想史上，就科学性、真理性、影响力、传播面而言，没有一种思想理论能达到马克思主义的高度，也没有一种学说能像马克思主义那样对世界产生了如此巨大的影响。这体现了马克思主义的巨大真理威力和强大生命力，表明马克思主义对人类认识世界、改造世界、推动社会进步仍然具有不可替代的作用。[1]

马克思主义正是因为把握住了人类社会发展的基本规律而具有真理性，但从来没有垄断真理和占有真理，只是通过"认识世界"和"改造世界"的整体实践来不断逼近真理，并以真理之光的思想武器来解答我们这个时代面临的深层次问题或难题。

二　实践探索中的"中国道路"[2]

中国的现代化建设处在"古今中外"高度聚合的时代境遇中，当代中国所做的事情，既是在着力破解中国经济社会发展中的深层次问题，推进国家治理体系和治理能力现代化，实现国家富强、民族振兴，让广大人民群众过上有尊严的幸福生活，也是在以中国的方式来解答人类社会发展中的难题，通过共建人类命运共同体，来促进人类社会的可持续

---

① 《习近平谈治国理政》第 2 卷，外文出版社 2017 年版，第 65 页。
② 参见拙文《中国特色社会主义的内生性与新传统》，《科学社会主义》2017 年第 1 期。

发展。这一伟大而艰巨的事业，既需要"科学理论"的内在支撑，也需要以高位势的"哲学精神"来引领时代的实践。

历史是在传统延续中不断接受时代实践的精神灌注。作为时代的哲学精神不可避免地烙上了历史实践的底色，反映着一个时代变革中的精神脉络。哲学精神以社会意识的相对独立性构成了可供人们反思历史和滋养当下的思想空间。哲学精神与时代场域的匹配性直接决定着思想把握现实的程度。传统中国哲学精神，代表着东方农业文明时代的精神精华，可以为当代中国提供必要的文化滋养，但必须接受时代实践的精神灌注，方能有效地传承精髓，在扬弃中筑基开新。现代西方哲学精神，代表着工业文明时代的精神精华，我们可以批判性地运用"资本逻辑"的力量建设社会主义物质文明，但必须秉持"以人民为中心"的发展理念，以社会主义制度优越性来驾驭"资本逻辑"的物役性，规避"见物不见人"的单向度发展。

中国近代以来，基本上是在如上两种文明的交汇和裹挟中进行发展道路的研判、选择、创新。其中有一种思潮，将"现代化"等同于"西方化"的简单研判中，潜藏着容易导向虚无主义的二元对立思维——认为"时间序列"上的"现代"即"先进"，"传统"即"落后"。这种在"二者择其一"的选择中，不仅割裂了学习西方优势资源的文化基因，也割断了传承中国传统思想精华的精神脉络。其实，当代中国还有另一种正在生成中的"新传统"，就是新中国成立以来，尤其是改革开放以来的社会主义实践和社会主义精神。从历史的生成逻辑来看，"传统"不是某种保守的、过去的"历史"，也不是某种已经凝结成形的"实体"，而是作为"代代相传的事物"在历史的矫枉过正中萃取出来的具有实质性内容的文化力量。

当代中国的改革发展实践本身也是在以流淌的方式生成新的"传统"，即中国改革发展的时代精神。马克思恩格斯在《共产党宣言》中肯定资产阶级在不到一百年的时间里创造了超乎以往所有历史时期的物质财富，开启了人类发展的"新格局"和工业文明的"新传统"。中国共产党作为中国工人阶级和中国人民的先锋队，带领中国人民在艰苦卓绝的奋斗中实现民族独立、国家解放、社会主义建设的伟大成就，极大地改变了中国的历史命运和世界的发展格局，尤其是改革开放以来的创造性实践形成了中国特色社会主义道路。当西方国家从不同维度解读中国之所以成功发展的"奥秘"时，作为在场的"中国人"，却面临着对于正在发生的"中国故事"应当"讲什么"和"怎么讲"的难题。

科学社会主义"在中国"，表达的是社会主义在中国场域的存在状态。它既可以表达"在中国"的空间性分布和时间性延续，也可以表达与中国实践、文化传统的结合方式，还可以表达与中国实际深度融合后的发展成果。关于科学社会主义"在"中国的具体存在样态，可以概括为如下三种：

一是关于马克思主义中国化的"结合说"。俄国"十月革命"后给中国送来了马克思主义，这为探索中国道路提供了一种新的社会方案。中国革命面貌焕然一新，就是因为有了马克思主义这一思想武器和中国工人阶级的先锋力量。马克思主义与中国的"结合"，首先是与中国共产党的"结合"，并作为党的指导思想和行动指南。在党领导中国民主革命实践中，逐步提出马克思主义与中国实际相结合的"中国化命题"，其中"结合"的内容包括"中国实践"和"中国文化"。社会主义革命和改造完成后确立的社会主义制度，就是作为共产主义第一阶段的社会主义与经济社会文化不发达的中国实际"相结合"而形成初级阶段的中国社会主义，即马克思主义中国化的第一次飞跃——"毛泽东思想"。在改革开放中探索形成的"中国特色社会主义"，是马克思主义基本原理与发展着的中国实践"相结合"，内容包括中国现代化建设、中国文化传统、时代发展特征等。"结合说"既表达着马克思主义中国化的过程机制，即"化什么"和"如何化"，也表达了马克思主义中国化的结果形态，即作为中国化的马克思主义——中国特色社会主义。

二是关于社会主义价值自觉的"出场说"。中国人民选择马克思主义和社会主义制度，不仅是因为它的"科学性"——发现了人类社会发展的基本规律，更在于它的"价值性"——契合了最广大人民群众的根本利益。然而，社会主义"在中国"不等于社会主义的"中国化"，有了"中国化"的过程，也不意味着一定就有"中国特色社会主义"的应然结果。这就存在一个"在场"与"出场"的辩证关系问题。科学社会主义的"在场"，既可以是作为理论思潮的"在场"，也可以是作为指导思想的"在场"，还可以是人类存在所必需的"乌托邦精神"和价值符号的

"在场"。在海德格尔看来，"人们可以用形形色色的方式来对待共产主义学说及其论证，但在存在历史上可以确定的是：一种对世界历史性地存在着的东西的基本经验，在共产主义中表达出来了，谁如若只把'共产主义'看作'党派'或者'世界观'，他就想得过于短浅了"①。科学共产主义作为人类社会发展之必然和应然的"存在"，体现为探索和建构美好社会制度的在场性。人是主义之本，建设社会主义并不是为了社会主义本身，而是旨在实现人的自由发展和社会的全面进步，让广大人民群众过上有尊严的幸福生活。社会主义价值自觉，就是将这一价值定位落实到实现国家富强、民族振兴、人民幸福上来，作为在中国的时代"出场"。"出场说"既表达着社会主义作为科学和价值的历史合理性，也表明了从"科学"向"实践"跃升中的规律约束和条件制约。

三是关于创新科学社会主义的"发展说"。马克思主义是开放和发展的科学，科学社会主义同样以"发展性"作为其先进性的实践品格。正如"任何思想，如果不和客观的实际的事物相联系，如果没有客观存在的需要，如果不为人民群众所掌握，即使是最好的东西，即使是马克思列宁主义，也是不起作用的"②。比较而言，"结合说"是为了实现社会主义在中国场域的"发展"，"出场说"是为了实现社会主义从"科学"到"实践"的"发展"。这两个维度的"发展"都源于时代创新实践，表现为理论出场的话语革新，沉淀为中国社会的整体进步。从马克思主义中国化的层面看，既需要整体理解科学社会主义，并根据时代场域进行"原生态话语"的本土转化，形成指导中国实践的科学理论，也需要运用马克思主义立场、观点、方法来解答"倒逼理论"的时代问题，形成实践基础上的理论创新。这一意义上的"发展"，在"结合说"的维度上体现为社会主义理论与中国实践的双重变革，在"出场说"的维度上体现为社会主义价值在中国场域的意义敞显。由此来理解邓小平理论、"三个代表"重要思想、以人为本的科学发展观、习近平新时代中国特色社会主义思想等在内的中国特色社会主义理论体系，就可以更好地把握科学社会主义理论逻辑与当代中国社会发展历史逻辑"时空交融"的生

① ［德］海德格尔：《路标》，孙周兴译，商务印书馆2000年版，第401—402页。
② 《毛泽东选集》第4卷，人民出版社1991年版，第1515页。

成逻辑和未来图景。

如果以"世界历史"的视界来分析社会主义"在"中国的存在样态，那么中国特色社会主义不是"中国特色"与"社会主义"的简单相加，而是将"中国特色"作为具有内在规定性的"修饰语"和"定位词"，阐释着社会主义"在中国"的实践逻辑和特定内涵。中国特色社会主义"承载着几代中国共产党人的理想和探索，寄托着无数仁人志士的夙愿和期盼，凝聚着亿万人民的奋斗和牺牲，是近代以来中国社会发展的必然选择"①。历史是不断向前的，要达到理想社会的"彼岸"，就需要以全面的方式通过"此岸"的整体实践，沿着我们确定的中国道路不断前进。

三 时代发展中的"中国方案"②

科学理论可以引领时代的前行方向，但不足以一劳永逸地解决所有领域中不断变化的具体问题，因为"世界上没有放之四海而皆准的发展模式，也没有一成不变的发展道路"③。实践基础上的理论创新是未来社会发展的先导，因而需要结合时代发展中的既定环境来制定具体实践方案，而不是简单或"教条式地预期未来"——1843 年 9 月，马克思在《致阿尔诺德·卢格》的信中指出："新思潮的优点又恰恰在于我们不想教条地预期未来，而只是想通过批判旧世界发现新世界。"④ 也就是说，"在将来某个特定的时刻应该做些什么，应该马上做些什么，这当然完全取决于人们将不得不在其中活动的那个既定的历史环境⑤。在社会主义500 年的基点上，带着时代问题意识从基础理论展开的学理探索，本身就是对"元理论"的时代话语表达和时代实践再现。

中国特色社会主义，作为社会主义"在中国"的存在样态，不是一般性理论或思潮的"在场"，而是作为科学社会主义理论逻辑与中国社会发展历史逻辑的内生形态。在习近平看来，"当代中国的伟大社会变革，

---

① 《习近平谈治国理政》第 2 卷，外文出版社 2017 年版，第 51 页。
② 参见拙文《中国特色社会主义的内生性与新传统》，《科学社会主义》2017 年第 1 期。
③ 《习近平谈治国理政》，外文出版社 2014 年版，第 292 页。
④ 《马克思恩格斯文集》第 10 卷，人民出版社 2009 年版，第 7 页。
⑤ 同上书，第 458 页。

不是简单延续我国历史文化的母版，不是简单套用马克思主义经典作家设想的模板，不是其他国家社会主义实践的再版，也不是国外现代化发展的翻版，不可能找到现成的教科书"①。我们认为，中国特色社会主义作为时代发展中的"中国方案"，表征着社会主义真精神在当代中国的时代"出场"。中国特色社会主义在当代中国已经具有了新的内在规定，因而是一种"新事物"。

中国特色社会主义是科学社会主义理论逻辑与中国社会发展历史逻辑的内生形态。"中国特色社会主义是社会主义不是其他什么主义，科学社会主义基本原则不能丢，丢了就不是社会主义。"② 坚持马克思主义，重在坚持和运用马克思主义立场、观点、方法。同样，建设社会主义，重在遵循科学社会主义的理论逻辑、核心精神、基本原则。具体来看，一是价值指向，即实现人的自由发展和社会的全面进步。这一价值取向契合了几千年来中国仁人志士对"至德之世"和"大同世界"的追求，契合了近代以来中国人民寻求民族独立和人民解放的切实诉求。在建设和发展社会主义的过程中，始终坚持人民主体地位、"以人为本"的科学发展观、"以人民为中心"的发展理念，努力实现建设美好社会制度与实现人的自由发展的一致性。二是阶级属性，即建设和发展社会主义旨在让广大劳动者过上有尊严的生活，而不是为"流氓无产阶级"③ 代言。工人阶级是社会主义事业的物质承担者，劳动者是创造物质财富和精神财富的历史主人。中国共产党作为中国工人阶级和中国人民的先锋队，领导中国人民建设社会主义，就是要创造人民群众对美好生活需要的福祉。三是批判本性，即社会主义批判和吸收以往社会形态的所有积极成果。科学社会主义不是建筑在荒芜沙滩之上的，而是在吸收包括资本主义在内的所有社会的积极成果之上的。坚持走中国特色社会主义道路，也就意味着既不走"邪路"，也不走"老路"，但不回避学习和吸收其他社会制度形态中的有益文明成果，也不回避反思和吸取既有实践中的经验和教训。四是世界场域，即社会主义是以"世界历史"的形成为前提的。

① 《习近平谈治国理政》第 2 卷，外文出版社 2017 年版，第 344 页。
② 《习近平谈治国理政》，外文出版社 2014 年版，第 22 页。
③ 《马克思恩格斯文集》第 2 卷，人民出版社 2009 年版，第 42 页。

科学社会主义不是地域性的事业，民族国家建设社会主义既要从本国实际出发，也要树立"世界历史"的发展视野。中国的改革开放实践，既是中国"世界化"的过程，也是世界"中国化"的过程。中国特色社会主义正是在"双向融合"中充实了新的实践内涵，彰显着"世界意义"。五是规律约束，即遵循社会主义建设规律和时空约束条件。通过把握"两个必然"与"两个决不会"的辩证关系，从中国国情实际出发来制定阶段性的发展目标和实践方案。新形势下依然明确"三个没有变"的总依据，坚持基本路线不动摇，意在把遵循"发展规律"和"约束条件"动态地结合起来。

中国特色社会主义是解决当代中国发展问题和实现中国人民福祉的中国理论。中国特色社会主义是"根植于中国大地、反映中国人民意愿、适应中国和时代发展进步要求的科学社会主义"[①]。在"社会主义"之前加上"中国特色"的修饰语或限定词，就意味着在发展社会主义理论的同时，重在解决中国的发展问题和实现中国人民的福祉。长期以来，人们将理解中国特色社会主义的"视野"与评价它的"标准"混淆起来，从而产生了"见仁见智"的分歧。一是与经典社会主义的比较视野来看，认为它提出了经典理论中所没有的理论命题和实践课题，进而将中国语境下的"发展"理解为基于中国立场的"修正"。二是与"苏联模式"的比较视野来看，认为中国社会主义建设曾经参照"苏联模式"，而随着东欧剧变和苏联解体，它也面临着"有"与"无"、"是"与"非"的合法性问题。三是与资本主义的比较视野来看，认为它吸收了资本主义的部分要素，进而被"调侃"为中国特色的资本主义。其中消解了社会主义作为高级社会制度形态所具有的批判性，也"颠倒"了发展逻辑上的"本"与"末"，陷入了以"要素"判定"本质"的虚无主义。这些理解"视野"，尽管为发展"中国特色社会主义"提供了他者镜鉴，但不可以直接作为衡量和判断标准。正如鞋子合不合脚，要看鞋子与脚本身的匹配度。衡量和判断"中国特色社会主义"，一是看是否遵循科学社会主义的基本逻辑和核心精神，二是看是否有效解决中国的发展问题和实现中国人民的福祉。这二者统一于

---

① 《习近平谈治国理政》，外文出版社 2014 年版，第 21 页。

"中国特色社会主义"的内在规定，形成以"事物本身"（实"事"）来理解事物（求"是"）的内生逻辑。

中国特色社会主义是社会主义价值自觉和社会主义精神时代出场的中国个案。"中国特色社会主义不是从天上掉下来的，是党和人民历尽千辛万苦、付出各种代价取得的根本成就。"① 人类社会走向何处去，既有历史发展规律的客观约束性，也有遵循基本规律之上的历史选择性。"中国特色社会主义"之所以是科学社会主义理论逻辑和当代中国社会发展历史逻辑的辩证统一，不是仅仅因为中国人民看到其价值性，更是因为在遵循人类社会发展规律的实践中激活了科学社会主义的时代价值，实现其在中国场域的价值出场和意义生成。近代以来，中国人民在诸多社会发展方案的曲折探索和反复比较中选择了社会主义。新中国成立以来，经过社会主义建设中的曲折和挫折，从经验和教训中凝练着社会主义真精神，在改革开放实践中赋予其新的时代精神和中国内涵。在改革发展中，立足于历史条件的"中国性"，着眼于时代条件的"世界性"，走出一条中国特色社会主义道路，形成了中国特色社会主义理论、制度、文化。中国人民在不断解答中国发展问题中探索并形成社会主义价值出场的中国方案。

当代中国最大的理论自觉，就是从学理层面阐明引导中国社会发展的科学理论，讲清楚科学共产主义远大理想的价值在场和中国特色社会主义共同理想的实践在场，以发展和创新的"中国理论"引领变革时代的"中国实践"。

四　理论自觉中的"中国话语"②

话语是表达内容和敞显意义的"存在之家"。以中国的方式讲好"中国故事"，一方面要立足当代中国鲜活的时代实践，从中孕育并生成具有中国特色的理论话语；另一方面要紧扣"我们正在做的事情"，以发展的视野和本土话语阐明当代中国的时代精神，进而引领中国特色社会主义事业的辩证实践。本书通过对马克思恩格斯科学共产主义在场和出场的

---

① 《习近平谈治国理政》第2卷，外文出版社2017年版，第36页。

② 参见拙文《中国特色社会主义的内生性与新传统》，《科学社会主义》2017年第1期。

"三维视界"解析，以马克思交往实践思想为切入点，把"实践"和"生活"作为"现实的个人"的多维度辩证存在的现实基础，为实现科学共产主义的时代出场和人的自由全面发展提供一种动态的过程机制。

本书在历史唯物主义（"大唯物史观"）框架中，基于"整体实践"对科学共产主义的价值在场和实践出场进行了动态考察。其一，在实践范畴内部以对象性活动的整体视野把物质生产实践和社会交往实践辩证统一起来，把"生产"和"交往"作为马克思实践范畴的"子范畴"，通过对二者交互关系的梳理，并统一于人类社会发展的逻辑枢机，丰富了历史唯物主义的基础范畴。其二，"两大实践"与"四大生活"的动态机制为"现实的个人"的多维度辩证存在提供了现实载体，构成人之内在规定的"一切社会关系总和"的现实基础，在一定意义上丰富了马克思主义人学思想，对于在现实层面深刻理解"以人为本"的科学发展观和"以人民为中心"的发展理念提供了必要的哲学基础，为新时期实现人的自由和全面发展确立了"此岸"的逻辑基点。其三，基于"现实的个人"的交往实践合理化，在促进社会制度合理化的同时更好地实现人的自由和全面发展，使科学共产主义作为在场的现实运动，统一于"现实的个人"对象性活动的时时处处、方方面面。同时，也为辩证地理解人类社会形态的动态演进、规避跨越"卡夫丁峡谷"的若干争议提供过程性的认知视界，增强人们对科学社会主义的本真认知和科学理解，坚定共产主义理想信念。

人类美好生活不仅是必要的，也是可能的。科学共产主义的在场和出场，不但需要必要的"乌托邦精神"，以作为"一个完整的人"诗意般地仰望星空，而且也需要每个"现实的个人"像马克思一样思考，以"实践的唯物主义者即共产主义者"的担当去科学地"解释世界"，辩证地"改变世界"。当然，我们也不能忘了马克思恩格斯的提醒："现实的生活生产被看成是某种非历史的东西，而历史的东西则被看成是某种脱离日常生活的东西，某种处于世界之外和超乎世界之上的东西。"[1] 面对"历史的东西"不应当如此，面向"未来的东西"亦然。因为"现实的生活"是人的本质的生成和展开的现实基础，也是"历史的东西"和

---

[1] 《马克思恩格斯文集》第1卷，人民出版社2009年版，第545页。

"未来的东西"的生成元素。面对活生生的中国时代实践，需要以"中国逻辑"来阐释当代中国的发展道路和实践模式，需要以体现"中国逻辑"的"中国话语"来凝练和表述中国的时代实践，形成体现科学社会主义理论逻辑和当代中国历史逻辑的"中国理论"。

长久以来，人们习惯于以"传统—现代"二元对立思维看待人类社会的发展，进而以价值层面的"好"与"坏"来标签化。这种简单对待历史的方式，粗暴地阉割了"传统"生成的历史经脉，阻滞了"文化"传承中的文明积淀。如何看待"传统"延续与"历史"发展的内在机理，也就成为如何安顿"中国特色社会主义"作为中国新传统的时代课题。

传统是代代相传中经过实践浇灌和历史萃取的实质性内容。"历史是过去的现实，现实是未来的历史。"① 中国特色社会主义不是悬置在空中的理论命题，而是在改革开放的时代实践中逐步形成的，因而"具有深厚的历史渊源和广泛的现实基础"②。中国用几十年的时间实现了发达国家几百年的发展成就。社会主义"在"中国，不仅因为与中国文化传统相结合而作为广义"中国传统"的一部分，还因为与中国具体实践和时代特征相结合而形成经过实践浇灌的实质性内容，即中国的新传统。

中国特色社会主义是基于"内生性"的品格而成为"时尚"。历史的发展、传统的沉淀，是一个动态的承续过程。一方面，不能单纯地以时间序列上的先后作为衡量社会进步的标准。尽管"对进步主义观点来说，传统包含着阻止发展、阻止把科学和理性运用于人类事务中去的全部因素"③，但传统的精神指向并不一定是落后或守旧的。传统和文化在内涵指认上是"中性的"，因而需要在认知思维上自觉修正以"新"本身作为"好"的标准取向。正如"中国特色社会主义是不是好，要看事实，要看中国人民的判断，而不是看那些戴着有色眼镜的人的主观臆断"④。另一方面，明确并非所有"过去的东西"都能成为代代相续的传统。尽管"时尚"与"传统"都呈现出一种范型，但作为"代代相传的事物"是

---

① 《习近平谈治国理政》，外文出版社 2014 年版，第 67 页。

② 同上书，第 40 页。

③ ［美］爱德华·希尔斯：《论传统》，傅铿等译，上海人民出版社 2007 年版，第 7 页。

④ 《习近平谈治国理政》第 2 卷，外文出版社 2017 年版，第 37 页。

否能保持延传中的同一性和持续性，是其能否通达传统实质的内在维度。"中国特色社会主义"的"形成史"尽管是短暂的，但因为其特有的内在规定性而作为中国的新传统。它不是因为作为一般的"时尚"而备受人们关注，而是因为基于"中国逻辑"的内生性而具有不断朝向未来的可能性和现实性，开启着建构理想社会的新方案——"拓展了发展中国家走向现代化的途径，给世界上那些既希望加快发展又希望保持自身独立性的国家和民族提供了全新选择，为解决人类问题贡献了中国智慧和中国方案"[①]。

中国特色社会主义因为有"实质性内容"而需要"新话语"。话语是表达事物的言说素材和叙述方式的总和。话语变换根源于事物的内在规定性，话语创新反过来充实并赋予事物以实质性内容。恩格斯在《资本论》"英文版序言"中指出："一门科学提出的每一种新见解都包含这门科学的术语的革命。"[②] 如果说科学社会主义是"人的解放学"，那么"中国特色社会主义"就是对这门科学的"新见解"及其"新术语"。中国特色社会主义，曾作为一个有待实践充实的"话语"进入了人们的视野，在改革开放40年的创造性实践中具有了新的内在规定，因而可以视为马克思主义有机性在中国的生动呈现。这种内在规定作为中国之"特色"本身就是社会主义价值自觉的中国个案，体现了对社会主义话语影响力的"中国符号"建构。当代中国的发展成就不可避免地受到"他者化"的多维解读，如"中国X"[③] 的话语一时兴起。然而，"话语中国"与"中国话语"并不是一回事。"他者性话语"尽管是以"他者"的视界来呈现中国印象，但未必能真实表达中国逻辑和中国形象。"传统性话语"尽管是以一脉相承的语境来阐释自我，但也未必能切实表达中国内涵和中国精神。当代中国的理论自觉和话语自觉，就有必要将中国特色社会主义作为中国时代实践中形成的新传统，置于"西方传统"与"传

---

① 习近平：《决胜全面建成小康社会 夺取新时代中国特色社会主义伟大胜利》，人民出版社2017年版，第10页。

② 《马克思恩格斯文集》第5卷，人民出版社2009年版，第32页。

③ 诸如"中国梦""中国道路""中国故事""中国经验""中国议题""中国方案""中国模式""中国理论""中国话语""中国元素""中国精神""中国学派""中国观念""中国概念""中国力量""中国风格""中国声音"等造词模式。

统中国"的双重话语体系之间，重新审视其历史方位和内生逻辑，以新话语来阐释其时代内涵，为构建人类美好社会制度贡献"中国方案"和"中国智慧"。

五　开放研究中的"学理创新"

理论的生命力在于创新，在于科学地"解释世界"和有效地"改变世界"。"如果不能及时研究、提出、运用新思想、新理念、新办法，理论就会苍白无力，哲学社会科学就会'肌无力'。哲学社会科学创新可大可小，揭示一条规律是创新，提出一种学说是创新，阐明一个道理是创新，创造一种解决问题的办法也是创新。"① 科学共产主义需要在敞开的时代实践中实现创新发展，因而需要理论界在开放研究中进行学理创新。

本书是对科学共产主义基础理论的"再阐释"，属于一个"大选题"。尽管展开研究的"切入点"较小，但要把这一问题阐释清楚，依然需要更长的篇幅。于此，特别在"导论部分"增加了选题缘起、研究综述、概念界定等，作为本书立论的思想"前提"和言说的具体"语境"。

本书作为对马克思主义经典论题的"再阐释"或"接着说"，不管是出于对经典文献的尊重，还是基于整体性理解的需要，依然不能完全"摆脱"对经典文本文献的"依赖"，因而还必须进行"大段的引证"。正如列宁在《国家与革命》中曾指出："当然，大段的引证会使文章冗长，并且丝毫无助于通俗化。但是没有这样的引证是绝对不行的。……一定要尽可能完整地加以引证，使读者能够独立地了解科学社会主义创始人的全部观点以及这些观点的发展。"② 当然，也是为了以此为"鉴镜"来检视长期以来人们对经典马克思主义的曲解或误读。所以，在这个意义上说，以思想的方式把握时代问题中的"每一次引证同时也是一种解释"③，同样是一种基于新的时代实践的内涵感知和理论解释。

马克思主义的"真理性"是开放的、发展的，对理想社会的"此岸确证"也是开放的、发展的。相应地，回到经典文本的理论阐释是开放

---

① 《习近平谈治国理政》第 2 卷，外文出版社 2017 年版，第 342 页。
② 《列宁专题文集·论马克思主义》，人民出版社 2009 年版，第 179 页。
③ ［匈］卢卡奇：《历史与阶级意识》，杜章智等译，商务印书馆 1999 年版，第 43 页。

的，以真理之光引领时代的辩证实践也是开放的。追求完善是理论致思和实践探索的旨趣，但不能一次性地把所有的发展指向就地终结。相对而言，理论致思中的"留白"和实践探索中的"不完善"，也并不意味着放弃"追求完美"。科学共产主义学说已经在人们普遍的"熟悉"中走向了暗淡，甚至有的学者建议取消这一术语，主张用"中国特色社会主义共同理想"代之。本书认为，这种"忘本"而求新求简的想法是站不住脚的。科学共产主义远大理想是中国特色社会主义共同理想的"理论逻辑"之源，二者是一脉相承的。

> 我们在实践中要始终坚持"一个中心、两个基本点"不动摇，既不偏离"一个中心"，也不偏废"两个基本点"，把践行中国特色社会主义共同理想和坚定共产主义远大理想统一起来，坚决抵制抛弃社会主义的各种错误主张，自觉纠正超越阶段的错误观念和政策措施。①

所以说，我们既不能因为受共产主义"渺茫论"的影响而"妄自菲薄"，丧失了对人类未来发展理想信念的坚定，也不能因为受"速成论"的影响而"妄自尊大"，忽略了对规律约束和条件制约之阶段性差异的辩证把握。

本书在"返本开新"中从"三维视界"对科学共产主义在场性的解读，旨在将中国特色社会主义共同理想与共产主义远大理想有机统一起来，既要阐明二者在"价值维度"相统一的理论旨趣，又要看到二者在"过程维度"相统一的阶段差异，还要看到二者基于"境界维度"相统一的发展进度。这些阐释在多大程度上契合历史唯物主义基本原理或是经典作家的本意，则有待于在经典文本的耕犁中继续探索和深入思考。

国内也有一些学者对"交往实践"的哲学意涵作了拓展性的论述，其中有的学者将此进一步阐发为"实践本体论"。本书立足经典文献梳理了马克思交往实践思想的文本逻辑，通过比较哈贝马斯交往行动（交往行为）理论，着重在历史唯物主义（"大唯物史观"）框架中提炼出当代视野中的交往实践观和整体实践思想。一是把"生产"和"交往"共同

---

① 《习近平谈治国理政》，外文出版社 2014 年版，第 11 页。

作为实践的"子范畴"，二者互为前提、交互作用，共同构成人类社会发展的核心动力机制，融通于历史唯物主义基本原理（生产力与生产关系、经济基础与上层建筑的矛盾运动及其制约关系）。二是把实践辩证法与历史辩证法统一起来，在夯实"主体—客体—主体"的交往实践辩证法的同时，把生产（劳动）和交往（语言）的微观机制纳入科学共产主义的时代出场当中。在逻辑范畴上，本书以"现实的个人"的"对象性活动"为分析范式，将交往实践与"社会革命""社会改革""社会发展"之间的关系置于"整体实践"概念平面上作了概述性处理。尽管马克思恩格斯也曾谈道"战争本身还是一种通常的交往形式"①，但对于广义交往范畴内的"阶级对抗和斗争理论"，作为推动社会演进的"交往机制"之"时代意义"，则依然有待于在更宽广的历史视域中进一步探讨，以作出更富有解释力的学理论证。

本书在辩证阐释"两大实践"的基础上，把它作为"现实的个人"多维存在和全面发展之生活载体（"四大生活"）的物质实践基础。二者融通且彼此制约，构成实现人自由和全面发展的现实维度。其中，关于"四大生活"之间的逻辑关系有待于进一步探讨，即作为广义的"社会生活"包括物质生活、政治生活、精神生活，接近于社会工程理论视野中的"大社会"范畴。本书是在社会实践的微观层面来阐释狭义的"社会生活"，与新马克思主义者关于"生活世界"理论的内在关联和场域差异，尚待深化考究。

总之，优良的公共生活不仅是可能的，也是现实的。通向真理的道路只能是无限逼近的，人类对理想社会和美好生活的追求也是无止境的。正如魏特林指出："最高的完满理想是人类所永远不会达到的，否则就必须假定人类精神进步上的一种停滞。"② 本书回到经典文献和时代实践的"双重语境"中来探析科学共产主义的价值在场与时代出场，同样也是如此。由于学识有限，在经典文献解读、基本原理阐释、理论建构中难免会存在纰漏或错谬，诚挚欢迎学界同仁不吝赐教、斧正，以在未来的深化研究中不断完善。

---

① 《马克思恩格斯文集》第1卷，人民出版社2009年版，第577页。

② ［德］威廉·魏特林：《和谐与自由的保证》，孙则明译，商务印书馆1960年版，第182页。

参考文献

一　经典文献

马克思:《德谟克利特的自然哲学和伊壁鸠鲁的自然哲学的差别》,《马克思恩格斯全集》(第 40 卷),人民出版社 1982 年版。

马克思:《〈黑格尔法哲学批判〉导言》,《马克思恩格斯文集》(第 1 卷),人民出版社 2009 年版。

马克思:《1844 年经济学哲学手稿》,《马克思恩格斯文集》(第 1 卷),人民出版社 2009 年版。

马克思:《关于费尔巴哈的提纲》,《马克思恩格斯文集》(第 1 卷),人民出版社 2009 年版。

马克思:《哲学的贫困》,《马克思恩格斯文集》(第 1 卷),人民出版社 2009 年版。

马克思:《路易·波拿巴的雾月十八日》,《马克思恩格斯文集》(第 2 卷),人民出版社 2009 年版。

马克思:《法兰西内战》,《马克思恩格斯文集》(第 3 卷),人民出版社 2009 年版。

马克思:《国际工人协会共同章程》,《马克思恩格斯文集》(第 3 卷),人民出版社 2009 年版。

马克思:《哥达纲领批判》,《马克思恩格斯文集》(第 3 卷),人民出版社 2009 年版。

马克思:《给〈祖国纪事〉杂志编辑部的信》,《马克思恩格斯文集》(第 3 卷),人民出版社 2009 年版。

马克思:《给维·伊·查苏利奇的复信》,《马克思恩格斯文集》(第 3

卷），人民出版社 2009 年版。

马克思：《1857—1858 年经济学手稿·导言》，《马克思恩格斯文集》（第
8 卷），人民出版社 2009 年版。

马克思：《资本论》（第 1—3 卷），《马克思恩格斯文集》（第 6—8 卷），
人民出版社 2009 年版。

马克思：《致帕维尔·瓦西里耶维奇·安年科夫》，《马克思恩格斯文集》
（第 10 卷），人民出版社 2009 年版。

马克思、恩格斯：《德意志意识形态》，《马克思恩格斯文集》（第 1 卷），
人民出版社 2009 年版。

马克思、恩格斯：《共产党宣言》，《马克思恩格斯文集》（第 2 卷），人
民出版社 2009 年版。

恩格斯：《共产主义原理》，《马克思恩格斯文集》（第 1 卷），人民出版
社 2009 年版。

恩格斯：《社会主义从空想到科学的发展》，《马克思恩格斯文集》（第 3
卷），人民出版社 2009 年版。

恩格斯：《在马克思墓前的讲话》，《马克思恩格斯文集》（第 3 卷），人
民出版社 2009 年版。

恩格斯：《家庭、私有制和国家的起源》，《马克思恩格斯文集》（第 4
卷），人民出版社 2009 年版。

恩格斯：《关于共产主义同盟者的历史》，《马克思恩格斯文集》（第 4
卷），人民出版社 2009 年版。

恩格斯：《纪念巴黎公社十五周年》，《马克思恩格斯文集》（第 4 卷），
人民出版社 2009 年版。

恩格斯：《反杜林论》，《马克思恩格斯文集》（第 9 卷），人民出版社
2009 年版。

恩格斯：《自然辩证法》，《马克思恩格斯文集》（第 9 卷），人民出版社
2009 年版。

恩格斯：《劳动在从猿到人的转变中的作用》，《马克思恩格斯文集》（第
9 卷），人民出版社 2009 年版。

恩格斯：《致维拉·伊万诺夫娜·查苏利奇》，《马克思恩格斯文集》（第
10 卷），人民出版社 2009 年版。

二 外文译著

［德］哈贝马斯：《交往行为理论》，曹卫东译，上海人民出版社 2004 年版。

［德］哈贝马斯：《交往行动理论》，洪佩郁、蔺菁译，重庆出版社 1994 年版。

［德］哈贝马斯：《交往与社会进化》，张博树译，重庆出版社 1989 年版。

［德］哈贝马斯：《交往与社会进化》，郭官义译，社会科学文献出版社 2000 年版。

［德］哈贝马斯：《作为"意识形态"的科学和技术》，李黎、郭官义译，学林出版社 1999 年版。

［德］哈贝马斯：《合法化危机》，刘北成、曹卫东译，上海世纪出版集团 2009 年版。

［德］哈贝马斯：《重建历史唯物主义》，郭官义译，社会科学文献出版社 2000 年版。

［德］哈贝马斯：《现代性的哲学话语》，曹卫东译，译林出版社 2011 年版。

［德］哈贝马斯：《理论与实践》，郭官义、李黎译，社会科学文献出版社 2010 年版。

［日］中冈成文：《哈贝马斯——交往行为》，王屏译，河北教育出版社 2001 年版。

［日］广松涉：《文献学语境中的〈德意志意识形态〉》，南京大学出版社 2005 年版。

［德］康德：《纯粹理性批判》，邓晓芒译，人民出版社 2004 年版。

［德］黑格尔：《法哲学原理》，范扬、张企泰译，商务印书馆 2017 年版。

［德］黑格尔：《哲学史讲演录》（第 4 卷），贺麟译，商务印书馆 1978 年版。

［英］洛克：《人类理解论》，关文运译，商务印书馆 1959 年版。

［英］休谟：《人性论》（上、下），关文运译，商务印书馆 1980 年版。

［德］胡塞尔：《欧洲科学危机和超验现象学》，张庆熊译，上海译文出版社 1988 年版。

［法］卢梭：《论人类不平等的起源和基础》，李常山译，商务印书馆
　　1962 年版。

［古希腊］亚里士多德：《政治学》，颜一、秦典华译，中国人民大学出版
　　社 2003 年版。

［英］托马斯·莫尔：《乌托邦》，戴馏龄译，商务印书馆 1982 年版。

［德］威廉·魏特林：《和谐与自由的保证》，孙则明译，商务印书馆
　　1960 年版。

［日］幸德秋水：《社会主义神髓》，马采译，商务印书馆 1963 年版。

［法］路易·阿尔都塞：《保卫马克思》，顾良译，商务印书馆 2010 年版。

［匈］卢卡奇：《历史与阶级意识》，杜章智、任立、燕宏远译，商务印书
　　馆 1999 年版。

［英］鲍桑葵：《关于国家的哲学理论》，汪淑钧译，商务印书馆 1995
　　年版。

［英］G. D. H. 科尔：《社会主义思想史》（第 1 卷），商务印书馆 1977
　　年版。

［德］弗·梅林：《马克思传》，樊集译，人民出版社 1965 年版。

［英］戴维·麦克莱伦：《马克思传》，王珍译，中国人民大学出版社
　　2010 年版。

［英］戴维·麦克莱伦：《马克思思想导论》，郑一明、陈喜贵译，中国人
　　民大学出版社 2008 年版。

［英］戴维·麦克莱伦：《马克思以后的马克思主义》，李智译，中国人民
　　大学出版社 2008 年版。

［英］乔纳森·沃尔夫：《当今为什么还要研读马克思》，段忠桥译，高等
　　教育出版社 2006 年版。

［英］特里·伊格尔顿：《马克思为什么是对的》，李杨、任文科、郑义
　　译，新星出版社 2011 年版。

［英］安东尼·吉登斯：《现代性的后果》，田禾译，译林出版社 2011
　　年版。

［南斯拉夫］米哈依洛·马尔科维奇：《当代的马克思——论人道主义共
　　产主义》，曲跃厚译，黑龙江大学出版社 2011 年版。

［加］艾伦·伍德：《新社会主义》，尚庆飞译，江苏人民出版社 2008

年版。

［法］阿尔贝特·施韦泽:《文化哲学》,陈泽环译,上海人民出版社
　2008 年版。

［俄］鲍·斯拉文:《被无知侮辱的思想——马克思社会理想的当代解
　读》,孙凌齐译,中央编译出版社 2006 年版。

三　中文著作

李延明:《马克思恩格斯的共产主义学说》,中国社会科学出版社 2010
　年版。

刘同舫:《马克思人类解放理论的演进逻辑》,人民出版社 2011 年版。

贺来:《边界意识与人的解放》,上海人民出版社 2007 年版。

张一兵:《马克思历史辩证法的主体向度》,武汉大学出版社 2010 年版。

张一兵:《马克思哲学的历史原像》,人民出版社 2009 年版。

张一兵:《回到马克思——经济学语境中的哲学话语》,江苏人民出版社
　2005 年版。

孙伯鍨、张一兵:《走进马克思》,江苏人民出版社 2001 年版。

孙伯鍨:《探索者道路的探索——青年马克思恩格斯哲学思想研究》,南
　京大学出版社 2002 年版。

张奎良:《唯物主义:社会主义的思想来源与实践指引》,人民出版社
　2009 年版。

刘新建:《马克思现代性批判视域中的人的全面发展》,人民出版社 2009
　年版。

袁贵仁:《对人的哲学理解》,东方出版中心 2008 年版。

袁贵仁:《马克思的人学思想》,北京师范大学出版社 1996 年版。

徐春:《人的发展论》,中国人民公安大学出版社 2007 年版。

郑永廷等:《人的现代化理论与实践》,人民出版社 2006 年版。

刘明合:《交往与人的发展:基于马克思主义的视角》,中央编译出版社
　2008 年版。

许崇正:《人的全面发展与社会经济:伦理经济学引论》,安徽教育出版
　社 1990 年版。

康渝生:《马克思主义哲学的人学致思理路》,社会科学文献出版社 2004

年版。

郭艳君：《历史与人的生成——马克思历史观的人学阐释》，社会科学文献出版社 2005 年版。

刘森林：《重思发展——马克思发展理论的当代价值》，人民出版社 2003 年版。

林娅：《全球化与社会发展理论研究》，北京大学出版社 2006 年版。

王晶雄、王善平：《社会发展：反思与超越——马克思主义社会发展理论研究》，学林出版社 2008 年版。

魏小萍：《追寻马克思——时代境遇下马克思人类解放理论逻辑的分析和探讨》，人民出版社 2005 年版。

魏小萍：《探求马克思——〈德意志意识形态〉原文文本的解读与分析》，人民出版社 2010 年版。

段忠桥：《重释历史唯物主义》，江苏人民出版社 2009 年版。

陈章雄：《交往与世界历史变迁——18 世纪世界历史横向发展透视》，广西人民出版社 1999 年版。

姚继刚：《交往的世界——当代交往理论探索》，人民出版社 2002 年版。

郑召利：《哈贝马斯的交往行为理论——兼论与马克思学说的相互关联》，复旦大学出版社 2002 年版。

范宝舟：《论马克思交往理论及其当代意义》，社会科学文献出版社 2005 年版。

韩红：《交往的合理化与现代性的重建——哈贝马斯交往行动理论的深层解读》，人民出版社 2005 年版。

龚群：《道德乌托邦的重构——哈贝马斯交往伦理思想研究》，商务印书馆 2003 年版。

任平：《走向交往实践的唯物主义——马克思交往实践观的历史视域与当代意义》，人民出版社 2003 年版。

任平：《交往实践的哲学：全球化语境中的哲学视域》，云南人民出版社 2003 年版。

贺金瑞：《全球化与交往实践》，人民出版社 2013 年版。

姜爱华：《马克思交往理论研究》，知识产权出版社 2009 年版。

杨学功：《超越哲学同质性神话：马克思哲学革命的当代解读》，北京大学出版社 2010 年版。

张雯雯：《哈贝马斯的交往行为理论与历史唯物主义》，中国社会科学出版社 2016 年版。

王伟光：《利益论》，人民出版社 2001 年版。

张彭松：《乌托邦语境下的现代性反思》，中国人民大学出版社 2010 年版。

冯友兰：《哲学人生》，江苏文艺出版社 2010 年版。

董晋骞：《实践之后——对马克思实践思想的一种理解》，人民出版社 2007 年版。

刘敬东：《马克思世界历史理论：中国个案》，光明日报出版社 2010 年版。

赵士发：《世界历史与和谐发展：马克思世界历史理论》，人民出版社 2006 年版。

李德顺、孙伟平、赵剑英：《马克思主义哲学范畴研究》，中国社会科学出版社 2010 年版。

杨耕：《危机中的重建——历史唯物主义的现代阐释》，中国人民大学出版社 1995 年版。

杨耕：《为马克思辩护——对马克思哲学的一种新解读》，中国人民大学出版社 2010 年版。

俞吾金：《意识形态论》，人民出版社 2009 年版。

俞吾金：《重新理解马克思——对马克思哲学的基础理论和当代意义的反思》，北京师范大学出版社 2005 年版。

安启念：《通往自由之路——马克思哲学思想研究》，中国人民大学出版社 2016 年版。

邓晓芒：《人论三题》，重庆大学出版社 2008 年版。

杨祖陶：《康德黑格尔哲学研究》，武汉大学出版社 2001 年版。

杨祖陶：《德国古典哲学逻辑进程》，武汉大学出版社 2003 年版。

冯契：《外国哲学大辞典》，上海辞书出版社 2008 年版。

张岱年：《中国哲学大辞典》，上海辞书出版社 2010 年版。

于幼军：《社会主义五百年》（3 卷本），广东教育出版社 2011 年版。

王伟光：《社会主义通史》（8 卷本），人民出版社 2011 年版。

四 期刊论文

罗本琦：《论马克思主义的和谐理念》，《哲学研究》2010 年第 8 期。

张青兰：《马克思和谐社会思想探究》，《科学社会主义》2010 年第 4 期。

贺来：《有尊严的幸福生活何以可能?》，《哲学研究》2011 年第 3 期。

齐勇：《马克思交往理论的价值问题探析》，《黑龙江社会科学》2009 年第 3 期。

范进：《马克思的社会交往理论》，《社会科学战线》1994 年第 6 期。

江丹林：《论交往实践观与唯物史观的内在联系》，《哲学研究》1992 年第 1 期。

张冬梅：《主体间性哲学视域中的语际阐释》，《求索》2010 年第 5 期。

虎小军、张世远：《主体间性：哲学研究的新范式》，《宁夏社会科学》2007 年第 2 期。

张锦智、秦永雄：《主体间性问题与马克思的社会交往理论》，《理论探索》2005 年第 4 期。

丰子义：《正确理解和把握马克思的"世界历史"理论》，《教学与研究》2004 年第 3 期。

赵智奎：《马克思恩格斯的科学社会主义学说及其当代启示》，《马克思主义研究》2011 年第 1 期。

荆忠：《试论交往的历史形式、特性和社会功能》，《学术界》1997 年第 5 期。

张颖春：《马克思有社会交往理论吗?》，《理论探讨》2007 年第 4 期。

王雅君：《马克思哲学主体间性思想的认识论意义》，《理论探讨》2005 年第 4 期。

郑召利：《90 年代以来我国交往理论研究概述》，《哲学动态》1999 年第 4 期。

夏宏：《马克思的交往理论与意识形态批判的内在逻辑》，《齐鲁学刊》2008 年第 6 期。

艾四林：《哈贝马斯交往理论评析》，《清华大学学报》（哲学社会科学版）1995 年第 3 期。

崔平：《消解"主体间性"难题》，《天津社会科学》2005 年第 1 期。

李和臣、仰海峰：《自我的构成与历史认识中的主体间性》，《教学与研究》2005 年第 2 期。

王祖红：《对马克思交往理论的基本认识》，《长白学刊》2005 年第 5 期。

张奎良：《三维境界的合一：马克思言说的共产主义》，《社会科学战线》2004 年第 4 期。

刘忠世：《马克思交往理论初探》，《齐鲁学刊》1988 年第 3 期。

欧力同：《交往的理论：马克思与哈贝马斯》，《上海社会科学院学术季刊》1993 年第 4 期。

欧力同：《交往理论的演变：从近代到当代》，《上海社会科学院学术季刊》1995 年第 4 期。

罗志发：《论哈贝马斯交往理论的和谐社会意蕴》，《国外理论动态》2007 年第 8 期。

范宝舟：《论马克思交往理论的基本特征》，《武汉大学学报》（人文科学版）2003 年第 5 期。

陈东英：《共产主义的三个维度：自然维度·社会维度·精神维度》，《求实》2007 年第 4 期。

冯建军：《主体间性与教育交往》，《高等教育研究》2001 年第 6 期。

金惠敏：《从主体性到主体间性——对西方哲学发展史的一个后现代性考察》，《陕西师范大学学报》（哲学社会科学版）2005 年第 1 期。

周德刚：《世界历史维度中的马克思交往理论及其价值指向》，《学术论坛》2010 年第 4 期。

于沛：《生产力革命和交往革命：历史向世界历史的转变——马克思的世界历史理论与交往理论研究》，《北方论丛》2009 年第 3 期。

丁长青、袁杰：《社会和谐的三重境界——虚伪之境、真实之境、自然之境》，《云南社会科学》2009 年第 5 期。

张一兵：《实践交往：人类社会主体的群际功能互动——关于一种哲学新视界的思考》，《天津社会科学》1993 年第 4 期。

秦刚：《社会主义、共产主义概念的源流梳理》，《科学社会主义》2015 年第 5 期。

吴学琴：《共产主义话语的四种误读探析》，《马克思主义理论学科研究》2016 年第 4 期。

曹卫东：《批判与反思——哈贝马斯的方法论述评》，《哲学研究》1997
　　年第 11 期。

杨国荣：《实践活动、交往行动与实践过程的合理性——兼议哈贝马斯的
　　交往行动理论》，《复旦学报》（社会科学版）2013 年第 3 期。

胡为雄：《论哈贝马斯的交往行为论不能说明社会交往行为》，《湖北大学
　　学报》（哲学社会科学版）2004 年第 1 期。

刘怀玉：《马克思的交往实践观与哈贝马斯的交往理性观》，《中州学刊》
　　1994 年第 4 期。

韩红：《论交往行为合理化的实现途径——哈贝马斯的交往行动理论的核
　　心问题》，《学术研究》2002 年第 2 期。

魏小萍：《交往、规范与制度：哈贝马斯与马克思批判指向的比较》，
　　《哲学研究》2014 年第 9 期。

洪波：《哈贝马斯交往行为理论的解释学基础》，《马克思主义与现实》
　　2007 年第 1 期。

姚大志：《哈贝马斯：交往活动理论及其问题》，《吉林大学社会科学学
　　报》2000 年第 6 期。

郑召利：《哈贝马斯和马克思交往范畴的意义域及其相互关联》，《教学与
　　研究》2000 年第 8 期。

王振林：《生产、语言与交往——马克思与哈贝马斯》，《社会科学战线》
　　1999 年第 4 期。

欧阳英：《关于交往概念的综合理解——由哈贝马斯交往理论引发的深入
　　思考》，《世界哲学》2018 年第 2 期。

王维平：《对马克思唯物史观思想贡献的再认识》，《科学社会主义》2018
　　年第 2 期。

王宏波：《论共产主义运动的终极目标与过程性特点》，《马克思主义理论
　　学科研究》2018 年第 1 期。

刘建军：《论社会形态的两个层级——"五大社会形态"理论的新阐释》，
　　《中国人民大学学报》2018 年第 2 期。

高放：《"全世界无产者，联合起来！"口号论析》，《求索》2018 年第
　　3 期。

刘占虎：《论马克思交往实践观与当代生态伦理的育成》，《学习与实践》

2011 年第 12 期。

刘占虎:《传统语境中的文化剩余与当代中国文化自觉》,《浙江社会科学》2013 年第 8 期。

刘占虎:《从马克思辩证否定观看社会主义价值自觉》,《教学与研究》2014 年第 4 期。

刘占虎:《社会工程思维与中国特色社会主义的辩证实践》,《教学与研究》2016 年第 2 期。

刘占虎:《中国特色社会主义的内生性与新传统》,《科学社会主义》2017 年第 1 期。

刘占虎:《共享发展理念的社会主义特质与实践彰显》,《浙江社会科学》2017 年第 7 期。

刘占虎:《社会主义核心价值观的实践养成与生活载体》,《教学与研究》2018 年第 4 期。

刘占虎:《利益诉求:检视苏联体制走向终结的政治哲学视域》,《实事求是》2012 年第 3 期。

后　记

　　这一"小书"源自硕士研究生期间的思考和积累。时隔数年后，结合耕读经典原著的"直接体悟"和思想成长中的"自我革命"，集中对原有内容作了新的补充和深化论述，形成这一阶段性的研究心得。

　　按照个人研究计划，本书预期在"社会主义 500 年"的时间节点上推出，作为"以思想的方式把握时代"的自我确证和阶段性的思想"路标"。然而，由于对这一宏大论题本身在学理思考上的不成熟，还是决定往后推一推。窃以为，这既是对经典作家所开启的科学真理的敬畏，也是对自我学术心路之潜心问道治学的审慎。理论不能长久地满足于已经作出的个别结论，它必定要随着实践的深入而发展。我时常自省：自我确证与时刻清算自己的信仰同等重要。

　　就在重温"经典"以自觉检视既有"个别结论"的过程中，有幸赶上中国马克思主义研究的黄金时代，也赶上了西安交通大学马克思主义理论学科建设的黄金时期。几经忧虑和慎思，还是鼓起勇气尝试着将此书"推出来"。正如鲁迅先生所言："其实地上本没有路，走的人多了，也便成了路。"在探索"历史科学"的艰辛大道上，"跟着走"与"接着说"同等重要。对于学问之路，同样也是如此，边"走"边"看"也是自我学术成长的可能进路。

　　本书得到西安交通大学马克思主义学院学术著作出版基金资助。在此，特别向西安交通大学提供的学术平台和政策支持诚表谢意！在这次出版中，收入了近年发表在《教学与研究》《科学社会主义》《中国纪检监察报》上的几篇主题论文，结合本书的"逻辑"作了新的结构调整和内容拓展。在此向杂志社及编辑老师致以谢忱！向转载拙文的人大·复印报刊资料、中国社会科学网、光明网、求是网等表示衷心感谢！衷心感谢赵丽女士在编校过程中的辛苦付出！

本书以马克思主义基础理论研究的"阶段性成果"出版，既是对马克思主义"真理之光"如何引领时代前行的理论思考，也是对个人未来学术进路的探索性拓展。在深化研究马克思主义基础理论的同时，将进一步聚焦"马克思主义发展史"的学科视野展开更合乎"历史逻辑"的学术求索。在修改和完善书稿的有限时段里，进一步阅读了由中央编译出版社出版的"马克思主义研究资料"和"国际共产主义运动历史文献"丛书，集中从"史"中来体悟和检视"论"的得失，努力修正潜在的不足和错谬。面对如此浩瀚的文献，既有"如临富矿"的欣喜和激动，又倍感难以"竭泽而渔"的无奈和遗憾。

书稿校改之际，受国家公派留学资助，在加拿大萨斯喀彻温大学（University of Saskatchewan）社会学系做访学教授。期间，有幸路过位于萨斯喀彻温省的"德国共产主义村"，目睹了理想共产主义的地域性"个案"。这里尽管秉持着"空想共产主义"的一些基本原则，如自给自足、民主决策、共劳共享、物质丰裕、注重精神、保护生态、内部通婚、幼有家教、老有所养等，但依然能感触到"空想社会主义"之"小国寡民"的诸多痕迹。在社会主义走过500年的历史境遇下，我们还能看到人们对理想社会的朴素"坚守"，尤其是对"资本逻辑"的自觉扬弃和努力驾驭，如沐清新质朴之气。然而，也在其自觉"变通"的环节上，我们又看到了新的时代曙光。诸如必需生产生活资料与社会外界的局部性"商品交换"表明：实现物质财富极大丰富与"按需分配"所必需的"社会交往"的重要价值。村社规模有限性以及"内卷化"的近亲通婚表明：人类社会的长足进步需要超越狭隘"地域性"所必需的"社会交往"的重要意义。面对理论研究中的"高歌"与"窘境"之并存状态，时代实践中的"出场"与"缺场"共在的现实图景，人类社会前进中存留的诸多"元问题"尚未得到有效解答。这依然需要以高度的学术使命和理论自觉来拨开迷雾，以通向理想社会的此岸视界来检视和引领人类美好生活的总体建构。

人生应该是在"不断反思"中来敞显诗意的，学术研究也应该是在"自我批判"中来不断逼近真理的。为学日益，学海无涯，本书作为"阶段性成果"也只好如此。为道日损，吾道一以贯之，不妨设定一个供自我批判的"靶子"，以预防自己思想上的安逸和懈怠。

本书在这个时间节点出版，大致有三方面的意义：一是纪念社会主义走过 500 年历程，向人类探索"理想社会"和"美好生活"的艰辛致敬！二是纪念马克思诞辰 200 周年暨中国改革开放 40 周年，向科学社会主义在当代中国的时代出场致敬！三是鞭策自己在耕读原著的思想密林中，立足现实逻辑与历史逻辑相统一的时空场域，以更彻底的思想方式把握时代，逐步建构起更为通达而有力的"思想座驾"来"返本开新"。

刘占虎

2018 年 7 月 11 日

于加拿大萨斯卡通